NATURALEZA Y BIENESTAR EMOCIONAL

Shinrin-yoku

NATURALEZA Y BIENESTAR EMOCIONAL

Shinrin-yoku

Belén Martul Hernández

LIBSA

© 2023, Editorial LIBSA
C/ Puerto de Navacerrada, 88
28935 Móstoles (Madrid)
Tel.: (34) 91 657 25 80
e–mail: libsa@libsa.es
www.libsa.es

Ilustración: Archivo LIBSA, Shutterstock images
Textos: Belén Martul Hernández
Maquetación: Javier García Pastor

ISBN: 978–84–662–4251–6

DL: M 13936–2023

Contenido

Introducción

«Por favor, no abrace a este árbol».

Con este titular se publicaba hace poco una noticia en el periódico. La «moda» de abrazar a los árboles había llevado a cientos de personas a dar abrazos a un castaño centenario para recibir sus beneficios y, como resultado, lo estaban asfixiando al compactar con sus pisadas el terreno que lo rodeaba, impidiendo así el funcionamiento correcto de sus raíces.

Seguir las modas sin entender por qué se hacen las cosas tiene un punto bastante absurdo y, sin embargo, nos encontramos a diario con prácticas que empiezan a tener miles de seguidores que no se preguntan nada y se lanzan al vacío –a veces, casi literalmente–. Seguro que este no es tu caso y, que antes de seguir modas que prometen salud y bienestar, te interesa saber un poco más de ellas y de lo que dice la ciencia de esas prácticas.

Puede que hayas oído hablar de los baños de bosque, o de la práctica del *shinrin-yoku*. La primera vez que se escucha este término suena un poco extraño, aunque se trata de algo tan sencillo como pasear por la naturaleza, sin prisas, desconectados, dejándose llevar sin rumbo fijo, respirando el aire del bosque y empapándose del entorno con los cinco sentidos. Suena bien, ¿no?

Cada vez más estudios científicos están demostrando que esta práctica reduce el estrés; con ello, nuestra tensión arterial disminuye, mejora el sistema cardiovascular y la calidad del sueño. Además, en el bosque se respiran algunos compuestos volátiles que emiten los árboles y que se conocen como «fitoncidas». Se ha comprobado que tienen actividad microbiana, muy beneficiosa para nuestra salud ya que alivian dolencias respiratorias y potencian el sistema inmune. Un paseo por la naturaleza también tiene efectos muy positivos en nuestro equilibrio emocional. Puede que en más de una ocasión hayas comprobado lo bien que te sientes después de pasar un tiempo en contacto con la naturaleza. El aire que respiras, el color de las hojas de los árboles, la luz que se filtra, oír el canto de los pájaros, el sonido del agua. Todo esto te produce una sensación de bienestar. El estrés disminuye y una calma invade tu interior. La sensación de energía y fuerza acompaña tu cuerpo. ¿Te acuerdas de cuándo fue la última vez que paseaste tranquilamente por un bosque?, ¿cuándo dedicaste un tiempo a admirar su belleza?, ¿cuándo observaste la estructura de una hoja, disfrutaste de la tranquilidad de escuchar los cantos de unos pájaros o fuiste consciente de cómo afectaba el cambio de estación a tu entorno?

Que naturaleza y bienestar van de la mano, casi nadie lo pone en duda en la actualidad. El ser humano ha vivido en contacto con el entorno natural gran parte de su historia, aunque, en lo que va de siglo, un alto porcentaje de su población vive ya en zonas urbanas y ha comenzado a perder esa conexión: está dejando de sentirse parte del todo. Estamos altamente conectados, pero con la tecnología, y eso nos causa en muchas ocasiones síntomas como ansiedad, dolores de cabeza, depresión, fatiga mental, tensión ocular o cervical, insomnio, frustración o irritabilidad.

A lo largo de estas páginas podrás entender mejor cómo se comporta la naturaleza, por qué nos sentimos bien cuando la tenemos cerca y de qué modo nuestra salud sufre con su ausencia; descubrirás cómo rodearte del efecto del bosque en tu vida diaria, tanto en casa como en el trabajo; podrás hacer de los parques y jardines tus aliados cuando no puedas acudir a espacios naturales con más superficie; y encontrarás algunas claves para poner en práctica las actitudes básicas de atención plena, de modo que tu cuerpo y mente alcancen el equilibrio y tu sensación de bienestar aumente.

Utiliza este libro para inspirarte en la ideas y propuestas que encajen contigo y con las que conectes mejor. Sigue descubriendo y aprendiendo directamente de la naturaleza, disfruta de ella. Haz de cada momento una experiencia única y, cuando sientas que empiezas a conectar con ella, entonces sí, abrázala para siempre.

¿Es posible darse un «baño de bosque»?

Recuerda cualquier excursión que hayas hecho en la naturaleza. Seguro que has sentido el bienestar y la tranquilidad que te transmite un entorno natural y has llenado tus pulmones de aire puro. Ahora imagina un paseo por el bosque, caminando tranquilamente, sin prisas, con el teléfono apagado y disfrutando con todos tus sentidos de la experiencia mientras te sumerges en el ambiente que te rodea y te dejas llevar por tu intuición, por lo que sientes en ese momento. Nota la brisa en tu cara, contempla la luz filtrándose entre las hojas de los árboles, respira profundamente el olor de los árboles, toca su corteza, escucha el canto de los pájaros, bebe de un manantial. ¿Sientes el bienestar?

En esto consiste sumergirse en el bosque, en percibirlo y disfrutarlo con los cinco sentidos, en empaparse de él. Cada vez más estudios científicos están demostrando que es una práctica que tiene efectos terapéuticos y que nos aporta un bienestar físico y emocional. Es lo que se conoce como «baño de bosque», un concepto que surgió en Japón en 1982 con el nombre de *shinrin-yoku*, una experiencia de los sentidos que se está extendiendo por todo el mundo con nombres diferentes, inspirado en las tradiciones sintoístas y budistas. Algo más que una moda: la ciencia se pone de su lado.

CUÁNDO Y DÓNDE SURGE ESTE CONCEPTO
Si hablamos de baños de bosque, no es posible hacerlo sin dirigir primero una mirada a Japón. Allí se practica el *shinrin-yoku*, un término que refleja el sosiego y la tranquilidad que invaden nuestros sentidos cuando

estamos en un entorno apacible lleno de belleza sensorial donde descubrimos un mundo repleto de matices de colores, sonidos, olores, texturas e, incluso, sabores. *Shinrin* significa «bosque» y *yoku* es «baño», de ahí el nombre de «baño de bosque» por el que conocemos aquí esta práctica.

Esta actividad supone sumergirse en el ambiente del bosque y empaparse de él a través de todos los sentidos. Consiste en estar en la naturaleza, conectar con ella y sentir la armonía. Una conexión que resulta saludable para nuestro organismo, tanto física como mentalmente, ya que el sistema nervioso puede reiniciarse y nuestro cuerpo y mente logran el equilibrio.

Japón es una nación de grandes bosques, aunque también tiene ciudades con densidades muy altas de población. Actualmente, el 78 por ciento de los japoneses vive en ciudades y es un país que, entre otras cosas, se ha hecho famoso por sus multitudes a la hora de desplazarse en hora punta. Aceras llenas y normas para todo forman parte del día a día. El estrés se ha instalado en gran parte de la población y el Ministerio de Salud, Trabajo y Bienestar llegó a publicar un libro sobre las consecuencias del exceso de trabajo en Japón. En su vocabulario han quedado reflejados los efectos del estrés laboral en palabras como *tsukin jigoku*, «el infierno del oficinista», o *karoshi*, «muerte por trabajo».

En 1982, el *shinrin–yoku* fue reconocido como terapia por Tomohide Akiyama, director de la Administración Forestal del gobierno de Japón, quien inventó el término. Actualmente, esta actividad forma parte del Programa de Salud Nacional de Japón, con 62 bosques incluidos en sus prácticas y guías terapeutas especializados en ellos.

JAPÓN Y SU FUERTE CONEXIÓN CON LA NATURALEZA

La cultura, la filosofía y la religión japonesas evolucionaron a partir de los árboles que cubren dos terceras partes del territorio. Es una civilización de bosques. Se trata de un país con una alta densidad de población, al mismo tiempo que uno de los más verdes y con más diversidad de árboles. Dispone de cinco mil kilómetros de bosque de norte a sur.

Las dos religiones oficiales del Japón, el sintoísmo y el budismo, consideran que el bosque es el reino de lo divino. Para los budistas zen, las escrituras están plasmadas en el paisaje natural. Para el sintoísmo, los espíritus se encuentran en la naturaleza, están en los árboles, en las rocas, en la brisa, en los arroyos, en las cascadas: son los *kamis*, y hay millones. Pueden estar en cualquier rincón de la naturaleza, y los espacios donde viven los dioses pueden convertirse en lugares de culto. *Kodama* es una deidad de la naturaleza que vive en un árbol. Hay quien cree que se mueve de árbol en árbol y otros, que vive en un árbol determinado. El conocimiento de los árboles en los que vivían los *kodamas* se transmitió de una generación a otra, y esos árboles están protegidos.

En Japón la naturaleza forma parte de su esencia. La necesidad de mantener la armonía con ella se manifiesta en todos los aspectos de la vida de un japonés, desde el diseño de jardines que incorporen el paisaje natural, al de casas en las que no dejas de oír el canto de pájaros o el susurro de la brisa. Los japoneses están conectados a la naturaleza emocional, espiritual y físicamente. Cuanto más relacionado esté algo con la naturaleza más agradable será.

El *ikebana* es el arte japonés de la decoración floral y una de las tres artes japonesas del refinamiento, junto con el camino del incienso *(kōdō)* y el camino del té *(chadō)*. Es una práctica meditativa que resalta el paso de las estaciones y permite apreciar las cosas de la naturaleza. Flor, hojas o ramas se deben colocar teniendo en cuenta los ritmos de la estación y los cambios constantes del mundo natural.

En la cultura japonesa hay **dos momentos muy especiales** en el año en los que celebran festividades particularmente bellas **que ensalzan la naturaleza** y en las que **todos los sentidos se estimulan**: son el *hanami* y el *tsukimi*.

En primavera celebran el *hanami* o la contemplación de las flores: es la **fiesta de los cerezos en flor** y es un tradición que pervive en Japón desde el siglo IX. En ella, amigos, familiares o compañeros de trabajo se reúnen bajo estos árboles para disfrutar de la comida y bebida y admirar la belleza de las flores de sakura (cerezo japonés). La poesía y la música forman parte también de esta celebración. La flor del cerezo anuncia un cambio de estación: el frío invierno da paso a un tiempo de sol y fertilidad. Antiguamente, su florecimiento señalaba el momento de sembrar el arroz. Se presentaban entonces a los dioses ofrendas de comida y bebida (sake) hechos con este alimento para favorecer una buena cosecha.

La **flor de sakura** es todo un símbolo en Japón. La floración del cerezo dura solo de siete a diez días y su flor, de extrema y delicada belleza, cae del árbol empujada por el viento, en pleno esplendor, antes de marchitarse. Su contemplación hace reflexionar sobre lo efímero de la vida, la belleza y la magia de vivir el momento. Parte del código samurái está relacionado con la flor del cerezo, emblema de sus guerreros. Un samurái aspiraba a morir en plena batalla, en un momento de máximo esplendor, con dignidad, antes de envejecer, sin marchitarse, como ocurre con estas flores. El suicidio ritual para evitar la deshonra de un samurái, conocido como *seppuku*, tenía lugar al pie de los cerezos para disfrutar de un último momento de belleza antes de morir. Dice la leyenda que las flores del cerezo originariamente eran blancas y que se fueron volviendo rosadas por la sangre vertida de los samuráis.

Durante la celebración del *hanami* se puede también pasear tranquilamente bajo los cerezos en flor. Es un espectáculo de una belleza única que abre la mente y la predispone a tomar conciencia del mundo cambiante, de lo efímero de las situaciones, de la fugacidad de la vida, e invita a disfrutar del momento de esplendor; una fiesta de los bosques cargada de simbolismo y plenitud porque no habrá primavera igual, ni en el bosque ni en nuestras vidas.

En otoño se celebra el *tsukimi* o contemplación de la luna. Esta tradición llegó a Japón hace unos mil quinientos años procedente de China. Al principio eran las clases más altas de Japón las que se subían en sus embarcaciones con el fin de ver el reflejo de la luna sobre la superficie del agua y recitar una poesía. Es una fiesta en honor de la primera luna llena de otoño, y actualmente se celebra una reunión con amigos y familia en algún lugar donde se pueda contemplar bien la luna. El espacio se decora con flores de otoño, ramas y frutos como ofrenda a los dioses y en agradecimiento por las cosechas de arroz de ese verano.

Ambas tradiciones son un reflejo del respeto y el amor por la naturaleza que existe en Japón. **Disfrutar y aceptar el momento, observar como si fuera la primera vez, ser conscientes de los cambios** que traen **las estaciones**, de **lo efímero de la existencia**, y **agradecer** lo que el entorno natural ofrece son actitudes básicas que se emplean también en la práctica del *shinrin–yoku*.

CÓMO DESCRIBIR LA BELLEZA DE LA NATURALEZA

Ya hemos visto que el respeto a la naturaleza es un valor que está muy arraigado en la cultura japonesa, y eso queda también reflejado en su lengua, donde hay términos para referirse a ella que no existen en otros idiomas. ¡Hasta 1 200 expresiones distintas se han llegado a recopilar relacionadas con la lluvia!

Vamos a enumerar algunos términos muy descriptivos de ese sentimiento profundo de conexión con lo natural que nace de la observación de la naturaleza, de los cambios que se producen en ella con el paso de las estaciones, de las emociones que se sienten al contemplar tanta belleza. Cada una de ellas te invita a la reflexión, a la contemplación y a disfrutar de los momentos únicos.

Empezamos por los que se refieren a **la naturaleza y a su observación** en un sentido más amplio:

- *Shinrin–yoku* (森林浴). Es un baño de bosque. Sumergirse en el bosque para percibirlo a través de todos los sentidos. Defiende el hecho de estar presentes en la naturaleza y conectar con ella.

- **Wabi-sabi (わびさび)**. Se refiere a la belleza de la imperfección. Se inspira en la observación de la naturaleza para aceptar de manera pacífica el ciclo natural de crecimiento y decadencia de todo ser vivo. Todas las cosas en este mundo perderán la belleza original con el paso de los años. Hay una belleza peculiar en el envejecimiento y en los cambios debidos al tiempo a la que se refiere el término *sabi*. *Wabi* hace referencia al pensamiento positivo que acepta y disfruta de la decadencia y el envejecimiento.

Se basa en tres principios:

- **Solo lo imperfecto es bello**.
- **Solo lo incompleto es bello**. Nada en la naturaleza está acabado, está en constante construcción, como el espíritu humano. Quien cree haber completado su formación es un ignorante.
- **Solo lo efímero es bello**. Todo en la naturaleza nace y muere. Solo amamos lo que podemos perder.

- **Yugen (幽玄)**. Es un sentido profundo de la belleza y del misterio de la naturaleza. Es la sensación que se tiene al contemplar la puesta de sol o cuando se pasea por un bosque sin pensar en el regreso.

- **Komorebi (木漏れ日)**. Son los patrones de luces y sombras que emergen de los bosques. Engloba todos los efectos de luz y sombra que se generan en la naturaleza: el efecto de la niebla, el sol sobre las hojas, el movimiento de las sombras, etc. Su efecto varía según el tipo de árboles, viento, humedad y época del año.

Otros términos revelan una sensibilidad especial para percibir los detalles del **paso de las estaciones**:

- **Hanabie (花冷え)**. Es el frío pasajero que viene justo antes de la floración de los cerezos.
- **Hatsune (初音)**. Es el primer canto de los pájaros en el año.

- *Momiji* (紅葉). Fenómeno de la naturaleza que cambia el color de las hojas de los árboles en otoño a rojo, amarillo o naranja.
- *Kogarashi* (木枯らし). Es el viento frío que nos anuncia la llegada del invierno.

Es difícil hacer una selección de las **palabras que se refieren a la lluvia**. Son todas bellísimas y despiertan nuestra sorpresa y admiración ante la cantidad de matices que se pueden apreciar ante este fenómeno natural:

- *Amaoto* (雨音). Sonido de las gotas de lluvia.
- *Kosame* (小雨). Lluvia muy suave que cae delicadamente.
- *Doshaburi* (土砂降り). Lluvia que cae con mucha fuerza.
- *Tooriame* (通り雨). Lluvia repentina y fuerte tras la cual se aclara el cielo.
- *Samidare* (五月雨). Lluvia que cae a principios del verano.
- *Murasame* (村雨). Lluvia que cae fuerte y débil de forma seguida y repetida.
- *Fuyushigure* (冬時雨). Lluvia que cae a principios del invierno.
- *Sakurafubuki* (桜吹雪). Es una lluvia muy especial, la de los pétalos de las flores de cerezo.

Y qué decir de las **emociones** y reflexiones que despierta contemplar la naturaleza:

- *Mono no aware* (者の哀れ). Es la empatía o sensibilidad. Se refiere a la capacidad de sorprenderse o conmoverse, de sentir cierta melancolía o tristeza ante lo efímero.
- *Shoganai* (しょうがない). Lo que no se puede evitar. Aceptar lo que está fuera de control. Anima a seguir adelante sin remordimiento.
- *Seijaku* (静寂). Calma en medio del caos. Es una llamada a parar en mitad de la tempestad y recuperar la calma interior que solo podemos experimentar en la soledad de estar con nosotros mismos.
- *Gaman* (我慢). Es la capacidad de seguir intentando algo a pesar de las adversidades y cuando parece que todo está perdido.

LA PRÁCTICA DEL *SHINRIN–YOKU*

Practicar el *shinrin–yoku* supone estimular todos los sentidos al entrar en contacto con la naturaleza. Favorece también la conexión con nuestro interior, con nuestra esencia. Se practica en Japón desde hace décadas y se está convirtiendo poco a poco en un fenómeno que se extiende por todo el mundo. Pasar tiempo rodeado de árboles puede reducir la presión arterial, el estrés, el azúcar en sangre, mejorar la salud cardiovascular y metabólica, la concentración y la salud mental, disminuir el dolor y fortalecer el sistema inmunitario. Para llevarlo a cabo hay que seguir unas **premisas** sencillas:

- Buscar un lugar en la naturaleza para pasear, alejado del ruido.
- Desconectar el teléfono.
- Caminar lentamente entre dos y tres horas, sin prisas.
- Estar presente en el aquí y ahora.
- Activar y disfrutar de los cinco sentidos.
- Dejarse llevar y darse permiso para la improvisación.

No se trata de hacer deporte, fijarse un recorrido cerrado o planificar una excursión. Cualquiera puede hacerlo, da igual los años y la condición física.

En Japón hay ya **lugares destinados a la práctica del *shinrin–yoku*** y se están promoviendo para que personas de todas las edades acudan y disfruten de sus beneficios para la salud. Para que estos sitios se designen como adecuados, deben cumplir una serie de **requisitos**:

- Tiene que haber diversidad vegetal.
- Los bosques deben ser primarios y con árboles viejos y grandes, sin que lleguen a ocultar la luz y dejen espacios sombríos.
- Se evalúan en función de la temperatura, humedad, velocidad del viento, presencia de fitoncidas y los efectos demostrados mediante estudios sobre el estado de ánimo, el sistema nervioso, el sistema inmunológico y la regulación hormonal.

- Deben disponer de rutas sencillas, sin cuestas ni obstáculos, aptas para personas de todas las edades y condición, en las que sea fácil pasear y detenerse cuando se precise.
- El silencio es un requisito imprescindible. Solo se tienen que escuchar los sonidos de la naturaleza.

Akazawa fue el primer centro forestal que dispuso de personal médico. Un día a la semana, de mayo a octubre, un médico atiende bajo los árboles. Hay hospitales que ofrecen diagnósticos para aplicar la terapia de bosque: hacen una revisión del paciente y, siguiendo su prescripción, se efectúa la práctica del *shinrin–yoku*. Se recomienda para potenciar el sistema inmunitario, aumentar el nivel de energía, reducir la ansiedad, depresión e ira, así como el estrés puesto que propicia un estado de relajación.

En la actualidad, en Japón hay más de 62 puntos certificados para la terapia del bosque y se ha demostrado que todos ellos tienen propiedades saludables.

BENEFICIOS PARA LA SALUD

Numerosos investigadores se han interesado por demostrar científicamente los beneficios de estar en contacto con el bosque. Los primeros fueron los doctores Yoshifumi Miyazaki, profesor de la Universidad Japonesa de Chiba, y Qing Li, agregado en la Escuela Médica de Japón en Tokio y uno de los mayores expertos mundiales en medicina forestal. Sus investigaciones han demostrado que pasar una pequeña cantidad de tiempo en la naturaleza tiene un gran efecto en nuestra salud. Un baño de bosque de dos horas permite desconectar de la tecnología y bajar el ritmo. Cuando se conecta con la naturaleza con los cinco sentidos nos empezamos a beneficiar de numerosos efectos positivos del mundo natural. Hay datos que demuestran que la práctica de *shinrin–yoku*, o baño de bosque, puede:

- Disminuir los niveles de estrés y ansiedad.
- Reducir la tensión arterial.

- Mejorar la salud cardiovascular y metabólica.
- Reducir el nivel de azúcar en sangre.
- Evitar la obesidad.
- Potenciar el sistema inmunitario al aumentar el número de las células defensivas (NK).
- Aumentar la producción de proteínas celulares anticancerígenas.
- Disminuir el dolor.
- Recargar el cuerpo de energía.
- Aumentar la capacidad de concentración, la memoria y la creatividad.
- Mejorar la calidad del sueño.
- Prevenir la depresión.

A continuación, vamos a ver con un poco más de detalle por qué un baño de bosque nos proporciona bienestar en situaciones de estrés, cuando padecemos insomnio o nuestro estado de ánimo está bajo, y cómo responde nuestro sistema inmunitario a este contacto con la naturaleza.

ANTE EL ESTRÉS

Frente a una situación de amenaza o tensión nuestro cuerpo se acelera. El corazón comienza a latir más deprisa, aumenta la presión arterial y la digestión se ralentiza. Además, en estas situaciones segregamos cortisol, conocida como la «hormona del estrés». Una vez que desaparece este episodio intenso, los niveles de cortisol vuelven a sus valores normales, baja la frecuencia cardíaca y nuestro cuerpo empieza a funcionar otra vez de la manera adecuada.

Niveles altos de estrés de manera continuada pueden causar dolores de cabeza, ansiedad, problemas cardíacos, tensión arterial alta, diabetes, asma, problemas en la piel, falta de concentración o aumento de peso, entre otras dolencias. El baño de bosque actúa de manera significativa en la reducción del estrés. Se ha comprobado que tras un paseo lento por la naturaleza, en el que se vaya parando de vez en cuando y disfrutando con los cinco sentidos, el nivel de cortisol disminuye y la frecuencia cardíaca y la tensión arterial también. El cuerpo se recarga de energía y, de algún modo, se «reinicia».

CUANDO SE PADECE INSOMNIO

La falta de sueño también está relacionada con los aumentos de los niveles de cortisol en el cuerpo. Practicar un baño de bosque relaja cuerpo y mente. En estos casos es mejor escoger rutas que tengan árboles como robles o hayas, pues ayudan a relajarse y encontrar la paz interior, y evitar zonas de pinos o árboles resinosos porque son estimulantes. Regresar a casa después de una caminata por la naturaleza deja el cuerpo preparado para disfrutar de un sueño reparador.

BAJO ESTADO DE ÁNIMO

Muchos estudios han demostrado que pasear por el bosque mejora el estado de ánimo. Respirar el oxígeno que desprenden los árboles puede proporcionar energía o tranquilidad, según las especies que crezcan en la ruta escogida. Estas caminatas contribuyen al bienestar físico y emocional y facilitan la apertura a las relaciones interpersonales. También aumentan el rendimiento mental y la creatividad con lo que la autoestima y la confianza en uno mismo salen reforzadas. La disminución del estrés y la relajación tienen un efecto muy positivo en la salud mental, y cada vez son más las terapias que utilizan esta práctica de inmersión en la naturaleza para mejorar el estado de pacientes que padecen algunas enfermedades mentales.

QUÉ OCURRE CON EL SISTEMA INMUNITARIO

Cuando se padece estrés el sistema inmunitario se debilita. Las hormonas que se generan hacen que disminuya el número de células defensivas de nuestro cuerpo, o que no sean tan eficaces, con lo que nuestra salud se ve más predispuesta a desarrollar enfermedades. Dado que la inmersión en la naturaleza hace que baje la producción de las hormonas del estrés, no sorprende que el número de células defensivas de nuestro organismo se incremente de manera positiva.

En 2007 se llevó a cabo un primer estudio en el que se comprobó que el nivel de células defensivas (NK, *natural killers*) había aumentado en un 50 por ciento en grupos de personas que habían paseado por el bosque dos horas diarias un par de días. Se han hecho también algunos estudios, como el realizado por el Dr. Li en 2008, en el que se detectó que la producción de proteínas contra el cáncer había aumentado en las células, y que estos beneficios se mantenían en el cuerpo más de una semana después de haber realizado una inmersión en la naturaleza, y casi un mes si la práctica había sido de varios días.

Otro factor que influye en estos resultados es la presencia de «fitoncidas» en el aire del bosque de coníferas. Son compuestos volátiles que producen las plantas y los árboles y que tienen actividad antimicrobiana, así como un efecto muy saludable para los humanos. Los componentes principales de estas sustancias son los terpenos y están estrechamente relacionados con los aceites esenciales producidos por los árboles. El D–limoneno, que huele a limón, el alfa–pineno, el más habitual en la naturaleza y con olor a pino, el beta–pineno, con un olor más parecido a la hierba y el canfeno, con olor a resina, son los más habituales. También la tierra aporta un gran beneficio a nuestro bienestar. En ella habita la bacteria *Mycobacterium vaccae,* con la que entramos en contacto al cavar la tierra o comer una verdura arrancada del suelo y que activa el sistema inmunitario y nos hace sentir mejor.

Cada vez son más los estudios que se centran en estudiar cómo los baños de bosque influyen positivamente en la prevención y alivio de ciertas enfermedades. Naturaleza y bienestar: una combinación perfecta.

PRÁCTICA 1
Acudir con mente de principiante

QUÉ ES LA MENTE DE PRINCIPIANTE

Es la actitud de la curiosidad. Mirar a tu alrededor con la intención de descubrir nuevas cosas, prestando atención a los detalles, observando el entorno como si fuera la primera vez. ¿Cuántas veces has visto a los niños disfrutando con atención de lo que les rodea, preguntando por todo y manifestando su sorpresa ante cada nuevo hallazgo?, ¿no has pensado que ojalá pudieras sentir tú tanta alegría al realizar las actividades cotidianas y que pudieras aprender y descubrir algo cada día?

Shoshin es un concepto del budismo zen que se traduce como «mente de principiante» y se refiere a tener una actitud de apertura, entusiasmo y falta de ideas preconcebidas ante una situación. A los adultos nos cuesta apartar las experiencias previas que guardamos en nuestra mente, las creencias que tenemos arraigadas y, en la mayoría de las ocasiones, nos movemos en modo automático, de una manera aparentemente práctica. Ante muchas situaciones nos comportamos como si fueran repetidas, con la sensación de que ya sabemos todo lo necesario y no es posible aprender nada nuevo: actuamos con mente de experto y no vemos la verdad de las cosas. Pero nada es inmutable; los hechos no suceden siempre del mismo modo y hay muchos detalles que pasamos por alto y de los que no somos conscientes.

La mente de principiante tiene espacio para la sorpresa, te coloca en el aquí y en el ahora, no emite juicios en base a experiencias previas y está dispuesta a aprender. Abre un camino a la creatividad, a la imaginación, a preguntarse constantemente y estar atento a los detalles. Consiste en mirar el mundo con los ojos de un niño, en recuperar parte de esa inocencia e ilusión.

QUÉ BENEFICIOS NOS APORTA

Puede que algunos días, al sonar el despertador, pasen por tu mente algunos de estos pensamientos: «me toca levantarme ya y no tengo fuerzas», «me espera otro día igual con más de lo mismo», «¡vaya aburrimiento de vida!», «¿cuándo llegarán las vacaciones?»... ¿Te suenan de algo estos pensamientos?

Imagina que, al abrir los ojos cada mañana, fueras consciente de que ese día no va a ser igual a los demás. Que te esperan cosas nuevas por descubrir y que lo que te parece rutinario va acompañado de muchos matices a los que no has prestado atención y que están ahí para que los descubras y disfrutes al hacerlo. Que lo que vivas y sientas hoy no va a ser lo mismo que vivas y sientas mañana, porque nada permanece igual, y tú tampoco. Cada día es único y te brinda nuevos aprendizajes. ¿No crees que siendo consciente de esto levantarte cada día de la cama sería un poco más fácil?

Algunos **beneficios** que obtenemos al desarrollar la mente de principiante son los siguientes:

- Despierta la curiosidad por lo que nos rodea.
- Ayuda a mejorar la visión que tenemos de nuestra vida personal.
- Invita a ver cada momento como una oportunidad de aprendizaje.
- Refuerza nuestra paciencia.
- Nos lleva a jugar con la imaginación.
- Aumenta la empatía y el respeto por el entorno.
- Añade un aliciente a las experiencias vitales.
- Proporciona bienestar.

CÓMO ENTRENAR UNA MENTE DE PRINCIPIANTE

Lo más importante para empezar es ser consciente de que tú y todo lo que te rodea estáis en constante movimiento. Lo siguiente es que aceptes el reto de mirar todo como si fuera la primera vez, de estar presente en el aquí y ahora y dejar aparte las ideas previas que tienes de cada cosa.

Prueba a practicar en el día a día: durante tus tareas rutinarias, en tus relaciones con los demás, en la conexión con tu cuerpo y emociones.

- **Desarrollo de tareas rutinarias**. Puedes poner en práctica la mente de principiante en las actividades de tu vida cotidiana: al caminar, al hacer la compra, al ir a clase, mientras preparas la comida, al comer, etc. Haz la prueba a partir de ahora y disfruta de los detalles. Mientras comes, por ejemplo, puedes poner tu atención en los sabores, en las texturas, en la temperatura, en el punto de sal, sentir el contacto de la comida en tu boca, etc. Imagina que es la primera vez que tomas ese alimento, seguro que descubres matices de los que no eras consciente. Prueba con otras actividades y activa siempre «una nueva mirada».

- **Relaciones con los demás**. Cualquier día es bueno para empezar a observar a las personas con las que te relacionas habitualmente como si fuera la primera vez que las ves. Practica tu curiosidad, mira con detalle su versión actual sin percibir solo el reflejo de lo que ya crees saber de ella. Recuerda la mirada fresca de la niñez y utilízala. Puede que la realidad de hoy te sorprenda.

- **Conexión con tu cuerpo y con tus emociones**. Haz un alto en el camino. Regálate una pequeña pausa entre tus tareas y date un respiro. En este espacio de tiempo observa y escucha tu cuerpo. Siente tu respiración y haz un breve escaneo mental desde la cabeza a los pies, sin prisas, y simplemente siente, sin necesidad de poner ninguna etiqueta a las sensaciones o a las emociones que percibes. Al observarlas con la mente de principiante eres capaz de separarte de ellas, de verlas desde fuera y dejar de igualar tu identidad a lo que sientes.

Incorpora estos descansos a tu rutina diaria para conectar con tu interior, para ir descubriéndote y déjate sorprender por lo que irás aprendiendo de ti. Te mereces toda tu atención y cuidado.

¿CÓMO PRACTICAR ESTA ACTITUD EN LOS BAÑOS DE BOSQUE?

Acudir con la mente de principiante a un baño de bosque supone lograr la conexión máxima con la naturaleza. Al iniciar el paseo deja fuera de la mochila cargas innecesarias, todos los pensamientos cotidianos que te acompañan y no dejan de dar vueltas en tu cabeza.

A continuación, vamos a enumerar algunas claves para **conectar con el entorno:**

- Respira profundamente y siente cómo el aire llega a tus pulmones y te carga de energía.
- Mira a tu alrededor como si fuera la primera vez que ves un bosque y déjate llevar sin aplicar ningún criterio previo, que tus pasos te vayan marcando el camino.
- Pon el foco de tu atención en los detalles de lo que te rodea, en lo que te cause bienestar: cómo es la luz, de qué color son las hojas, qué altura tienen los árboles, qué sonidos escuchas, a qué huele, etc.
- Observa tu entorno con curiosidad y sin prisas.
- Es un camino de aprendizaje personal y no tienes obligación de «sentirlo todo», déjate llevar por lo que te sorprenda y llame tu atención.
- Cuando seas consciente de que tu mente se va hacia algo que no debe acompañarte en este paseo para, respira y vuelve a centrar tu atención en el aquí y ahora. Cada momento es único.
- Pasea y disfruta de los regalos que irá ofreciendo el bosque a tu mente de principiante.

Seguramente has visto muchas veces amanecer o una puesta de sol. También habrás vivido días de lluvia. Cuando vuelvas a presenciar alguno de estos fenómenos míralos como si fuera la primera vez, de hecho lo será porque cada uno de ellos es único y nunca se repetirán del mismo modo.

PRÁCTICA 2
Aplicar el «no juicio»

JUICIO FRENTE A «NO JUICIO»

Cada vez que nos encontramos delante de una realidad emitimos de manera casi automática nuestro juicio. Necesitamos poner rápidamente una etiqueta a lo que sucede y discernir si es bueno o malo, si nos gusta o no nos gusta, si lo amamos o lo odiamos, si nos agrada o desagrada, etc. Con los juicios de valor aplicamos un filtro rápido de lo que nos acontece y nos impiden ver la realidad tal y como es; lo que vemos es el reflejo de cómo somos y cómo interpretamos nuestras vivencias. Esta clasificación rápida que hacemos con los juicios resulta útil si hablamos de supervivencia, pues aportan rapidez en la toma de decisiones instantáneas. En contra tienen que ocurren tan deprisa que no somos conscientes de que emitimos juicios y evaluamos constantemente nuestro entorno condicionando la interpretación que hacemos de él. Son los responsables de que nos inquietemos por querer algo que no tenemos o por no querer algo que tenemos. Son el origen de nuestra agitación emocional continua.

El «no juicio» es la capacidad de aplicar distancia de los juicios que nuestra mente subconsciente genera. Es poner la atención en las experiencias presentes sin quedar atrapados en ideas, gustos u opiniones previas de lo que estamos observando en cada momento. Nos ayuda a separar realidad de nuestras reacciones automáticas. Aplicar el «no juicio» es una invitación a no tener que estar evaluando constantemente nuestros pensamientos, sensaciones y emociones como buenos o malos, sino simplemente ser conscientes de ellos y de cómo aparecen y desaparecen, sin más. No se trata de una actitud pasiva, sino de ser capaces de separar la realidad de automatismos antiguos y poder acercarnos a la misma de manera más inteligente.

QUÉ BENEFICIOS NOS APORTA ESTA PRÁCTICA

Practicar con nuestras experiencias cotidianas para ver cuándo estamos juzgando nos puede beneficiar porque:

- Ayuda a tomar consciencia de nuestros comportamientos condicionados y que repetimos de manera automática sin darnos cuenta de que lo estamos haciendo.
- Permite que tomemos distancia de los juicios que emitimos, ampliemos nuestro campo de visión y obtengamos más información de lo que está sucediendo.
- Nos sitúa ante una realidad menos distorsionada por experiencias previas.
- Nos ofrece la posibilidad de elegir con mayor libertad nuestras respuestas.

CÓMO PRACTICAR EL «NO JUICIO»

Practicar el «no juicio» es todo un reto para nuestra mente. Para empezar, decirle que «no» haga algo es poner el foco precisamente en esa actividad, así que mejor centrar la atención en «ir más allá del juicio», ser conscientes de él para tomar distancia y poder apartarlo. Puedes entrenar con cualquier actividad cotidiana para adquirir este hábito. Escoge cada día una en la que poner tu atención y que etiquetes al instante como agradable o desagradable, me gusta o no me gusta, etc. Analiza después qué pensamientos y sensaciones te acompañaban mientras realizabas la actividad y si has sido consciente de ellos en el momento.

CÓMO NOS AYUDA ESTA ACTITUD EN LOS BAÑOS DE BOSQUE

Cuando pasees por el bosque, practicar el «no juicio» te ayudará a conseguir una mayor calma y lograrás conectar mejor con la realidad y disfrutarla sin etiquetas. Para ello:

- Procura mantener una mirada imparcial hacia tu entorno. No fuerces tu mente a dejar de juzgar, simplemente trata de ser consciente de cuándo lo haces.

• Si te surge la oportunidad, tómate en algún momento unos minutos durante el paseo para prestar atención a las sensaciones y pensamientos que te van surgiendo observándolos desde la distancia, sin añadirles una etiqueta, solo sé consciente de ellos.

Esta práctica es todo un desafío para tu mente. El darte cuenta de en qué momentos aplicas juicios automáticos a las experiencias hará que poco a poco te preguntes acerca de algunas de tus reacciones y que tu campo de visión aumente. Recuerda que es solo un recurso más que puedes poner en práctica en tus baños de bosque, no tengas prisa. En ningún caso debes forzar tu mente para lograrlo, no lo conviertas en una obligación si te aparta del objetivo principal por el que te acercas al bosque, y que no es otro que experimentes bienestar.

Naturaleza para combatir el estrés

Ya hemos visto cómo se relacionan los japoneses con la naturaleza y cómo y por qué practican el *shinrin–yoku* pero, ¿qué tiene que ver todo esto con nosotros y con la forma de vida occidental? ¿Es algo que puede encajar con nuestra rutina y nuestras costumbres?

Seguro que en más de una ocasión has sentido que la vida va a toda velocidad. Vivimos **constantemente conectados** con nuestros teléfonos inteligentes, ordenadores y redes sociales, nos sentimos obligados a contestar mensajes casi al instante y, por eso, muchas veces soñamos con poder parar y dejar que nuestra mente descanse un poco. Se calcula que actualmente un adulto pasa una media de once horas al día delante de pantallas y se habla ya del «tecnoestrés», una conducta nociva relacionada con las nuevas tecnologías que provoca síntomas como ansiedad, dolores de cabeza, depresión, fatiga mental, tensión ocular o cervical, insomnio, frustración o irritabilidad. Vivimos sin darnos cuenta de lo que ocurre a nuestro alrededor, sin concedernos tiempo para conectar con nosotros mismos y con los demás de una manera saludable. **El estrés se ha convertido en una de las enfermedades más extendidas en el siglo** XXI y encontrar un modo de combatirlo es el desafío más importante en cuestión de salud para el futuro de nuestra civilización.

A lo largo de este capítulo vamos a analizar cómo afectan algunas de las prácticas más comunes del día a día a nuestra salud, de qué privamos a nuestro cuerpo al perder la conexión con la naturaleza, qué nos pueden aportar los baños de bosque y cómo prepararnos para incorporarlos a nuestra vida de una manera natural y sencilla y beneficiarnos de sus efectos. Puede que descubras que esta práctica oriental no está tan alejada de tus intereses y que te abra los ojos hacia una vida más saludable, con menos estrés y de mayor conexión con la naturaleza. ¿Te animas a dar el primer paso?

LOS RITMOS DE LA CIUDAD

En la actualidad, un 55 por ciento de la población mundial, unos 4 200 millones de habitantes, vive en ciudades y se calcula que para el 2050 la población urbana se duplicará y casi 7 de cada 10 personas vivirán en espacios urbanos. La vida en la ciudad va casi siempre unida a las prisas, a soportar ruidos por encima del umbral acústico saludable, a atascos de tráfico, a tensiones y, en definitiva, a altos niveles de estrés que pueden favorecer la aparición de algunas enfermedades. Además, cada vez pasamos más tiempo encerrados entre cuatro paredes, vamos de casa al trabajo y del trabajo a casa, conectados permanentemente a través de nuestras pantallas. Puede que vivamos sin ser conscientes de lo que sucede al aire libre, más allá de nuestras puertas y ventanas, sin observar los cambios en la naturaleza. En la sociedad actual estamos tan vinculados con la tecnología que, en muchas ocasiones, nuestro conocimiento del medio natural lo hemos adquirido a través de documentales o vídeos y no por nuestra experiencia «en vivo». ¿Qué consecuencias nos acarrea este tipo de vida?

EL EFECTO DE LAS PANTALLAS

Haz una pequeña reflexión: ¿cuántas horas diarias tienes tus ojos pendientes de una pantalla?, ¿cuántas veces consultas al día el correo electrónico, los mensajes o las redes sociales?, ¿cuánto tiempo tardas en contestar cada vez que te salta una notificación?

Pasar mucho tiempo sentados delante de un dispositivo informático puede provocar dolor de espalda y de cuello, contracturas, sequedad ocular y problemas de visión, tendinitis en la palma de la mano o muñeca, retención de líquidos y obesidad. Seguro que todos hemos padecido bastantes de estos síntomas que nos alejan de la sensación de bienestar y que, por desgracia, forman parte de nuestra forma de vida.

Si analizamos con un poco más de detalle las consecuencias de vivir expuestos a la luz que emiten las pantallas y de estar permanentemente «operativos», puede que estas nos sorprendan. Es el momento de ver también cómo podemos limitar sus efectos e introducir otro tipo de rutinas más saludables en nuestras actividades cotidianas.

- **Exceso de luz para nuestros ojos**. Nos pasamos muchas horas al día mirando pantallas que emiten luz. En muchas ocasiones, cuando utilizamos los ordenadores o los teléfono inteligentes, **abrimos más los párpados** de lo necesario y **parpadeamos menos de lo saludable**, con lo que exponemos nuestros ojos a más cantidad de luz y además provocamos que se sequen. Otro de los esfuerzos a los que sometemos a nuestra vista es al **«estrés de acomodación»**. Lo experimentamos cuando estamos visualizando datos sobre la pantalla, pasamos constantemente del monitor a un papel, o levantamos la vista para ver algo que se está proyectando en otro plano. Los músculos del ojo se sobrecargan y sufrimos cansancio ocular, por no hablar de los efectos negativos sobre nuestro cuello y hombros.

  Por otro lado, **nuestro reloj biológico está regulado por la luz** y por los ciclos que alternan día y noche. La luz nos mantiene más activos y hace que aumente nuestra capacidad de atención y nos coloca en estado de alerta. La exposición a las pantallas a cualquier hora del día hace que estos ciclos se alteren y provocan dificultades que afectan al descanso y al sueño reparador.

  Para **reducir estos efectos**, es bueno que pongas en práctica las siguientes **recomendaciones**:

  - **Descansa tus ojos** aproximadamente cada 20 minutos. Aleja tu mirada de la pantalla y dirige la vista hacia el horizonte, lo más lejos posible que puedas, sin enfocar un punto concreto. Si desde la ventana puedes observar algún espacio verde de la naturaleza, mejor.

– **Mantén una distancia con la pantalla** de unos 30 centímetros. No te pegues a ella para tratar de ver algo mejor. Emplea el zoom, es más saludable.

– **Coloca la pantalla en un ángulo adecuado** con tu vista, que no te obligue a mirar hacia arriba, pero que tampoco fuerce tu cuello hacia abajo.

– Controla que sobre la pantalla **no incidan otros focos de luz** procedentes de ventanas o de alguna lámpara y provoquen reflejos.

– **Parpadea a menudo** o utiliza lágrimas artificiales para eliminar la sequedad del ojo.

– **Realiza ejercicios de relajación**. Cierra de vez en cuando los ojos por unos segundos y mueve los globos oculares en todos los sentidos para relajar la musculatura ocular. Aprovecha para hacer también estiramientos de cuello, espalda y brazos y eliminar así otras tensiones que se van acumulando en tu cuerpo.

– Si no estás trabajando, procura alejarte de las pantallas. **Pasea por la naturaleza** y permite que tus ojos descansen mirando a lo lejos, posando tu mirada en el verde relajante de los paisajes.

• **Estar permanentemente «operativo».** Actualmente recibimos mensajes en nuestros teléfonos y ordenadores a cualquier hora del día que nos han generado la creencia de que debemos permanecer accesibles para todo el mundo independientemente del momento o fecha. Por otro lado, nuestra mente va estresándose a medida que va aumentando la lista de todas las respuestas que quedan pendientes de dar. ¿Cuántas veces vas conduciendo, caminando o realizando cualquier otra tarea cotidiana y estás pensando en esos mensajes que no has contestado? Cuando nos desplazamos hablando por el móvil, y atravesamos zonas que pueden tener dificultad de cobertura, nuestra conversación no se corta porque nuestros teléfonos móviles emiten ondas radioeléctricas que permiten a nuestro dispositivo estar permanentemente conectado. Este fenómeno se conoce como *handover* y estamos constantemente rodeados de sus efectos. No hace falta más que mirar a tu alrededor cualquier día mientras te desplazas en un transporte público. No perdemos la conexión.

Esta situación de conexión continua genera estrés y ansiedad por la sobrecarga de información y estímulos. Esta práctica continuada acaba generando también dolores de cabeza, insomnio y puede afectar al estado de ánimo. El **estrés digital** es la ansiedad que genera querer compaginar la vida en línea con el resto de actividades cotidianas. Han surgido nuevos miedos, como el **síndrome FOMO** (*fear of missing something out*) que describe el temor a perderse algo que esté sucediendo, o la **nomofobia**, el miedo irracional a estar sin teléfono o a no poder utilizarlo.

Para **liberarse del estrés digital** los especialistas recomiendan hacer una desintoxicación, igual que ocurre con cualquier otro tipo de adicción. Actualmente es muy difícil desconectarse por un periodo de tiempo largo, así que, por lo menos, para **reducir los efectos negativos** te vendrá bien poner en práctica alguna de estas **recomendaciones**:

– **Evita estar consultando las redes sociales a la vez que trabajas o estudias**. Así logras ser más eficaz en tus tareas y tu cerebro te lo va a agradecer.
– **Elige un momento para leer todos los mensajes** que has recibido. Esto te permite realizar tu trabajo sin estar constantemente interrumpiendo tu concentración para comprobar cualquier aviso que te llega. Si recibes algún contenido interesante que te gustaría leer, déjalo marcado o guardado para hacerlo en otro momento.
– Y, por último, y no menos importante, **haz una lista de las cosas que te gusta hacer** más allá de estar conectado **e inclúyelas en tu agenda**. Reserva tiempo para hablar con las personas, para ti y tu cuidado y para salir a la naturaleza y conectar en directo con ella con el teléfono apagado. Tu salud se verá reforzada.

EL SEDENTARISMO

Según la Organización Mundial de la Salud (OMS), se definen como inactivas aquellas personas que no realizan más de 90 minutos de actividad física a la semana. Se calcula que más de la mitad de los adultos de los países desarrollados realiza una **actividad física insuficiente**. ¿Te encuentras dentro de ese grupo?

El sedentarismo cada vez es más habitual en nuestras vidas, y estar en posición sentada durante muchas hora al día es **sumamente peligroso para nuestro organismo**, tanto como una mala alimentación, el tabaco o el consumo de alcohol. La falta de actividad física y una dieta no saludable constituyen la segunda causa de muertes prematuras en el mundo. El sedentarismo duplica el riesgo de sufrir enfermedades cardiovasculares y diabetes tipo 2 e incrementa la probabilidad de padecer hipertensión arterial. También provoca problemas de sueño y un aumento del apetito.

La actividad física regular, como caminar, montar en bicicleta, practicar algún deporte o participar en actividades recreativas, es muy beneficiosa para la salud. Caminar treinta minutos cuatro veces por semana, según la OMS, ayudaría a reducir el riesgo de padecer enfermedades cardiovasculares y degenerativas. Es **una práctica muy saludable** porque:

- Mejora el estado muscular y cardiorrespiratorio.
- Beneficia la salud ósea y disminuye el riesgo de caídas y fracturas.
- Reduce el riesgo de hipertensión, cardiopatías coronarias, accidentes cerebrovasculares, diabetes y varios tipos de cáncer.
- Ayuda a mantener un peso saludable.
- Baja el nivel de estrés.
- Disminuye el riesgo de padecer depresión porque la actividad física genera endorfinas que influyen en el estado positivo del ánimo.

El sedentarismo se rompe andando. Si te has acostumbrado a estar todo el día en posición sentada delante de una pantalla, y luego te colocas en el sofá, ha llegado el momento de poner tu **cuerpo en movimiento**:

- Comienza por adquirir hábitos sencillos como **practicar estiramientos** al levantarte por la mañana y en descansos que hagas durante el día.
- Para desplazamientos cortos, deja el coche o el transporte que utilices aparcado y acostúmbrate a hacer esos **recorridos a pie**.
- Si tienes la oportunidad de **ir caminando al trabajo** o centro de estudio, no la desaproveches.
- **Reserva al menos treinta minutos diarios para caminar**, en el momento del día que más encaje en tu agenda. Por la mañana te ayudará a afrontar el día con más energía. Por la noche favorecerá tu descanso nocturno.
- **Camina por espacios arbolados y contempla la naturaleza**. El tiempo se te pasará volando.
- **La práctica de actividad física** debe ser algo que realices de **manera continuada** a lo largo de la semana, no se trata de que un día te «machaques» por todo lo que no te has movido durante el resto de los días. Consiste en adquirir el hábito, cuida de tu cuerpo cada día y él te lo devolverá en salud y bienestar físico y emocional.

«BIOFILIA» O NECESIDAD DE CONECTAR CON LA NATURALEZA

La «biofilia» es un término que hace referencia al concepto de que los humanos tenemos una necesidad biológica de conectar con la naturaleza. Es el amor por la vida y el mundo vivo. El biólogo estadounidense E. O. Wilson popularizó este concepto en 1984. Según explica, como hemos evolucionado en la naturaleza tenemos una necesidad de seguir conectados a ella, pues nos ha ayudado a sobrevivir. El 99 por ciento de la historia de la humanidad ha transcurrido estrechamente vinculada a la naturaleza, con una vida centrada en la caza y la recolección, en contacto cercano con el resto de los seres vivos. El uno por ciento restante equivale a la vida como la conocemos hoy, con un porcentaje alto de la población viviendo en espacios urbanos con poca o ninguna presencia natural. Nos sentimos cómodos en la naturaleza porque es donde hemos pasado la mayor parte de nuestra existencia en la Tierra y por eso el medio natural resulta fundamental para nuestra salud, tanto como hacer ejercicio o llevar una dieta saludable. Igual que obtenemos beneficios al estar en contacto con ella, nuestra salud sufre cuando nos alejamos.

El proceso de evolución de nuestra especie habría marcado en nosotros **sentimientos positivos y emociones ligados a la vida natural** y a la experimentación de la misma. Por el mismo motivo, también tenemos grabado en nuestro instinto de supervivencia el miedo a establecer contacto con ciertos elementos de la naturaleza, como el miedo obsesivo a las serpientes, incluso cuando se vive en una ciudad y posiblemente no se haya visto ninguna en el medio natural. El miedo y la fascinación por la naturaleza se han integrado en nuestros genes a lo largo del proceso evolutivo y nos han hecho comprender que si cuidamos la naturaleza y nos mantenemos cerca de ella, entendiendo que formamos parte del entorno vital de la misma, la naturaleza también cuidará de nosotros y nos proporcionará salud.

GRADO DE CONEXIÓN CON LA NATURALEZA

Cada vez son más los estudios que se realizan para medir hasta qué punto la naturaleza está presente en nuestras vidas, nos sentimos conectados e identificados con ella y un miembro más de esta gran comunidad. La escala que más se utiliza en las investigaciones empíricas es la *Escala de Conectividad con la Naturaleza* de Mayer y Frantz (2004). Esta escala tipo Likert define la conectividad como una experiencia individual y afectiva de conexión con la naturaleza. En cierto modo es capaz de medir el grado de satisfacción que los participantes tienen con su vida y la capacidad de adoptar diferentes perspectivas para resolver problemas interpersonales y dilemas morales en la práctica diaria.

A continuación, puedes ver un modelo que hemos preparado con una serie de afirmaciones agrupadas en cuatro bloques relacionados con disfrutar de la naturaleza, la empatía con los seres vivos, el sentido de identidad y el sentido de la responsabilidad. Puedes jugar así, de una manera rápida, a comprobar cuál es tu punto de partida. Procura no engañarte.

- Disfrutar de la naturaleza
  - Voy a menudo a la naturaleza para calmarme.
  - Disfruto pasando mi tiempo libre en la naturaleza.
  - Suelo realizar con frecuencia actividades al aire libre en contacto con la naturaleza cerca de mi casa.
  - Cuando tengo la ocasión, suelo estar en contacto con entornos naturales como playas, ríos, bosques o montañas.
  - Disfruto escuchando los sonidos de la naturaleza.
  - Me gusta salir a ver paisajes.
  - Si estoy triste, entrar en contacto con la naturaleza me hace feliz.
  - Estar en la naturaleza me hace sentir paz.
  - En casa o en el trabajo normalmente tengo la oportunidad de ver, oír, tocar, oler o interactuar de alguna manera con el entorno natural o con los seres que habitan en él.

- Empatía hacia los animales y plantas
  - Siento un gran amor hacia los animales y las plantas.
  - Mi vínculo con los animales, las plantas y la tierra tiene una gran influencia sobre mi estilo de vida.
  - Reconozco y aprecio la inteligencia y sensibilidad de otros seres de la naturaleza.
  - Como ser humano me considero distinto, pero no superior o más importante que los demás seres de la naturaleza.
  - Interactuo de forma habitual con animales o plantas en casa.
  - Pienso que es importante cuidar a los animales o a las plantas.

- Sentido de identidad
  - Siento una fuerte conexión con la naturaleza.
  - Mi bienestar está relacionado con el propio de la naturaleza.
  - Mi relación con la naturaleza determina mi identidad en gran parte.
  - Considero al entorno natural como una comunidad a la que pertenezco.
  - Me reconozco como una pequeña parte de la gran red de vida de este planeta.

– Considero que mi bienestar personal depende del bienestar del mundo natural.

- Sentido de responsabilidad
  – Mis acciones afectan al bienestar del planeta.
  – Debemos proteger a los animales y las plantas.
  – El ser humano y la naturaleza forman parte de un mismo sistema y dependen el uno de la otra.
  – Soy consciente de que mis acciones tienen un impacto en el medio ambiente.
  – Me siento bien cuando hago algo que sé que favorece al entorno natural. Por ejemplo, si me llevo basura abandonada en el monte o la playa o cuando uso solo el agua que necesito para mi aseo personal.

TERAPIA DE LOS BAÑOS DE BOSQUE

Vivimos en un mundo de prisas y lleno de exigencias. A veces nos sentimos presionados, con la sensación de no llegar a tiempo y en medio de diferentes conflictos. ¿No has tenido en alguna ocasión la sensación de estar perdiéndote cosas fundamentales de la vida?

Ahora recuerda algún momento en el que hayas desconectado de todo y te escaparas a tomar un respiro en plena naturaleza. Seguro que sentiste que tu estrés disminuía, que encontrabas un equilibrio interior y recuperabas fuerza y energía para continuar con tus compromisos al regresar de la escapada. Posiblemente hasta te sentiste un poco más feliz.

Esta es la **esencia de los baños de bosque**, lograr **relajarse, conectar con tu interior** y **aumentar la sensación de bienestar**. Es una práctica sencilla, al alcance de todo el mundo y, además, económica. La naturaleza aporta muchos momentos de felicidad asociados al disfrute de nuestros sentidos y que no tiene nada que ver con las posesiones materiales ni con el consumo. Son momentos para vivir y disfrutar del presente, y que tienen el poder de hacernos valorar más nuestros pequeños placeres cotidianos cuando volvemos a la rutina de nuestros hogares.

QUÉ NOS APORTAN LOS BAÑOS DE BOSQUE

Acudir a la naturaleza para pasear sin prisas, tranquilamente, sin conexión tecnológica y respirando profundamente el aire del bosque tiene consecuencias muy saludables para nuestra salud. Vamos a ver algunos de los **beneficios que nos aporta esta práctica**:

- **Desconectar del estrés diario**. Un tiempo sin conexión, aunque sea por un par de horas semanales, ayuda a que los niveles de la hormona del estrés (el cortisol) disminuyan y que la tensión corporal desaparezca en gran medida, lo que repercute también en la calidad y la mejora del sueño. Además de los beneficios físicos que esto supone, los emocionales no son menores. La tranquilidad incrementa la creatividad, la capacidad de atención y mejora el ánimo.
- **Lograr una conexión con nosotros mismos**. El tiempo que se pasa en el bosque es un momento perfecto para conectar con nuestro interior y escuchar lo que el cuerpo nos dice.
- **Aprender de la naturaleza**. Observar la naturaleza proporciona siempre aprendizajes que sirven para entender mejor la vida y lo que nos rodea; cómo forma una gran comunidad que se comunica, cómo cambia y se adapta a las estaciones y a diferentes adversidades... si nos fijamos con atención, cada día se descubre algo nuevo.
- **Mejoran nuestra salud**. Además de disminuir el estrés, el nivel de glucosa en sangre desciende, lo que es bueno para prevenir la diabetes. La circulación sanguínea también mejora y la tensión arterial disminuye. Respirar el aire del bosque alivia algunas afecciones respiratorias y potencia el sistema inmune.

CÓMO PREPARARSE PARA UN BAÑO DE BOSQUE

Llega el momento de ponerse en marcha. Quieres empezar tu práctica de conexión con la naturaleza, probar cómo te sientes al volver a respirar el aroma de los bosques, sentir el viento sobre tu cara, tener un tiempo para ti, para escuchar tu voz interior. Quieres relajarte, liberarte de ese estrés que te persigue, aunque nunca has practicado un baño de bosque.

¿Por dónde empezar?, ¿qué hay que llevar?, ¿cómo sacarle el máximo partido?

En **primer lugar**, es fundamental que te **prepares para disfrutar del momento presente**. Para ello debes reservar un espacio de tiempo solo para ti: es necesario que queden fuera las preocupaciones, los pensamientos recurrentes y cualquier conexión tecnológica que te vuelva a colocar en la rutina diaria de tus actividades. Se trata de un paseo en el que es muy importante que te sumerjas en el ambiente tranquilo de la naturaleza y que te empapes de él. ¿Te animas a dejar atrás esta carga del día a día?

En **segundo lugar**, ve con el propósito de **dejar espacio para la improvisación**. Aunque sean necesarios algunos preparativos previos, como elegir una ruta y mantener algunas normas de seguridad para que disfrutes plenamente de la experiencia, una vez que inicies tu paseo podrás seguir las invitaciones que la naturaleza te haga ese día, seguir el camino que tu intuición te marque, hacer en cada momento lo que más te apetezca, sin guion. A lo largo de este libro encontrarás muchos consejos y propuestas que te pueden dar ideas, pero solo tú deberás elegir qué quieres hacer y cuándo. Solo así lograrás que la experiencia sea única e irrepetible.

En **tercer lugar**, deja que **tus sentidos den lo máximo de sí**. Disfruta de las señales que cada uno recopila y te envía. Practica con ellos, aprende a jugar poniéndolos a prueba y descubre cuántos mensajes recibes del exterior y eres capaz de interpretar. Entrena en cada momento de tu vida y, cuando estés en contacto con la naturaleza, te sorprenderás de todo lo que tiene que decir, de lo que puedes aprender de ella.

Por último, ten presente que con esta actividad **no se busca hacer deporte**, no es necesario superar ningún reto, ni llegar a ninguna meta. Estar en diálogo con la naturaleza y disfrutar de ese contacto es lo único importante. **Tampoco necesitas saber de botánica** para beneficiarte de las propiedades saludables del bosque, aunque seguro que si incorporas esta práctica en tu vida aprenderás mucho más de la naturaleza de lo que te imaginas.

QUÉ HAY QUE LLEVAR EN LA MOCHILA

Cuando vayas a dar tu paseo por la naturaleza, **consulta** primero en alguna aplicación **el tiempo que va a hacer**. Es muy importante que no te encuentres ningún imprevisto que pueda arruinar tu experiencia. Además, en estaciones en las que el tiempo es muy cambiante, es fundamental que te anticipes a situaciones que te pueden poner en apuros. Consulta la temperatura, la humedad, la posibilidad de tormentas –o nevadas– o intensidad del viento. Todo esto te ayudará a escoger la ropa adecuada con la que equiparte y a saber qué debes llevar en tu mochila.

Con respecto a **la ropa**, es fundamental ir con prendas ligeras, no llevar más de la necesaria y con la que no se pase ni frío ni calor. Ten en cuenta:

- **Debe ser cómoda** para que te permita moverte sin problemas. Escoge prendas que no te aprieten, de tejidos que sean confortables para ti y que no pese.
- Hay que **escoger la ropa adecuada según la época del año**. Los tejidos impermeables y que permitan la transpiración son los mejores. Cuando se camina entre vegetación frecuentada por animales donde puede haber mosquitos, pulgas o garrapatas, es mejor usar pantalón largo y con gomas en la parte inferior para evitar que pueda entrar en contacto con la piel –o meter el borde inferior del pantalón dentro del calcetín–.
- En los paseos por a naturaleza, **vestir por capas** es lo idóneo para adaptarse a las diferencias de temperatura con comodidad: ropa interior ajustada, que no apriete y que sea transpirable; capa intermedia que permita conservar el calor, no muy gruesa y adaptada a la estación; y capa externa impermeable que proteja de la lluvia o del viento, y preferiblemente con capucha.
- **El calzado es muy importante**. Debe sujetarte bien el pie y las suelas tienen que presentar un buen agarre al suelo para evitar resbalarse en los diferentes terrenos, tanto secos como húmedos. Si usas zapatillas, asegúrate de que son impermeables y, si hay nieve, utiliza botas. En este caso comprueba antes que no son demasiado duras y que no te puedan lastimar en tobillos o dedos.

- **La elección de calcetines no se debe dejar al azar**. Llevar los pies protegidos para que no tengan que soportar humedad y que no se produzcan ampollas es importante. Tampoco utilices calcetines por debajo del tobillo, sino altos y que te cubran parte de la pierna. Actualmente hay una gran variedad de tejidos sintéticos y modelos que absorben humedad y sudor y protegen los puntos de mayor roce. También los hay impermeables y térmicos, que en invierno son un aliado perfecto.

Además de la ropa, es importante que **en tu mochila** lleves:

- **Agua**, sobre todo en verano, pero **imprescindible** en cualquier estación. También **algo de alimento**, algunas frutas en verano y alimentos más energéticos en las estaciones más frías, como frutos secos o chocolate.
- El **teléfono móvil** debe ir **desconectado**, aunque no olvides llevarlo contigo y **con la batería cargada**, pues puede ayudarte a orientarte si te pierdes durante tu ruta o a pedir ayuda en caso de que surgiera alguna emergencia. En cualquier caso, deja siempre dicho a alguien dónde vas y qué ruta has elegido.
- **Gafas de sol**. Tanto el sol como el viento pueden irritar mucho los ojos y hacer que lloren, lo que puede resultar muy molesto en un paseo. Más vale llevar siempre un par en la mochila.
- **Protector solar**. Si tu piel va a estar en contacto con el sol no olvides protegerla, tanto en verano como en invierno. El viento y la brisa a veces nos hacen olvidar que el sol está actuando sobre nuestra piel y podemos tener quemaduras. Si quieres proteger tu cabeza no olvides llevar también una gorra o un pañuelo para cubrirla.
- Lleva **un par de calcetines** de repuesto y **unos guantes**.
- Si puede llover, lleva también **un impermeable** con capucha.
- Para evitar **posibles picaduras de insectos** procura cubrirte bien las piernas con pantalones largos y calcetines altos. Lleva también **repelente** y unas **pinzas** de punta fina y roma, por si tienes que quitarte alguna garrapata.

Como ya se ha comentado, recuerda consultar el tiempo que va a hacer en la ruta que has seleccionado para seleccionar bien lo que debes llevar y que te resulte útil sin tener que cargar con cosas innecesarias. Ten precaución también si te adentras en zonas boscosas de hierbas altas o en prados donde hay ganado. Una **picadura de una garrapata** puede causarte un trastorno porque, aunque la picadura suele ser indolora, si permanece mucho tiempo sobre tu piel puede contagiarte alguna enfermedad. Como **prevención**:

- **Procura caminar por los senderos**, evita los paseos entre arbustos o vegetación alta y no te sientes en zonas con mucha vegetación y por donde haya animales.
- Recuerda llevar **calcetines altos, mangas y pantalones largos** y calzado cerrado. Si además usas ropa de color claro te resultará más fácil detectar si alguna garrapata se ha pegado a ella.
- **Ponte un repelente adecuado** para la piel o escoge uno que se pueda echar sobre la ropa.
- **Al regresar a tu casa** revisa bien tu cuerpo para **asegurar que no llevas ninguna garrapata**, especialmente en las zonas de tu piel donde hay pliegues y guardan mejor el calor. **Dúchate** después de cada salida y **lava la ropa** que llevabas a 60 °C.

En el caso de que te **pique una garrapata** lo más importante es que **actúes lo más rápido posible**:

- **Utiliza unas pinzas** de punta roma para colocarlas lo más cerca de la piel y **extrae completamente el cuerpo** de la garrapata sin romperla y sin dejar restos dentro. Si puedes conservarla en un bote para que la analice un profesional, perfecto. Si no, procura hacer una foto. No la toques con tus dedos ni la aplastes en el suelo. **No uses remedios caseros en la extracción** como aceites, vaselina o aplicar calor.
- **Limpia la zona de la picadura** con agua, jabón y antiséptico y después lávate las manos.

• Lo normal es que no notes nada más, aunque **si no has logrado extraer el cuerpo completo** de la garrapata **o si en los siguientes días aparece algún dolor** o fiebre, **acude al médico** y muéstrale la foto o el ejemplar que recogiste para que pueda identificar la especie.

Ya tienes la lista de lo que puedes llevar en la mochila y de algunas cosas que debes tener en cuenta para que tu ruta sea cómoda y relajada. Ahora te queda poner a prueba cómo tienes de desarrollados tus sentidos. Es el único entrenamiento que necesitas hacer en esta práctica.

CÓMO POTENCIAR EL USO DE NUESTROS SENTIDOS

Hemos hablado en varias ocasiones de los sentidos, de sacar de ellos todo su potencial, de disfrutar al máximo de la naturaleza utilizándolos todos, y sobre el papel parece algo «natural». ¿Tienes la seguridad de que tienes bien entrenados tus sentidos?, ¿empleas todos con la misma intensidad?, ¿qué información de la que te llega a través de ellos priorizas o tiene un mayor impacto en ti?

Haz una pequeña prueba. Ponte en las siguientes situaciones y responde a las preguntas que se plantean:

• **Situación 1**. Llegas a la playa en un día de verano. Hace sol, la arena está caliente, hay olas en el mar, aunque está tranquilo y el agua se muestra transparente. ¿Qué es lo que más te relaja en una situación así?

– Observar el mar.
– Sentir el contacto de la arena en tus pies o manos.
– Cerrar los ojos y escuchar el vaivén de las olas.
– Mirar el horizonte y contemplar la puesta de sol.
– Ir corriendo a darte un baño y sentir el mar en tu piel.
– Escuchar el sonido de las aves que se mueven por la costa.
– Respirar profundamente para oler el salitre, el aroma de playa.
– Tomar un refresco o alguna fruta y saborearlo.

- **Situación 2**. Vienes de pasar un día en la nieve y llegas al lugar en el que te hospedas y está la chimenea con unos troncos ardiendo. Tienes un baño preparado con un albornoz colocado sobre la cama y en la mesa hay unas bebidas calientes. ¿Cuál de estas acciones te proporciona más calma?

  - Ponerte a mirar el fuego y ver cómo poco a poco arden los troncos mientras observas los diferentes colores que se producen durante la combustión.
  - Cerrar los ojos y escuchar el chisporroteo de las llamas rompiendo el silencio.
  - Darte un baño de agua caliente y envolverte después en el albornoz, que tiene una textura suave y te proporciona calor.
  - Respirar el aroma de la madera ardiendo.
  - Beber o comer algo caliente y saborearlo.
  - Poner música en la habitación.

- **Situación 3**. Vas a probar un nuevo plato de comida en un restaurante. ¿Qué haces en primer lugar?

  - Miras la composición del plato, la combinación de colores, cómo están colocados los diferentes componentes.
  - Acercas la nariz para percibir el aroma, saber a qué huele y tratas de identificar los olores de los ingredientes.
  - Preguntas qué ingredientes lleva el plato, quieres que te hablen de él y te expliquen en qué consiste.
  - Tomas una porción de comida y te la llevas a la boca para probar su sabor.
  - Te fijas en las texturas y te imaginas qué vas a sentir cuando entren en contacto con tu lengua.

- **Situación 4**. Te encuentras con el ánimo un poco decaído. ¿Qué opción de las siguientes crees que te ayudaría más a mejorar tu estado?

- Tomar una bebida o comer algo que te guste.
- Recibir un masaje.
- Ver alguna película o serie que te distraiga o te haga reír.
- Mirar fotos de momentos especiales de tu vida.
- Respirar el aroma de un aceite esencial que te proporcione energía.
- Oler algún perfume que te recuerde a alguien o algún momento agradable de tu vida.
- Escuchar música.
- Recibir la llamada de un amigo o persona cercana y escuchar el tono de su voz mientras te habla.

Fíjate en las respuestas que has elegido en primer lugar. Te van a dar una pista muy importante acerca de cuál es el **sentido que priorizas en tu vida**, por el que te riges en la mayoría de las ocasiones para tomar decisiones, aprender o memorizar algo y motivarte.

Si todavía tienes dudas, **observa tu lenguaje** a la hora de expresarte. El uso verbal que empleas normalmente te indica qué sentido de representación marca tu percepción de las cosas. Por ejemplo, si es el **visual**, es fácil que *observes* expresiones del tipo: «lo *veo* todo *negro*», «quiero *enfocar* el asunto de otro modo», «yo lo *veo* bien, está muy *claro*», «no *me veo* capaz de hacer eso». Si es el sistema **auditivo**, *te sonarán* estos ejemplos: «lo que dices me *suena* raro», «siempre estás con la *misma canción*», «esto *suena* a *música celestial*». Si te *mueves* más con el sentido **kinestésico** te *sentirás* más identificado con estas expresiones: «*me dan escalofríos* solo de pensarlo», «*me siento* preparado para hacerlo», «tu mensaje *ha calado hondo* en mí», «este asunto *me huele* mal».

Empieza a observarte un poco más y descubrirás muchos aspectos de ti que a lo mejor no conocías. De todos modos, sea cual sea tu sentido prioritario, todos los sentidos están actuando siempre de manera conjunta para ofrecerte información de lo que te rodea. Comienza a practicar en el día a día para ir desarrollando todos y disfrutar de algunas sensaciones que, quizá, te estés perdiendo.

Ejercicios para entrenar el sentido de la vista

La vista es uno de los sentidos que más ponemos a prueba cada día y del que más nos valemos las personas videntes. Puede que creamos que lo vemos todo, aunque no está de más practicar para mejorar y desarrollar este sentido.

- **Aumentar la visión periférica**. La visión periférica aporta un campo extra a la focalización directa que produce la visión central. Mejorar su funcionamiento aporta grandes beneficios ya que es muy útil para la conducción, en los deportes de equipo, en el juego de ajedrez, para aumentar la velocidad de lectura y en general para recibir mayor información del entorno.

  – Pon un punto fijo, como una chincheta, en la pared de la habitación, a unos 45 grados con respecto a la altura de los ojos, y coloca otros dos a derecha e izquierda y a la misma altura. Mira el elemento central y, sin perderlo de vista, ve expandiendo el campo lateral de visión para ver los puntos laterales. Según vayas practicando, puedes ir poco a poco moviendo la posición de los elementos laterales. También puedes probar a ir captando otros objetos de la habitación sin dejar de mirar el punto central.
  – Pon los dos dedos índice delante de los ojos. Mantén tu mirada en el punto central y ve separando lentamente tus dedos hacia los laterales hasta donde puedas verlos. Continúa practicando cada día este ejercicio para que tu campo visual pueda ir aumentando.
  – Mira al horizonte en un campo abierto. Fija tu mirada en un punto fijo y trata de ir expandiendo al máximo el campo visual para captar lo que se extiende a ambos lados.
  – Aprovecha la siguiente reunión con amigos para dirigir tu mirada hacia la cabeza de alguno de ellos, pero enfocando más allá, como si la atravesaras. Trata ahora de ir identificando movimientos que hacen las otras personas sin desviar tu mirada.

– Camina por una calle muy transitada, relaja la mirada y procura dirigir tu vista más allá de los obstáculos que aparecen, como otras personas o mobiliario urbano. Gracias a la visión periférica podrás seguir caminando sin tropiezos.

• **Observar diferentes matices**. Empieza a observar las cosas que te rodean fijándote en el mayor número de detalles que seas capaz. No se trata solo de ver, sino de apreciar cada uno de sus matices: color, intensidad del mismo, brillo, tamaño y forma de las cosas, cercanía y lejanía de los objetos, si presentan o no movimiento, efectos de la luz cuando inciden sobre ellos, etc.

Ejercicios para entrenar el sentido del oído

Nuestro sentido del oído nos da mucha información que nos permite estar alerta ante lo que sucede en nuestro entorno o nos avisa de algo que está cerca o por llegar. También nos da la posibilidad de disfrutar de muchas melodías armoniosas. Como todos los sentidos, se puede entrenar para permitirnos captar más señales y con mayor riqueza de matices.

• **Filtrar los sonidos del ambiente**. Para centrar tu atención en un solo sonido, prueba a hablar con alguien poniendo una música de fondo. Ve añadiendo progresivamente más fuentes de sonido a tu alrededor mientras mantienes tu atención en la conversación principal.
• **Identificar la procedencia de los sonidos**. Cierra los ojos y pide a otra persona que vaya emitiendo sonidos desde puntos y distancias diferentes. Practica para identificar de dónde provienen.
• **Reconocer diferentes tipos de sonidos**. Cierra los ojos y pon tu atención en reconocer e identificar el mayor número posible de sonidos que te rodean. Prepara una lista para ver cómo va aumentando el número de sonidos que eres capaz de identificar.
• **Percibir diferentes matices**. Cierra los ojos y escucha cada uno de los sonidos que te rodean. Localiza de dónde procede cada uno, cuál es su volumen, su ritmo, si es un sonido aislado o responde a una secuencia que se repite, cuánto dura, qué tipo de sonido es, etc.

Ejercicios para entrenar los sentidos del olfato, tacto y gusto

El ritmo de vida urbano hace que a menudo tengamos un poco menos entrenados los sentidos del olfato, tacto y gusto, quizá porque en este medio no son tan necesarios para la supervivencia. Entrenarlos te puede llevar a descubrir sensaciones muy placenteras.

• **Entrenar el olfato**. Los olores están muy ligados a las emociones y a la memoria. Un aroma nos puede trasladar rápidamente a una vivencia del pasado y a la emoción que nos hizo guardarla en la memoria. Para entrenar este sentido puedes empezar utilizando ingredientes que utilices en la cocina. Basta con cerrar los ojos y practicar siguiendo estas indicaciones:

   – **Pega más la nariz** a aquello que quieras oler si quieres identificar bien su olor. La proximidad intensifica el aroma.
   – **Olfatea más de una vez**. A veces no basta con inhalar en una sola ocasión, puede que necesites oler un par de veces para captar bien el aroma. No insistas más sin descansar el olfato porque los receptores dejan de funcionar.
   – **Describe los olores**. Tómate un tiempo para que el estímulo llegue al cerebro y se integre con recepciones del gusto y emocionales antes de registrarse como un olor. Después trata de describirlo utilizando todos los matices posibles.

• **Perfeccionar el gusto**. Comemos en muchas ocasiones solo para alimentarnos, sin ser conscientes de todo lo que pasa por nuestra boca. Para disfrutar de este sentido no hace falta más que practicar cada día y aprender a degustar.

   – **Empieza por lo básico, los cinco sabores**. El organismo puede detectar cinco sabores básicos: dulce, salado, amargo, ácido y umami. Lo mejor es que empieces identificando cada sabor uno por uno. Prueba por ejemplo con una taza de café y saboréala despacio. Detectarás el sabor amargo, aunque puede que también percibas algo de acidez. Haz lo mismo con alguna pieza de fruta. Ve identificando los sabores básicos y cómo se van combinando en los diferentes alimentos.

– **Utiliza la nariz**. El sabor se percibe por una combinación de olor y gusto. Los dos sentidos se combinan para completar la experiencia de la degustación.

– **Come despacio**. Entrenar el paladar requiere tiempo y las prisas no son buenas aliadas para disfrutar de la experiencia. Toma trozos pequeños y al meterlos en tu boca sé consciente de su textura, temperatura, sabor. Percibe todo esto antes de tragar.

– **Utiliza limpiadores de paladar**. Los sabores se quedan en la boca y si no se eliminan entre plato y plato desvirtúan el sabor de los siguientes. Tomar un poco de pan blanco, un vaso de agua o una galleta salada te pueden ayudar a eliminar estos sabores residuales.

– **Experimenta**. Busca nuevos platos que no hayas probado nunca, experimenta con tradiciones culinarias de otros países. Toda una variedad de sabores está esperándote para que practiques y disfrutes de las experiencias.

• **Señales táctiles**. La piel es el órgano más grande del ser humano. Recubre todo el cuerpo y posee muchas terminaciones nerviosas repartidas por toda su superficie. Lo más importante que se aprende al desarrollar el tacto es a «sentir» en la piel. Seguramente sabes distinguir entre algo áspero o suave, seco o húmedo, si algo está duro o blando, etc. Y posiblemente casi siempre lo sepas porque utilizas las manos, o, más concretamente, los dedos de las manos.

– **Prueba a descalzarte más a menudo.** Empieza sintiendo el contacto del suelo en tus pies. Ve probando con diferentes terrenos y con diferentes texturas, temperaturas y humedades. Analiza lo que sientes en cada situación.

– **Identifica texturas y tejidos**. Pon delante de ti objetos con diferentes texturas y, con los ojos cerrados, trata de identificarlos.

– **Toma conciencia de tu piel**. Siente el aire, el roce de la ropa sobre tu cuerpo, el efecto de los masajes, el agua deslizándose por tu piel, etc. Cada día son muchos los estímulos que recibimos a través del tacto, empieza a observarlos con más detalle.

El entrenamiento de los sentidos te ayudará a disfrutar más de tu baño de bosque y podrás ponerlos a prueba con una gran variedad de señales que la naturaleza envía. Ha llegado el momento de elegir el lugar para comenzar tu paseo, ¿por dónde vas a empezar?

ELEGIR EL LUGAR PARA DARSE UN BAÑO DE BOSQUE

A la hora de realizar un baño de bosque es aconsejable escoger ese lugar propicio para cada uno. Un paseo por un bosque va a resultar casi siempre sano y gratificante, y lo importante es que incorpores en tus rutinas acercarte a la naturaleza y tenerla cada vez más presente. Si además quieres potenciar sus efectos saludables para disfrutar de un buen baño de bosque, son varios los **aspectos que puedes tener en cuenta** a la hora de elegir la ruta, como la temperatura del aire, la humedad, la luminosidad, el calor radiante, las corrientes de aire, los sonidos, la cantidad de compuestos orgánicos volátiles o valorar otros factores psicológicos como si es un lugar tranquilo o ruidoso, la variedad de colores que presenta, qué olores predominan, etc.

Observa primero cuál es tu **estado de energía.** Los bosques de coníferas en los que haya pinos, abetos o cipreses, por ejemplo, son estimulantes. Pasear por ellos es muy bueno si te sientes con la moral baja o con poca fuerza, aunque es mejor que los evites si tienes problemas de insomnio o tus nervios están un poco «alterados». Si lo que necesitas es encontrar tranquilidad, escoge un bosque de hojas, que tenga árboles como robles, hayas o cerezos. Estas especies crean un entorno de paz que te ayudará a conectar con tu interior, a relajarte y a darte un baño de bosque reparador para reducir tu nivel de estrés. Según un estudio, un bosque de robles viejos disminuye la presión, el pulso y los niveles de cortisol (Miyazaki et al., 2007).

53

Si lo que buscas es **abundancia de fitoncidas** por su efecto antibiótico y poder aromático, los bosques de coníferas son los ideales, pues son los que emiten más sustancias de este tipo, y los de pinos silvestres son los que mejor filtran las partículas del aire, según un estudio realizado en Flandes (Schaubroeck, 2014).

Por otro lado, los **bosques más antiguos**, los grandes y frondosos y cuyos árboles están relativamente cerca unos de otros, sin llegar a ocultar la luz, **producen mayor placer y felicidad** durante los paseos.

Otro aspecto que debes tener en cuenta es **la accesibilidad**. Busca un camino que no tenga obstáculos ni pendientes empinadas, que disponga de senderos fáciles de transitar, con caminos amplios y cuestas suaves, ya que cualquier ruta que te exija un esfuerzo físico va a hacer que pierdas posibilidades de contemplar el entorno y disfrutarlo con tranquilidad. Fíjate también en que tenga las pistas o senderos bien señalizados y que disponga de zonas donde puedas sentarte para hacer algún descanso. Elige además un recorrido que no sea muy largo, de tres a cinco kilómetros son suficientes.

A la hora de buscar tu camino, fíjate que el silencio reine durante todo el recorrido, que la ruta esté **alejada de los ruidos urbanos, del tráfico y de la gente**. Es fundamental alejarse de fuentes de contaminación. Solo debes **escuchar** los **sonidos naturales**, los que nacen de la naturaleza. Si durante el trayecto se pasa **cerca de algún curso de agua**, como un arroyo, cascada, estanque o lago, mejor. Busca también que sea un **espacio luminoso**, no parajes oscuros a los que no llegue la luz del sol, y que disponga de **variedad de especies vegetales** autóctonas.

Escoge un bosque con **abundancia de árboles** y una buena mezcla de coníferas y árboles de hoja ancha. Los **bosques mixtos son más saludables**. Si no dispones de un bosque cercano puedes buscar algún espacio verde como un jardín botánico o parque cercano a tu vivienda, que también es una buena forma de irte acercando a esta práctica.

Con esto ya tienes unas pistas de cómo empezar a seleccionar una ruta. Cada vez son más los países que están catalogando rutas que cubren todos los requisitos para darse un baño de bosque o practicar el *shin-rin-yoku* y que puedes consultar en Internet. De todos modos, tu propia experiencia te irá guiando hacia los lugares que te causan mayor bienestar, en los que te sientas con un grado mayor de integración y en los que acabarás encontrando esa conexión especial que te hará volver cada vez más a menudo para seguir disfrutando, en cada ocasión, de una nueva experiencia.

INCLUIR LOS BAÑOS DE BOSQUE EN NUESTRA RUTINA

Pasar una pequeña cantidad de tiempo en la naturaleza puede tener un gran impacto en nuestra salud física y mental. Un baño de bosque de dos o tres horas es suficiente para que su efecto positivo perdure en nuestro cuerpo entre cinco y siete días. Lo ideal es practicarlo semanalmente si tenemos ambientes naturales cercanos a nuestro hogar (los parques urbanos también cuentan). Si no, por lo menos, lo recomendable es hacerlo una vez al mes.

Ya hemos visto los beneficios para la salud que aportan los baños de bosque y lo necesario que es para nuestro organismo estar cerca de la naturaleza para reducir el nivel de estrés, prevenir el desarrollo de enfermedades y aliviar una serie de efectos negativos que provoca el ritmo de vida actual. Aún así, puede que todavía te estés planteando que esto no es para ti y, sin embargo, es posible que te identifiques con alguno de estos síntomas:

- Muchos días te sientes con estrés, bien por el trabajo o por situaciones personales.
- Tienes momentos de agobio porque no te llega el tiempo para realizar todas las tareas que te propones.
- Notas tu cuerpo y mente fatigados y con falta de energía.
- Te falta concentración y te cuesta resolver algunas tareas sencillas, sobre todo si quieres hacerlo con un mayor grado de creatividad.

- No consigues dormir bien por las noches.
- Hace tiempo que no te paras a ver una puesta de sol, ni a escuchar a los pájaros, ni a disfrutar de un paisaje natural.
- Te gusta la naturaleza o te apetecería disfrutar de ella de una manera distinta, más relajada, sin «pegarte una paliza» en la montaña, a tu ritmo.

Si es así, lo mejor es que te pongas manos a la obra y empieces a probar hasta que esta práctica se convierta en un hábito para ti. «No tengo tiempo», «ya lo pensaré», «esto es muy complicado», «qué pereza me da», «tengo mucho trabajo ahora»… Puede que alguno de estos pensamientos –excusas– haya cruzado por tu mente. Seguro que eres capaz de eliminarlos para que no te frenen.

CÓMO ELIMINAR LAS EXCUSAS

Puede que seas principiante en esta práctica, que no encuentres el momento de empezar o que no lo tengas del todo claro. Para lograr vencer estos bloqueos, sigue las siguientes recomendaciones:

- **Fíjate un objetivo sencillo**. Para arrancar, proponte algo que no te resulte muy complicado de cumplir. Empieza buscando un parque cercano o jardín para que te dé menos pereza o te resulte más familiar. Si vas al bosque, no seas muy exigente contigo y no trates de aplicar todo lo que has leído sobre el tema. Déjate llevar sin presionarte.
- **Busca fotos y ponlas a la vista**. Selecciona alguna ruta en la que te gustaría practicar el baño de bosque. Busca fotos del lugar y colócalas cerca de tu ordenador, que puedas verlas mientras realizas tus tareas cotidianas.
- **Imagínate disfrutando**. Mira las fotos e imagínate a ti disfrutando de ese espacio. Cierra los ojos y sueña con todo lo que tus sentidos podrían hacerte sentir durante esa experiencia. Ve relajando tu cuerpo mientras piensas en ello y siente el bienestar.
- **Coméntaselo a alguien**. Para que no sea solo una intención que quede en tu cabeza, dile a alguien que vas a empezar a ir con

una cierta periodicidad al bosque. Cuéntale tus planes, lo que vas a hacer y cuándo. De algún modo, al compartirlo con alguien, tu compromiso irá creciendo.

- **Date una recompensa**. Acuerda contigo que, cuando regreses de tu baño de bosque, te vas a regalar algo, una recompensa por haber vencido la pereza. Define exactamente cuál va a ser antes de salir de casa y cumple tu promesa al regresar.

- **Empieza a escribir tu cuaderno de campo**. Anota en él tus experiencias, qué descubres, qué te ha aportado cada salida, en qué has notado que tus sentidos se están desarrollando, etc.

- **Encuentra lo que te funciona mejor**. Aprovecha el baño de bosque para poner en práctica aquello que te apetezca más: puede ser solo pasear, comer tranquilamente bajo un árbol, hacer ejercicios de respiración o de meditación, observar los árboles, etc. Personaliza tu experiencia para que te resulte más gratificante.

Ya estás en disposición de sentir la naturaleza, de descubrir todo lo que guarda para ti. Ve anotando aquello que encaja contigo, lo que crees que te puede resultar más útil en tu vida y experimenta, disfruta de cada momento y sigue descubriendo algo nuevo en cada experiencia.

PRÁCTICA 3
Tener compasión y amabilidad hacia uno mismo

QUÉ ES LA COMPASIÓN

En muchas ocasiones tendemos a pensar que tener compasión hacia alguien significa tener lástima, un sentimiento que se sitúa entre la tristeza y la ternura y a menudo como un acto pasivo, y por eso no nos permitimos sentir compasión por nosotros mismos, porque consideramos que es un signo de debilidad. Hemos crecido en una cultura que establece como rasgo de nobleza el compadecerse del sufrimiento de otros, sin embargo, el mirar hacia dentro y ocuparnos de nosotros mismos muchas veces se considera un acto egoísta. Lejos de esta idea, el quererse bien, con el respeto y el afecto necesario, sin egocentrismo, es una **práctica que nos fortalece y nos aporta bienestar psicológico**. Es saber escuchar nuestra voz interior sin acusaciones constantes, aceptando nuestra imperfección y respondiendo a ella con amabilidad y afecto. Implica saber apreciarnos y entender que los errores forman parte de la vida y que no es necesario castigarnos por ello.

QUÉ ES LA AMABILIDAD HACIA UNO MISMO

Normalmente valoramos que los demás se comporten de una manera amable con nosotros y, seguramente, también tratamos de hacerlo con los demás. Es posible que incluso nos enfade o nos entristezca cuando alguien no nos habla con la suficiente amabilidad. Es curioso que, casi siempre, contemplemos esta actitud como algo dirigido hacia fuera, hacia los otros. ¿Nos comportamos de manera amable con nosotros mismos?, ¿cuidamos de no hacernos sentir mal?, ¿nos ayudamos?

Tener compasión y amabilidad hacia uno mismo es **aceptarse y tratarse de manera benévola** cuidando el lenguaje con el que nos hablamos, perdonándonos los errores, comprendiendo por qué nos comportamos así y dándonos aliento, fuerza y cariño para seguir adelante. Piensa en cómo cuidas a las personas a las que quieres y no olvides ofrecerte las mismas atenciones.

QUÉ BENEFICIOS NOS APORTA

Dedicarse tiempo y atención, sabiendo que también formamos parte de ese grupo cercano que queremos cuidar y proteger, es fundamental para nuestro propio bienestar. Es importante vivir cada experiencia tal y como es, entenderla, comprender cómo hemos actuado, aceptar nuestro comportamiento, para bien y para mal, y aprender de lo ocurrido. Los errores y aciertos forman parte de nuestra vida y no definen toda nuestra identidad, no sirven para colocar una etiqueta: cometer una torpeza no nos convierte en torpes, simplemente hemos hecho algo mal. Hacer un acto bondadoso no nos convierte en una persona bondadosa, sencillamente hemos hecho algo bien.

Poner en práctica esta actitud nos aporta **beneficios** como:

- Propiciamos un diálogo interno saludable que no juzga y que nos permite aceptarnos tal y como somos.
- Disminuye nuestra preocupación excesiva y los pensamientos negativos.
- Ayuda a encontrar en nosotros mismos un cariño que en ocasiones buscamos que venga de otros.
- Practicamos y desarrollamos la inteligencia emocional.
- Aumenta nuestra satisfacción vital y autoestima.
- Reduce la tendencia a la depresión y la ansiedad.

CÓMO PONER EN PRÁCTICA ESTA ACTITUD

¿Alguna vez ha pasado por tu cabeza el pensamiento de que no hay nadie que cuide de ti?, ¿te incluyes dentro de ese «nadie»?, ¿te has juzgado de manera más severa ante una acción errónea de lo que lo hubieras hecho con otra persona?

Ha llegado el momento de poner el foco sobre tu propio cuidado:

- Detecta esos momentos en los que te estás hablando y te mandas mensajes. ¿Son duros, críticos o amables?, ¿qué sientes cuándo te hablas así?
- Empieza a frenar los mensajes críticos tan pronto como seas consciente de que te los estás lanzando. Los insultos y las etiquetas para catalogarte deben quedar fuera. Cambia tus palabras por mensajes positivos y sé consciente de lo que sientes cuando modificas tu discurso.
- Piensa que lo que te sucede le estuviera pasando a alguien al que quieres. ¿Cómo le ayudarías?, ¿qué le dirías?, ¿cómo le tratarías? Aplica ese mismo tratamiento y atención sobre ti.
- Trabaja para que no pase ningún día sin que hayas tenido una atención contigo. Por la noche, escribe en un cuaderno qué has hecho ese día por ti y ve añadiendo las acciones cada día de la semana para que se acabe convirtiendo en una rutina en tu vida.
- Al acabar el día toma una tarjeta y dedícate una frase amable, como si mandaras un WhatsApp a un amigo para reconfortarle. Por la mañana, al levantarte, lee ese mensaje que te enviaste para empezar con fuerza el día. Guarda todas esas tarjetas y toma de vez en cuando una al azar. Escucha tus propias palabras.

CÓMO ENTRENAR ESTA ACTITUD EN LOS BAÑOS DE BOSQUE

Cuando has elegido ir al bosque para conectar con la naturaleza y regalarte un tiempo para ti y para tu tranquilidad, **ya has empezado a cuidar de ti y a practicar la amabilidad contigo**. Aprovecha tu paseo para observar las «imperfecciones» de la naturaleza en las cortezas de los árboles, en las hojas, flores o frutos que crecen con una morfología un poco diferente a la que les correspondería y alejados de la simetría, en el árbol que se ha curvado por el viento o en el efecto que el paso de los años ha dejado sobre la fisonomía de un árbol. Admira esa belleza fuera de los cánones. Es lo que en Japón se conoce como *wabi–sabi*, la belleza de la imperfección. Las formas irregulares son consideradas como una creación de la naturaleza, algo pasajero y, por tanto, como algo único y bello. En el taoísmo la perfección se considera equivalente a la muerte, pues es un estado en el que no puede producirse ningún crecimiento o desarrollo adicional.

- **Reflexiona sobre la imperfección en la naturaleza**. Tú formas parte de ella, y tus imperfecciones son algo que también existen de manera natural.
- Cada imperfección que se detecta es la señal de alguna experiencia vivida. Cada error que cometes es fruto de alguna actuación en un momento determinado. **Trata de comprender** qué es lo que te llevó a comportarte así en aquella ocasión, sin juzgar.
- Si eres consciente de un error, has dado el primer paso para el aprendizaje. **Cuida el lenguaje con el que te hablas**.
- Durante tu paseo caminas en solitario. Si fueras en compañía de alguien a quien quieres, ¿qué te gustaría mostrarle?, ¿qué quisieras compartir con esa persona?, ¿qué te gustaría que sintiera?; en ese momento tú eres tu propia compañía, **regálate todo eso que ofrecerías a tu ser querido**.

Al tratarte con respeto y cariño logras que aumente tu paz interior y sientes un gran bienestar. Puede que en ocasiones busques en otros una comprensión y un trato que deben partir de ti y que todavía no has aprendido a darte. Aprovecha tu paseo por la naturaleza como fuente de inspiración, acepta tus imperfecciones, perdónate y sé amable contigo. Es otro de los beneficios que te llevarás en tu mochila.

La experiencia de un baño de bosque

El bosque nos invita. Un paseo entre árboles, sonidos relajantes, una brisa que acaricia la piel, los rayos de luz que se filtran de vez en cuando entre las copas, una amplia gama de colores que se hace presente ante nuestros ojos, unos olores que despiertan en nosotros emociones y recuerdos agradables y, embriagados por ese momento mágico, hacemos una respiración profunda y una sensación de calma y de bienestar nos invade. ¿Recuerdas cuándo fue la última vez que te sentiste así?

La mayoría de las personas tenemos recuerdos positivos relacionados con el contacto con la naturaleza. Seguro que si piensas en alguno de esos momentos que has vivido en espacios naturales vienen a tu mente imágenes, sonidos u olores que te han acompañado en tu vida y permanecen en tu memoria asociados a las emociones sentidas en cada vivencia. Cada vez son más los estudios que concluyen que los paseos inmersivos en la naturaleza benefician cuerpo y mente, por eso nos sentimos ligeramente cansados pero relajados y con fuerzas renovadas cuando dedicamos unas horas a estar en contacto con el mundo natural.

Ha llegado el momento de que vuelvas a experimentar el poder de toda esta riqueza que el bosque alberga. Lo más importante es que te sumerjas sin ningún tipo de presión, sin objetivos, que puedas pasear con tranquilidad y que tus sentidos te hagan disfrutar al máximo de lo que te rodea, que te sientas libre para hacer lo que te apetezca en cada momento y acercarte así a la calma, a la relajación, a sentirte en paz con tu interior y experimentar el bienestar.

EL COMPROMISO DE PARTIDA

Antes de iniciar el paseo por el bosque debes comprometerte para **vivir el momento presente, disfrutar el aquí y el ahora**. Para ello empieza por frenar tu ritmo, deja atrás las prisas, la necesidad de hacerlo todo rápido y elimina de tu mente todo tipo de pensamientos y preocupaciones que te han acompañado hasta el comienzo de este viaje. Vas a vivir un momento único, irrepetible. Te espera un mundo nuevo ante tus sentidos y no te lo puedes perder.

DESCONEXIÓN TECNOLÓGICA

Lo primero, mira en tu mochila o en tus bolsillos. ¿Llevas todavía el móvil conectado? No, no es posible. Este momento es para ti. Tu vida cotidiana queda fuera de este camino. Cuando regreses ya volverás a conectar con la rutina, puede esperar. Que no te acompañen en el camino un montón de desconocidos. Vas a pasear por el bosque para beneficiar tu salud, para conectar contigo, para disfrutar de la naturaleza. Dedícate tu tiempo, te lo mereces. Y no te hagas trampa, no vale poner el teléfono solo en silencio o en modo vibratorio. Desconectar es poner en «off», es apagar. Imagina que has quedado con alguien y no hace más que consultar el móvil, responder mensajes y atender llamadas, ¿cómo te sentirías?; pues así se siente el bosque cuando quedas con él para compartir unas horas y tus atención se desvía hacia una pantalla.

¿Escuchar música o un pódcast durante el paseo? ¿Aprovechar para reproducir un audiolibro? ¿Subir una foto del momento a las redes sociales? A estas alturas seguramente no te surgen estas dudas, pero por si queda una remota posibilidad, la respuesta es ¡NO!

No necesitas tampoco la cámara fotográfica. Tus sentidos son más que suficientes para almacenar dentro de ti la experiencia. Vuelve a recuperar la emoción de vivir el momento en directo. No pierdas tu tiempo: ¡es imposible grabar las sensaciones! Y si puedes prescindir del reloj, mejor. Procura observar cómo cambia la posición del sol o la temperatura para calcular el tiempo transcurrido.

Así que, ya sabes: todo lo que te aleje del momento actual, del aquí y ahora, queda fuera del trayecto. El móvil solo te acompaña por si tienes alguna emergencia, te has perdido o necesitas pedir ayuda por algo. Pero recuerda: va contigo porque está a tu servicio, no tú al suyo, hay una gran diferencia.

SIN METAS ESTABLECIDAS

En esta práctica no hay metas ni objetivos por cumplir. Se trata de que vivas, sientas, experimentes sin un rumbo ni itinerario fijo. Puede que tengas una ruta en tu mente, está bien como esquema de partida, aunque mantén una actitud abierta para seguir las invitaciones que la naturaleza te ofrezca y déjate llevar por ellas según las vayas sintiendo. No hay más que calma a tu alrededor y ausencia de presión. No tienes que informar a nadie ni hacer resúmenes de cómo ha ido todo. Ten por seguro que vas a aprovechar el tiempo. Siente la libertad.

SIN CRONÓMETRO

Es recomendable que el paseo sea de aproximadamente dos o tres horas, pero esto no es una receta exacta. Recuerda que es mejor dejar el reloj fuera de esta práctica, así que no hay que seguir un horario estricto. En la medida en la que vayas sumando experiencias en baños de bosque tu propio cuerpo te irá indicando los tiempos, cuándo necesitas alargar tu paseo y cuándo ha llegado el momento de decir adiós, dar las gracias por lo vivido y despedirte hasta la próxima ocasión. Confía en tu intuición: tu cuerpo es sabio, aprende a escuchar lo que te dice.

INICIAR EL CAMINO

Vas a empezar tu baño. Es importante que seas consciente de que arranca un viaje. Comienza tu paseo por el bosque. Deja una señal que te recuerde que ahí empezó todo. Puedes poner una rama en el punto de partida, o marcar una línea en el suelo y pasar por encima de ella. Si te apetece poner tu mano sobre el tronco de un árbol como si fuera la puerta de entrada, hazlo. Lo fundamental es que quede marcado en tu interior este primer paso, el inicio de la experiencia de *shinrin–yoku*.

LIBERARSE DE LA CARGA

Ya has preparado la mochila con lo imprescindible para tu paseo por el bosque. No merece la pena llevar carga innecesaria que te pueda resultar incómoda en tu trayecto. Tu ropa también la has escogido para sentir comodidad durante la jornada. ¿Has hecho lo mismo con tus pensamientos recurrentes?, ¿has dejado las preocupaciones y las tareas pendientes fuera de tu «mochila mental»?

Si no es así, es el momento de que lo hagas antes de empezar tu baño. Recuerda que tienes que vivir esta experiencia desde el presente y no arrastrar un saco de pensamientos. Si te ayuda, utiliza cualquier objeto que encuentres a tu alrededor y que no sea muy grande. Puede ser una piedra pequeña que llame tu atención. Mírala, toca su superficie, comprueba su peso, observa su forma. Este objeto te puede ayudar durante el camino a volver al presente si tú le otorgas ese poder. Cuando estés paseando y te des cuenta de que tu mente se va hacia pensamientos que no corresponden con lo que estás viviendo, toca la piedra con suavidad, acaríciala. Te recordará que estás ahí para disfrutar de la tranquilidad y paz que te ofrece el bosque, te ayudará a no perder ese momento.

EL ARTE DE RESPIRAR

Respirar conscientemente te permitirá preparar cuerpo y mente desde el inicio del baño. Te va a **aportar calma y serenidad** a la vez que te oxigena, sientes el aire puro de la naturaleza y aspiras las sustancias volátiles que emiten los árboles y que tienen efectos saludables para tu organismo. Aprovecha el baño para respirar profundamente, que tus pulmones se llenen de aire saludable, de energía. Un método sencillo que puedes aplicar es el siguiente:

- Inspira lentamente y nota cómo tus pulmones se llenan de aire.
- Mantén el aire retenido unos segundos.
- Expulsa lentamente el aire por tu boca.
- Siente el bienestar que te aporta la naturaleza.
- Repite este ejercicio varias veces, lo que tu cuerpo te pida.

Aprender a respirar es fundamental no solo para realizar un baño de bosque, sino para **conectar con tu interior** y mantener el equilibrio interno en cualquier momento de tu vida. Los pasos anteriores son un ejercicio sencillo que puedes repetir en varias ocasiones durante el paseo, cuando quieras sentir y «aspirar la naturaleza». Puedes realizarlo de pie o sentado, como estés más cómodo. Para tus primeros baños es suficiente adquirir la práctica. Cuando tengas más costumbre en practicar la respiración, anímate a añadir tu conexión a la tierra y a la energía de los árboles. Si quieres conectar con el bosque y percibir su fuerza puedes realizar la siguiente práctica. Es perfecta para sentir el **arraigo con la naturaleza**:

- Pon tus pies un poco abiertos, separados a lo ancho de tus caderas.
- Estira tu espalda y echa los hombros hacia atrás.
- Imagina que en lo alto de tu cabeza hay un hilo que tira de ella ligeramente hacia arriba, en vertical.
- Extiende tus brazos y elévalos unos 30 grados con las palmas abiertas hacia arriba.
- Siente como si de tus pies nacieran unas raíces que crecen y se introducen en el suelo anclándote firmemente a él.
- Respira y nota que el aire asciende por todo tu cuerpo desde los pies hasta llegar a la cabeza.
- Suelta el aire y percibe cómo el aire desciende desde tu cabeza a los pies.
- Repite el ejercicio varias veces y siente cómo conectas con la tierra a la vez que te llenas de energía y aire saludable.

Puedes hacer el ejercicio con los ojos cerrados para aumentar tu concentración, aunque si prefieres mantenerlos abiertos, hazlo. Lo ideal es realizar esta práctica sin ningún tipo de calzado, de modo que tus pies noten bien el contacto con la tierra. Si crees que todavía no es el momento, ya lo harás más adelante. Lo importante es practicar. Respirar es una actividad que también hacen los árboles. Fíjate en ellos, en cómo se comportan y aprende de su sabiduría.

SEGUIR LAS INVITACIONES DEL BOSQUE

Comienza a caminar lentamente. Activa todos tus sentidos. Cuando notes algo es que el bosque te está invitando a que conectes con él. En tu mano está aceptar o no estas invitaciones. Cada vez que aceptas vives momentos únicos y exclusivos. De un modo u otro tu selección refleja tu propia vida, tu trayectoria, tus intereses. Empiezas a diseñar una ruta única, un viaje de exploración, un baño exclusivo para ti. Experimentar la naturaleza te ayudará a conocerte mejor y comprenderte.

Cuando sigues tu intuición, y estás en contacto con el entorno, las invitaciones surgen desde cualquier elemento: tierra, aire, agua y fuego.

- **La enseñanza de la tierra**. La tierra te aporta estabilidad, da seguridad y firmeza. A través de la conciencia corporal se es más susceptible a las señales enviadas por los sentidos. Tu cuerpo puede recibir muchas invitaciones de ella:

  - Observa la tierra fresca. Puedes además cogerla, notar su textura y olerla.
  - Mira con atención el suelo del bosque, qué elementos y habitantes se encuentran en él.
  - ¿Ves algún rastro animal?, ¿te apetece seguirlo?
  - Puede que la tierra te invite a descalzarte, a entrar en contacto directo con ella.
  - Siente todo tu cuerpo y nota cómo se ancla firmemente en el suelo.
  - No hay detalle pequeño: una hoja caída, un fruto, una semilla, una piedra pequeña. Cualquiera puede lanzarte su invitación.

- **Los mensajes en el aire**. El aire facilita la conexión con tu interior. Ayuda a pensar y ver con claridad. Te hace sentirte más fuerte y parte de algo más grande. Te empuja a buscar tu sabiduría interior. La naturaleza muestra símbolos en los que puedes sentir el reflejo de tu alma.

Respira profundo, que el aire del bosque invada tus pulmones. Y devuélvele tu aliento. Observa cómo el viento agita las ramas de los árboles, contempla cómo se balancean, prueba a sentirte como un árbol:

- Nota cómo tu cuerpo recibe una ligera brisa y balancéate suavemente con ella.
- Eleva ligeramente tus brazos e imagina cómo se desprenden de ellos las hojas que ya han cumplido su función: suavemente y sin dolor.
- Puede que la invitación venga en forma de olor. Sigue su rastro.
- Escucha los sonidos. ¿Hay alguno que te invite a seguirlo?, ¿podrías encontrar el origen?
- Dirige tu mirada hacia las nubes. Observa las formas que tienen, cómo se mueven y agrupan. ¿Qué te sugieren sus formas?, ¿y sus movimientos?
- El viento agita las hojas y los rayos de luz que se filtran a través de ellas provocan un juego de luces y sombras en el suelo, en los troncos de los árboles. Observa todos estos acontecimientos y contémplalos con calma.

- **Los susurros del agua**. El agua es el elemento de la flexibilidad, de la fluidez, del entendimiento y de la empatía. Te enseña a estar presente en el ahora con más facilidad y a preocuparte menos por pensamientos y emociones. Si paseas cerca de un curso de agua, puede que tu mente se sienta atrapada por sus invitaciones:

- Siéntate en silencio al lado del agua.
- Contempla cómo fluye.
- Fíjate en su movimiento moldeando con suavidad las piedras.
- Tócala con tus manos. Siente su temperatura.
- Prueba a meter tus pies y percibe cómo el agua se adapta a sus formas.
- Escucha el sonido de su movimiento.

– Observa tu reflejo sobre el agua. ¿Qué ves?
– Si hay barro pon tus pies sobre él, nota su textura y prueba a ensuciarte.
– Lanza una pregunta al agua.

• **La transformación del fuego**. El fuego invita a la transformación rápida, a soltar aquello de lo que quieras desprenderte para salir renovado y renacer de él con nuevas propuestas. Se trata de ampliar las perspectivas y liberarse de viejas creencias que te acompañan y con las que ya no te identificas. El fuego hace que la naturaleza despierte en ti las emociones más profundas y conectes fuertemente con ella. Te invita a la renovación y te impulsa hacia nuevos caminos.

Déjate llevar por la invitación que te llegue al corazón y sigue la llamada hacia un lugar secreto del bosque:

– Encuentra ese espacio de energía en el que te sientas bien y en el que notes cómo recuperas fuerza.
– Puedes hacer un alto en el camino, sentarte y contemplar el árbol con el que sientas mayor conexión.
– Ofrécele tu amistad.
– Habla con él, pregúntale, incluso en voz alta. El árbol te ofrecerá un lugar seguro bajo sus ramas, guardará tus secretos.
– Siéntete libre para expresarte del modo que te apetezca. La transformación comienza con irse soltando.

El bosque ofrece invitaciones a la reflexión, al entendimiento, al cambio de perspectiva, a la transformación. Los japoneses tienen una palabra, *seijaku*, que significa «serenidad en medio del caos» y hace referencia a reducir la velocidad del día a día, crear espacios de calma para relajarse y recuperar la tranquilidad en la soledad de estar con uno mismo. La naturaleza te ofrece múltiples invitaciones para que alcances el «estado de *seijaku*».

EL DESPERTAR DE TODOS LOS SENTIDOS

Pasar una pequeña cantidad de tiempo en la naturaleza puede tener un gran efecto en nuestra salud. El *shinrin–yoku* implica sumergirse en el ambiente del bosque y empaparse de él con todos los sentidos. A veces no los tenemos suficientemente entrenados para percibir las señales más sutiles. Vivimos rodeados de ruidos que ocultan los sonidos más delicados y nuestra vista está constantemente expuesta a señales visuales que compiten por llamar nuestra atención. En el capítulo anterior ya hemos empezado a entrenar un poco los sentidos, pero ahora vamos a sumergirnos en el bosque y ponerlos a prueba. A ver si la práctica nos ayuda a sentir en nuestro interior las maravillas de la naturaleza.

LA MAGIA DE LA LUZ Y LA BELLEZA DE LOS FRACTALES

El **sentido de la vista** está constantemente recibiendo estímulos del exterior. Lo que sucede es que la mayoría de las veces lo que vemos son imágenes de nuestros teléfonos móviles o de pantallas de ordenador. Esta es la luz azul de alta energía que nos mantiene despiertos, pero que en altas dosis provoca dolores de cabeza y tensión ocular. En el bosque disfrutarás del color verde de la naturaleza, un color que reduce el estrés y la ansiedad. El verde tranquiliza desde un aspecto muy primitivo de la existencia porque donde hay verde, hay agua y, por tanto, alimento, y eso relaja a tu cerebro primitivo ya que le indica que no vas a pasar hambre. Además del color verde, hay auténticas bellezas de las que disfrutar en la naturaleza.

- **Juegos de luz**. Fíjate en cómo se filtra la luz del sol en el bosque; el escenario cambia cada día y a cada instante. Realiza los siguientes ejercicios para captar y disfrutar de toda su belleza:

  - Observa cuál es la posición del sol. Si te acostumbras a ver cómo esta va variando a lo largo del día y en las diferentes estaciones, aprenderás a relacionarlo con la hora que utilizas en tu reloj y a calcular el tiempo transcurrido desde que iniciaste tu baño.

– Contempla ahora cómo se filtran esos rayos a través de las ramas y hojas de los árboles. Observa el juego de luces que genera.

– En días de niebla la luz es distinta. Aprende a mirar y a disfrutar de todos los matices que observes. ¿Cómo ha variado el color de los elementos que te rodean?

– Mira al cielo. Contempla las nubes y cómo juegan con el sol tapando sus rayos para dejar luego que asomen. Observa cómo cambia la intensidad de la luz que percibes.

– Al salir el sol después de una tormenta, los rayos solares generan un juego de luces y sombras completamente distinto. No te pierdas esa maravilla. Observa cómo cambia la iluminación de todo lo que hay a tu alrededor. Árboles, arbustos, rocas, agua y tierra: todo se ve diferente. Capta esos matices.

En japonés existe una palabra, *komorebi* que, aunque no tiene una traducción exacta en nuestro idioma, se refiere a «la luz del sol colándose entre las hojas de los árboles». También indica la interacción de las hojas con la luz y cómo se ven las sombras que los árboles proyectan en el suelo. Este efecto es especialmente bello cuando el sol está bajo o en días de neblina. Si tus ojos tienen la capacidad de percibir los matices de este fenómeno, te proporcionarán un momento único.

• **Los fractales en la naturaleza**. Observa con detalle una hoja. Fíjate en su contorno, en sus bordes, en su nervadura, en la pureza de su simetría. En la naturaleza puedes encontrar formas que se generan repitiendo algunos patrones. Mira por ejemplo la distribución de las hojas de un helecho. Verás que existe una estructura básica que se repite a diferentes escalas y con distinta orientación. Hay patrones en las flores, en la forma en la que se disponen las hojas en las ramas de un árbol, en las brácteas de una piña y en muchas otras formas naturales. Ese patrón que se repite de manera infinita se denomina «fractal».

Este término lo propuso un matemático, Benoît Mandelbrot, en 1975. Dedicó su vida a encontrar los patrones ocultos de la naturaleza: «las nubes no son esferas, las montañas no son conos, las costas no son círculos, la corteza de los árboles no es lisa, ni los rayos viajan en línea recta», escribió. Se preguntaba si podía haber algo único que definiera todas las formas variadas de la naturaleza, si existía una característica matemática común que compartieran las superficies de las nubes, las costas o las ramas de los árboles... y descubrió que en muchas formas del mundo natural hay un principio de autosimilitud que se da cuando una forma se repite una y otra vez en su estructura a escalas cada vez más pequeñas. En los árboles tienes un buen ejemplo: sus ramas van bifurcándose constantemente y repiten ese proceso una y otra vez a escalas más pequeñas. En la naturaleza se pueden ver fractales en algas, flores, árboles, líneas de costa, cadenas montañosas, olas de mar, redes fluviales, relámpagos, nubes y copos de nieve, por ejemplo.

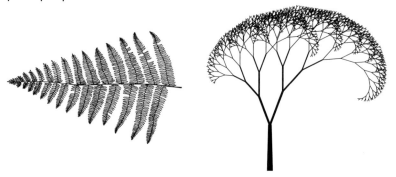

¿Tienen algo que ver los fractales con nuestros baños de bosque? La respuesta es afirmativa, pues hay estudios científicos que han demostrado que **observar estos patrones naturales** infinitos **nos relaja y reduce nuestro estrés** casi en un 60 por ciento. Así que otro de los ejercicios que puedes hacer para ejercitar tu sentido de la vista, a la vez que mejora tu bienestar, es observar fractales:

– Busca alguna estructura natural que esté formada por fractales o patrones que se repiten. Puedes empezar prestando atención a los árboles, observando las nubes o mirando las ondas en la superficie de un estanque.

– Encuentra una posición cómoda en la que puedas relajarte. Lo mejor es que te sientes o incluso que te recuestes un poco.

– Observa con detalle la forma elegida.

– Encuentra ese patrón general y dirige tu atención a esos mismos patrones que se van repitiendo a menor escala según desciendes en la estructura.

– No tengas prisa, déjate llevar por esa infinita repetición de la secuencia.

– Siente la belleza y la armonía que se encuentra dentro de esa hermosa estructura.

– Déjate asombrar por la naturaleza y sé consciente de su armonía dentro del aparente caos.

– Empápate del bienestar que te produce la observación de esos fractales.

En tus diferentes paseos por el bosque irás descubriendo nuevas formas fractales. Tus ojos irán encontrando la armonía natural dentro de un entorno que aparentemente crece y se desarrolla de manera desordenada. Tu mente irá encontrando tranquilidad al observar estos patrones.

EL SONIDO DE LA NATURALEZA

Hay estudios que demuestran que los sonidos de la naturaleza que más nos gustan son los del agua, el viento y el canto de los pájaros. En el bosque es posible percibir todos estos sonidos y dejar que nuestra mente encuentre la tranquilidad y el silencio interior que necesita para reflexionar. Puede que al principio no te resulte sencillo porque posiblemente tus oídos estén acostumbrados al ruido constante, sobre todo si vives en una ciudad. El tráfico, los cláxones, las obras de la calle, los sopladores de hojas, el teléfono que no para de sonar, los mensajes, etc. Incluso, cuando te quedas en silencio tus pensamientos empiezan a hacer ruido en tu cabeza y no te dejan parar, todo golpea en tu interior y no te permite alcanzar el silencio.

Cuando llegues al bosque realiza estos **cinco sencillos pasos** para percibir todo lo que te rodea y **entrenar el sentido del oído:**

- **Elige una posición que te resulte cómoda**. Puedes quedarte de pie o sentarte, como prefieras. Si necesitas apoyarte en un árbol, hazlo. Seguro que te ofrecerá cobijo.
- **Cierra los ojos** para evitar que te despisten otros estímulos. Así podrás concentrarte más en el sentido auditivo.
- **Respira profundamente**. Esto te aportará tranquilidad.
- **Baja el ritmo y la presión que ejerces sobre tu cuerpo** forzándole a que haga las cosas con rapidez. En el bosque no existen las prisas, no hay urgencias.
- **Ve girando tu cabeza** para percibir los sonidos en todas las direcciones, igual que si estuvieses realizando un escaneo de todo lo que hay a tu alrededor. Poco a poco empezarás a captar los sonidos de la naturaleza.

Cuanto más vayas practicando este ejercicio en cinco pasos más se irá entrenando tu oído y cada día te sorprenderás de la cantidad de matices que irás percibiendo y de los que antes ni siquiera eras consciente.

Ahora llega el momento de que pongas tu atención en los sonidos del bosque y percibas la melodía que produce cada elemento de la naturaleza. Es un concierto único que no debes perderte y que, con seguridad, va a sorprenderte cada día que tengas la oportunidad de pasear por un entorno natural.

- **Escuchar el agua**. Si estás cerca del curso de un río podrás escuchar el fluir del agua. Percibe su velocidad, la fuerza con la que se mueve, cómo cambia el sonido cuando choca con algún objeto, bordea una piedra o cae cuando hay un pequeño desnivel. Escucha la hoja o la ramita que cae y choca contra su superficie. Cómo, después de una lluvia, caen lentamente las gotas que han quedado sobre las hojas y gotean sobre el agua. Si hay animales, percibe su chapoteo al acercarse desde la orilla. Déjate llevar por el sonido del agua que fluye. En japonés hay una palabra que se refiere específicamente al sonido de la llovizna: *shito shito*. Escucha atentamente la próxima vez que tengas ocasión para identificarlo.

Si estás cerca de una cascada siente la fuerza del agua, el ritmo de su movimiento, la energía desatada. Escucha el sonido que provocan los objetos que arrastra en su caída: troncos, ramas, piedras, etc. Siente cómo cambia la música a medida que el agua encuentra de nuevo la estabilidad en un curso de su recorrido más sereno. Concéntrate en la melodía del agua, en sentir cada matiz.

- **Escuchar el viento**. Nota la brisa sobre tu cara. Y ahora escucha cómo mueve las ramas de los árboles y el sonido que hacen las hojas al agitarse. El viento cruza entre los árboles, entre los huecos que dejan sus estructuras. Mueve tu cabeza y percibe cómo suena durante su recorrido por los caminos del bosque. Son como silbidos lanzados para mostrar su presencia. Siente cómo varía su intensidad según sea la velocidad de su movimiento. Escucha los sonidos que hacen los cuerpos al moverse empujados por el viento, tanto por el suelo como los más ligeros que se trasladan a través de las corrientes de aire. Déjate llevar por esos sonidos, siente en tu interior la música que genera el viento al desplazarse. Balancea tu cuerpo y mueve tus brazos al ritmo que te marque el soplo de brisa. Es un concierto único que suena para ti en ese momento.

- **Escuchar los pájaros**. Nota ahora ese piar de un pájaro. Son sonidos cortos que se repiten formando una secuencia. Trata de localizar el origen. Si tienes suerte puede que te regalen su canto, una melodía completa para tus oídos. Escucha con calma todo el mensaje. Los pájaros cantan en una frecuencia a la que el oído humano es muy sensible así que disfrútala en plenitud. Empieza por distinguir unos cantos de otros, no todos son iguales. Con la práctica tus oídos irán haciéndose más sensibles a esas melodías y podrán captar mejor las diferencias. Para entrenar no es necesario saber a qué especie pertenece ese canto, basta con que diferencies que son músicas y mensajes diferentes. Si con el tiempo te interesa profundizar en este campo puedes investigar para lograr distinguir entre las aves que viven en el bosque que visitas. Cada canto que escuchas es una función única, nunca volverá a repetirse exactamente igual y tú has tenido la fortuna de estar ahí en ese momento. Agradece la oportunidad que te han brindado.

EL EFECTO DE LAS FITONCIDAS Y DE LOS IONES NEGATIVOS

Ha llegado el momento de poner a prueba tu **olfato**. Es un sentido que conecta cada olor con las emociones de vivencias guardadas en la parte más íntima de los recuerdos. **Afecta al estado de ánimo e incluso a la conducta**. Puedes empezar por este ejercicio que es muy sencillo y te ayudará a potenciar la respiración:

- Ponte de pie con los brazos extendidos hacia los lados.
- Inspira lentamente a la vez que elevas los brazos sobre tu cabeza.
- Ponte de puntillas y estira tu cuerpo.
- Gira las manos hacia el exterior y comienza a soltar el aire a la vez que vuelves a apoyar completamente tus pies en el suelo.
- Repite el ejercicio unas tres o cuatro veces.

Los árboles emiten **sustancias orgánicas volátiles** que tienen múltiples funciones: atraen a los insectos para la polinización, repelen a animales que se alimentan de ellos, tanto de las hojas como de la madera, crean sustancias tóxicas para acabar con microorganismos patógenos y sirven también para lanzar mensajes a otros árboles de la comunidad. Estas sustancias son las **fitoncidas**, que **tienen un efecto muy positivo en la sa-**

lud del cuerpo humano. De hecho, es uno de los elementos que más influyen en los poderes curativos de los baños de bosque. Con solo respirar, estás recibiendo dosis de curación. Previenen el daño celular, activan nuestro sistema inmunológico y eliminan la secreción de la hormona del estrés, el cortisol y la noradrenalina. Las coníferas liberan grandes cantidades de fitoncidas, por lo que el aire de sus bosques es particularmente saludable.

¿A qué huele el bosque en el que estás practicando el *shinrin–yoku*? Las fragancias que percibas van a depender principalmente de los árboles que lo compongan, pues cada uno desprende su olor, su aroma. Los pinos tienen una fragancia intensa parecida a la trementina; los cedros despiden un olor a madera y tierra; los abetos también huelen a madera, pero con un cierto toque cítrico. Las coníferas son árboles muy aromáticos. Sus hojas en forma de aguja se mantienen todo el año y dotan al bosque de un olor especial. Los árboles de hoja caduca no tienen aceites esenciales, pero el aroma de sus hojas, de la tierra y del musgo sobre su corteza poseen a su vez efectos terapéuticos. También las **bacterias presentes en el suelo** son **responsables del bienestar** que vas a experimentar en tu paseo por el bosque. La *Mycobacterium vaccae* estimula al cerebro a producir serotonina, un neurotransmisor que influye en el humor, la memoria, el sueño y la digestión.

Aprovecha tu paseo por el bosque para ir respirando los diferentes aromas y **desarrollar tu sentido del olfato:**

- El bosque está libre de contaminación. Respira profundamente mientras paseas para oxigenar tus pulmones y llenar tu cuerpo de aromas saludables.
- Si algún árbol llama especialmente tu atención por su olor, siéntate bajo su copa. Los terpenos que componen las fitoncidas se encuentran en mayor concentración en este lugar.
- Si se levanta un soplo de viento pon a prueba tu olfato y percibe los olores que traslada esa corriente de aire.

- Huele las hojas y el musgo que cubre la corteza de los árboles.
- Toma un puñado de tierra húmeda y aspira su olor.
- Antes de llover, el olor del bosque cambia; prueba a detectarlo.
- Después de una tormenta los olores del bosque se avivan: el agua libera los aceites acumulados en la tierra. Comprueba cómo las fragancias son más intensas. Disfruta de la geosmina liberada por la tierra y del olor que sale de las rocas o petricor.
- Si es época de floración, percibe los matices de los aromas florales.
- Los aromas activan diferentes emociones. Sé consciente de lo que sientes con cada olor.
- Si has investigado un poco sobre los árboles que se encuentran en tu bosque, prueba a identificar y tratar de describir los matices de su olor.

Además de lo que somos capaces de percibir con nuestro sentido del olfato, en el aire existen otras partículas responsables de nuestro bienestar: son los **iones negativos**. Tienen **efectos revitalizantes** que despejan la mente y ayudan a aumentar la claridad mental. Están presentes en ambientes abiertos, fundamentalmente en bosques y cerca de cascadas, ríos y arroyos. En gran medida son responsables de la sensación de energía con la que se vuelve después de pasar unas horas en la naturaleza.

Durante tu paseo, aunque no te des cuenta, además de estar respirando salud, estás creando tu propio **registro de olores**, un álbum de recuerdos emocionales únicos que te van a acompañar durante tu vida. Poco a poco estás personalizando tu baño y haciendo de él una experiencia única. Disfruta de este regalo que te ofrece la naturaleza.

CUANDO LA PIEL ENTRA EN CONTACTO CON LA NATURALEZA
¿Qué sucede con nuestra piel? Muchas veces es el sentido que tenemos menos desarrollado y es el que nos conecta más rápidamente con la naturaleza. Ve practicando en cada baño de bosque y percibe con más intensidad las texturas, temperaturas y energías. Empieza por sentir el aire, los rayos de sol o las gotas de lluvia sobre tu piel, en tu cara, en

tus extremidades. ¿Qué sensaciones te transmiten? Luego, poco a poco, comienza a tomar la iniciativa para ser tú quien inicie el contacto. No temas; la naturaleza está abierta ante ti y te ofrece su energía para compartirla contigo.

- **El contacto de tus manos**. Las cosas no son solo lo que parecen. Atrévete a tocar para entender mejor su esencia. No temas ensuciarte, elimina las barreras para sentir con plenitud. Ponte a prueba y realiza los siguientes ejercicios:

  - Pon tus manos sobre los troncos de los árboles. Siente la textura de sus cortezas. Acaricia con tus dedos las grietas, los nudos, el nacimiento de sus ramas... ahí está escrita su historia.
  - Toca las hojas, con suavidad para no hacerles daño. Percibe su particular naturaleza: tamaño, contorno, textura, consistencia, peso. Acaricia tu piel con una de ellas.
  - Si hay un grupo de hojas sobre el suelo introduce tus manos en el montón. Agítalas.
  - Toca la tierra, puede ser arena, tierra húmeda o incluso barro. Introduce tus dedos, siente su consistencia.
  - Si hay una corriente de agua, mete tus manos en ella. Siente cómo fluye, cuál es su temperatura, cómo varía en diferentes zonas y con qué fuerza toca tu piel.
  - Acaricia el césped. Agárralo con tus manos.
  - Pon tus dedos sobre el musgo y sobre la superficie en la que se sitúa. Nota las diferencias.
  - Si te llama la atención la presencia de una roca, toca su superficie, acaricia sus aristas. Capta su temperatura, humedad y textura.
  - Si quieres rodear con tus brazos un árbol, hazlo.

- **La conexión de tus pies.** El suelo del bosque está lleno de energía. Debajo hay una gran red de raíces conectadas que la transmiten por toda la comunidad boscosa. Si quieres cargar tus «baterías» rápidamente prueba a descalzarte. La goma en la suela del calzado es un aislante que te impide la conexión. Acostúmbrate al contacto de la tierra con tus pies de un modo progresivo. Empieza por realizar los siguientes ejercicios:

- Puedes permanecer en posición sentada después de descalzarte. Apoya la planta de los pies en el suelo y nota su contacto. Mira tus pies y observa cómo se disponen sobre la superficie terrestre. Sé consciente de esa conexión.
- Prueba a tumbarte sobre el suelo sin perder la conexión de las plantas de tus pies con la tierra. Además de esa conexión inicial, puedes apoyar también las palmas de tus manos y ponerlas en contacto con la superficie.
- Si te pones de pie, coloca las plantas de tus pies en paralelo a lo ancho de tus caderas e imagina que unas raíces parten de ellas y te anclan y te comunican con el bosque a través de una red subterránea. Siente esa fortaleza que te da la tierra.
- Cuando tengas más costumbre, y si sientes la invitación, realiza parte del paseo sin calzado, ve sintiendo el camino, las texturas de la arena, el agua, la hierba, la tierra o el barro. Poco a poco tus pies se irán acostumbrando a caminar de esa manera natural y recibirás el poder curativo de la electricidad que hay en la superficie terrestre.

La piel es muy sensible y potencia el efecto de todos los estímulos recibidos. Conectar con la naturaleza no está reñido con **ser prudente**, así que comprueba primero que las superficies sobre las que vas a colocar parte de tu cuerpo no tengan ningún cristal ni objeto cortante, ni que haya una planta que pueda producirte urticaria. Asegúrate también de que el campo sobre el que camines no haya sido tratado con pesticidas. Si tienes en cuenta estas medidas de seguridad, podrás disfrutar de momentos muy relajantes que te harán sentir fuerte durante y después de haber terminado la práctica del *shinrin–yoku*.

SABORES DE LOS BOSQUES

Comer o beber del bosque ayuda a conectar con él, a sentir su esencia. Lo ideal es alimentarse de lo que la naturaleza te pueda ofrecer, aunque si tu bosque no dispone de alimentos para brindarte, o no tienes la seguridad de qué es lo que se puede comer sin correr ningún peligro, tienes la alternativa de llevar en tu mochila alimentos saludables que contengan ingredientes naturales del bosque. A veces hay tiendas cercanas donde puedes adquirir productos propios de la zona en la que te mueves antes de comenzar tu baño. Cuando vayas a hacer un alto para almorzar, olvídate de las prisas y **saborea el momento**. Comienza con este ejercicio:

- Busca un lugar que te atraiga y te aporte energía.
- Siéntate en una posición cómoda.
- Saca tus alimentos de la mochila y míralos con atención.
- Observa los colores, las texturas y huele la comida.
- Toma la primera pieza y muerde sintiendo la consistencia del alimento.
- Saborea la comida. Nota el contacto con el paladar.
- Aspira aire fresco. El sabor está formado por la mezcla de estímulos recibidos por las papilas olfativas y gustativas.
- ¿Cómo describirías los sabores de la comida que estás tomando?
- Disfruta con calma de ese momento. Tu cuerpo te lo agradece.

Si estás cerca de un manantial o arroyo de agua fresca y saludable, usa tus manos a modo de cuenco y bebe. Puedes llevar también un termo con alguna infusión de coníferas, muchas tienen propiedades medicinales. Las agujas de pino y abetos, por ejemplo, tienen un fuerte sabor cítrico y aportan vitaminas A y C. Déjate aconsejar por algún experto: **los árboles son fuente de salud** y albergan **múltiples recursos medicinales** en hojas, flores, frutos, ramas y corteza. En el siguiente capítulo encontrarás algunos apuntes de los árboles más extendidos por el mundo, aunque seguro que si investigas sobre la flora de tu bosque descubrirás otros recursos medicinales muy valiosos. La medicina tradicional china describe más de setenta mil tipos de plantas medicinales diferentes, así que puedes buscar información por si te apetece aprovechar tu paseo y **recolectar**. Si te animas, hazlo siempre **de manera segura**, así que sigue estas **indicaciones**:

- Nunca recojas nada que se encuentre cerca de una carretera o un camino. El tránsito elevado de personas, vehículos y animales puede haber contaminado el terreno.
- Asegúrate de que en la zona no se hayan utilizado pesticidas.
- Infórmate antes de las especies que hay en esa zona. Si es un área protegida no debes tocar nada ni alterar el ecosistema. Disfruta de todo lo que te rodea y permite que siga creciendo en su lugar de origen.
- Si no tienes la seguridad de que lo que vas a recolectar sea comestible, no lo toques. Ante la menor duda de que pueda ser venenoso déjalo donde está.
- No recolectes nada que quede debajo de tus rodillas. Algún animal ha podido pasar por allí y orinar sobre lo que puedes recoger a esa altura.
- Nunca acapares exceso de material en tu recolección. Llévate solo lo que vayas a utilizar. Recuerda que la práctica del *shinrin–yoku* implica no alterar el entorno por el que te mueves. Muestra tu respeto por la naturaleza y agradécele sus ofrendas.

DEJARSE LLEVAR POR LA INTUICIÓN: EL SEXTO SENTIDO

En tu paseo por el bosque es fundamental que te dejes llevar por la intuición. No requiere de ningún conocimiento previo, solo necesitas escuchar tu voz interior y **guiarte por lo que sientes** y no por lo que piensas. Cuando logres conectar con la naturaleza con todos los sentidos tendrás una sensación de felicidad, y experimentarás entonces lo que es la **esencia del baño de bosque**.

Para lograr una plena conexión con la naturaleza, puedes **fomentar tu intuición** e identificar tus sensaciones en el bosque. Para ello puedes realizar el siguiente ejercicio:

- Confía en tu intuición y dale prioridad en tu paseo.
- No analices y déjate llevar por lo que sientes.
- La intuición va acompañada del «no juicio». Aparta las ideas pre-concebidas.
- Escucha a tu cuerpo para identificar la imagen, sensación física o emoción que te empuja a tomar una una decisión determinada o seguir una invitación.
- Puedes empezar cerrando los ojos y usar tu intuición para saber hacia dónde te apetece caminar.
- Usa todos tus sentidos para percibir los placeres que te ofrece el bosque.
- Trata de relacionar tu respuesta emocional con la situación que estés percibiendo. ¿Qué sientes cuando...

  ... observas los rayos de luz filtrándose entre las hojas de los ár-boles?

  ... percibes la fragancia del bosque?

  ... la brisa roza tu piel y escuchas el movimiento de las hojas?

  ... oyes cantar a los pájaros?

  ... el agua fresca toca tus manos o pasa a través de tu garganta?

- Puedes anotar todas estas emociones asociadas a las experien-cias en tu cuaderno de campo «emocional» para revisarlas nue-vamente cuando lo necesites.

INTERPRETAR LOS SÍMBOLOS

Desde la antigüedad los seres humanos se han servido del bosque para su supervivencia y han estado fuertemente vinculados a él. Puede que la vegetación sea capaz de explicarnos, a través de múltiples símbolos, la estrecha relación que establece con nosotros. El árbol en sí es un símbolo con múltiples paralelismos con nuestro cuerpo: a ambos nos sujeta un tronco, nuestros brazos son parecidos a las ramas y los pies se anclan al suelo como lo hacen las raíces del árbol.

La iconografía ha mostrado esta relación simbólica en imágenes tan re-presentativas como la del «hombre verde», en la que se representa una cara rodeada o hecha de hojas. Las ramas pueden partir de la nariz, boca u otras partes de la cara y de estos brotes pueden salir flores o frutos. Se ha utilizado sobre todo como ornamento arquitectónico y se encuentra en muchas culturas de diferentes épocas y por todo el mundo, ya que se suele relacionar con los dioses de la naturaleza. Se interpreta como un símbolo del Renacimiento que muestra el crecimiento en cada primavera.

El árbol representa lo humano, pero también es el símbolo del universo. Su copa sería equiparable a la cúpula celeste que se extiende sobre los cuatro puntos cardinales. El árbol es el eje que sostiene el equilibrio del sistema, que conecta cielo y tierra, una imagen poderosa de las relaciones que se establecen entre el cosmos y lo divino y lo terrenal. Varios son los árboles que representan un símbolo en diferentes culturas. Vamos a ver algunos ejemplos:

- **El cerezo.** Simboliza el ciclo de la vida, lo bello y efímero de la existencia. En Japón se convierte cada primavera en el protagonista de la fiesta del *hanami*, la celebración de los cerezos en flor. En esa fecha se realizan excursiones a lugares donde florecen los cerezos y familia o amigos se reúnen bajo sus ramas. Es un modo de admirar la naturaleza, reflexionar sobre lo efímero de la vida y celebrar la magia del momento presente.

- **El árbol de Bodhi**. Es una especie de higuera (*Ficus religiosa*) debajo de la cual el joven Buda se sentó a meditar en el estado indio de Bihar y alcanzó la iluminación espiritual, de ahí que se conozca esta especie por ese nombre. El lugar se convirtió en destino de peregrinaje para los budistas que buscan contemplar este magnífico árbol. Se pueden ver ejemplares en la mayoría de los templos budistas de Sri Lanka, India, Bután o Nepal.

- **El sicomoro**. Desde la antigüedad, los árboles en Egipto han sido objeto de veneración, algo a lo que ha contribuido también su escasez. El sicomoro es un árbol con un gran significado religioso. De acuerdo al *Libro de los Muertos* hay dos sicomoros gemelos a la entrada de la puerta este del Cielo sobre el que los dioses están sentados. Se tenía la creencia de que este árbol proporcionaba sombra, agua y alimentos a los difuntos, con lo que les aseguraba la vida después de la muerte. Sobre sus ramas se colocaban las almas de los muertos en forma de pájaro y desde ahí regresaban al mundo divino. En algunos monumentos el sicomoro está representado con campesinos a su alrededor haciéndole ofrendas de frutas, verduras y jarras de agua. Esta especie se cultivaba tanto por sus frutos como por su madera, que se empleaba para fabricar muebles y también sarcófagos, ya que resultaba un material muy resistente y de larga duración.

- **La palmera datilera**. En el antiguo Egipto esta especie simbolizaba el triunfo de la vida sobre la muerte debido a su resistencia a las altas temperaturas y a su crecimiento en lugares con escasez de agua. Se consideraba que su copa formaba la bóveda celeste y por eso era también un símbolo de regeneración. Sus dátiles eran consumidos por los faraones antes de morir como una buena manera de entrar en el otro mundo.

- **El baobab**. Seis de las ocho especies que existen se encuentran en Madagascar, donde representa el símbolo nacional. También

85

aparece en el escudo de Senegal. Es un árbol capaz de almacenar gran cantidad de agua, lo que le permite sobrevivir en áreas desérticas, y puede alcanzar hasta los 30 metros de altitud. Es también muy longevo, pudiendo llegar a vivir 1000 años. Una leyenda africana cuenta que, dada su belleza, los dioses les otorgaron el don de la longevidad, lo que les volvió completamente arrogantes, y tomaron la decisión de crecer en exceso como desafío a las divinidades. Ante tal comportamiento, los dioses decidieron darles una lección de humildad y los plantaron al revés, por eso sus raíces no paran de crecer. Este árbol se hizo muy famoso en la cultura mundial gracias a la obra *El Principito*, de Saint–Exupéry, donde el protagonista lo considera como una mala hierba que debe arrancar para que no destruya su asteroide con sus grandes raíces.

- **El roble**. Símbolo de conocimiento, poder, longevidad y fuerza para los druidas celtas. Era el árbol favorito de Zeus y del dios Thor, el dios del trueno de los noruegos. Por su gran tronco, amplias ramas y tupido follaje se consideraba un emblema de la hospitalidad y de la generosidad, ya que era capaz también de acoger y alimentar al muérdago. Si este crecía sobre él era que el dios estaba presente y era un símbolo de la fuerza de la vida, puesto que mientras el resto de las plantas permanecían medio aletargadas en invierno, el muérdago portaba en sus ramas frutos blancos que encarnaban así la fuerza de la vida eterna y la inmortalidad. El roble es considerado un árbol sagrado, venerado también por los griegos, que dicen que la clava de Hércules estaba hecha de roble. Para los chinos representa la fuerza y el vigor masculino.

- **El ciprés**. Se encuentra en muchos cementerios de Occidente, en especial en los países mediterráneos, donde representa un símbolo de duelo. Sus raíces bajan rectas hacia el subsuelo por lo que no destruyen nada de lo que crece a su alrededor. Se plantaban así pegados a los muros de los cementerios porque sus raíces actúan como cortavientos y proporcionan a estos lugares una sensación de sosiego, además de buen olor. Para griegos y romanos estaba en relación con las divinidades del infierno, y en muchas leyendas se le considera la casa donde viven los espíritus inmortales. A su vez, era un símbolo de fecundidad. Debido a su longevidad y a su verdor permanente se le conoce también como «árbol de la vida». Se decía que su madera era incorruptible y que no se podía pudrir, por ello se habla de que fue la utilizada para construir el Arca de Noé y los barcos vikingos. Es un símbolo de resistencia y perseverancia debido a su naturaleza perenne que hace que su imagen se mantenga sin cambios independientemente de la estación. En China y en Japón simbolizan la longevidad, la incorruptibilidad y la pureza.

• **El sauce**. Los árboles, las plantas y las hierbas tenían una gran importancia para los celtas. Para ellos la naturaleza estaba animada y llena de fuerzas y energías. Más de veinte árboles se incluyeron como un símbolo. El sauce representa la imaginación y la visión, así como el manzano la generosidad y el conocimiento, o la hiedra el cambio. El sauce para los celtas está fuertemente ligado al elemento agua; los griegos lo relacionaban con el más allá debido a la facilidad con la que sus ramas, una vez que se rompían, podían regenerarse y volver a crecer; para el pueblo judío tiene el poder de propiciar el agua, y en Oriente representa la inmortalidad, la eternidad y la espiritualidad.

• **El olivo**. Es un árbol con gran simbología en todas las culturas y religiones. Representa la longevidad y la inmortalidad, pues puede vivir más de 2 000 años y es capaz de soportar condiciones atmosféricas muy adversas. También está vinculado con la sanación por las propiedades medicinales de su aceite, que han empleado todas las civilizaciones desde la antigüedad. Símbolo a su vez de la paz y reconciliación, que se representa con una paloma portando una rama de olivo, como la que envió Noé para comprobar si las aguas se habían calmado después del diluvio. Para los griegos era además un símbolo de fertilidad, ya que tenían la creencia de que los descendientes de los dioses nacían bajo los olivos, por lo que las mujeres que querían tener hijos iban a dormir bajo su sombra. Es, además, un símbolo de la victoria pues, según cuenta la leyenda, Atenea, diosa de la sabiduría, y Poseidón, dios del mar, se disputaban la soberanía de Atenas. Los dioses del Olimpo decidieron que otorgarían la ciudad a quien produjera la mejor obra. Poseidón con su tridente obtuvo un caballo de una roca, y Atenea con un golpe de lanza hizo brotar un olivo lleno de frutos. Consiguió con ello el beneplácito de los dioses y el poder de la ciudad. El olivo se convirtió así en el símbolo de la victoria. También en los Juegos Olímpicos Antiguos las coronas que se ofrecían a los ganadores estaban hechas de ramas de olivo, pues creían que traía buena suerte y protección divina al atleta coronado.

Esta es una pequeña selección de algunas especies simbólicas. Como puedes ver, **la relación de la humanidad con la naturaleza y los árboles ha sido muy estrecha** desde el inicio de los tiempos. Se han contemplado para observar sus formas, su envergadura, estudiar las materias que nos aportan, la sombra y el cobijo que ofrecen o admirar la manera en cómo sus ramas se elevan hacia el cielo. Han creado espacios para la reflexión y se ha buscado la manera de conectar con ellos como intermediarios entre lo terrenal y lo divino o espiritual.

En tu próximo paseo por el bosque observa las especies que te encuentres y observa qué te transmiten, qué podría simbolizar ese árbol que ha llamado tu atención y ante el que te detienes. Fuerza, melancolía, resistencia, sabiduría, hospitalidad, belleza, fragilidad, longevidad... ¿qué símbolo podría representar para ti?

RECOGER OBJETOS DE PODER

A lo largo de tu paseo es posible que encuentres elementos en la naturaleza que al verlos simbolicen algo especial para ti. Puede ser una hoja caída, una flor, una piedra, una pequeña rama, el canto rodado de un río, un trozo de corteza, una pluma, un fruto, etc. Si lo encuentras, recógelo con cuidado y obsérvalo:

- ¿Cómo es su superficie?
- ¿Qué color tiene?
- ¿Cómo es su textura?
- ¿Qué te transmite?
- ¿Qué poder crees que puede tener?
- Si fuera un símbolo, ¿qué representaría para ti?

Si has llegado hasta ese elemento que puede tener un significado valioso en este momento para ti, guárdalo protegido en tu mochila. Cuando llegues a casa busca algún lugar donde conservarlo y que no esté muy alejado de tu vista. Cada vez que lo mires te recordará algo que tiene valor para ti y te otorgará ese poder que tú has descubierto en él. Te ayudará a no perder la conexión que has establecido durante tu baño y simbolizará la experiencia vivida. Es muy importante que el objeto que recojas esté libre en la naturaleza, es decir, **no arranques nada** que esté cumpliendo todavía su función en el bosque. Recuerda que durante tu práctica **debes respetar y no alterar nada del ecosistema**.

UN DESCANSO EN EL CAMINO

Cuando notes que el cansancio invade tu cuerpo date permiso para detenerte en cualquier lugar y momento y descansar. **Escucha lo que tu naturaleza te pide**. Ya sabes que el camino se hace sin ruta fija y sin cronómetro. Busca un lugar que te guste y siéntate. Realiza la actividad que te apetezca en ese momento: puedes pararte a beber agua o alguna infusión, comer disfrutando de cada bocado, leer, tomar notas en tu cuaderno, dibujar, practicar yoga o disfrutar del entorno. Puedes también crear mandalas, escribir un haiku o simplemente «no hacer nada».

EL ARTE DE «NO HACER NADA»

Vivimos en un mundo en el que parece que siempre hay que estar haciendo algo «productivo» porque si no se tiene la sensación de que se pierde el tiempo. En esta parada en el camino puedes probar a «no hacer nada». Practica el arte de disfrutar de las pequeñas cosas de la vida y date permiso para **sentir el placer de no realizar ninguna actividad**. Es posible que pienses que esto es una pérdida de tiempo, pero estas pausas, conocidas como *niksen* en neerlandés, te aportan:

- **Mayor energía**, pues tu cuerpo y mente se recargan cuando los dejas descansar sin preocupaciones.
- **Mejoran tu salud**, porque reducen el riesgo de agotamiento.
- Permiten un **descanso de tu cerebro**, que está constantemente sometido a resolver muchas tareas a la vez, lo que reduce su capacidad de concentración, razonamiento, atención y memoria.
- Te permiten **actuar con mayor eficiencia** después de la pausa, ya que tu capacidad de concentración aumenta.

- **Aumentan tu creatividad**, pues un cerebro con menos presión actúa con más fluidez en tareas más creativas.
- **Mejoran tu autoconciencia**, ya que es un momento en el que puedes descubrir lo que realmente es importante para ti.
- Te ayuda a **reducir tu nivel de estrés**, por lo que la calidad de tu sueño mejorará.

Parar y «no hacer nada» supone anteponer tu bienestar a todo lo demás para luego recolectar todos los beneficios que te ofrecen estas pausas. Se da la paradoja de que cuando aparentemente menos estás haciendo, más estás aportando a tu cuerpo en salud mental y física, a la vez que le proporcionas una gran energía. Es una práctica que no solo es útil en los baños de bosque; prueba a incorporarla a tu rutina diaria. Pequeñas pausas, incluso cuando creas que no tienes tiempo de parar, te ayudarán a vivir mejor.

CREAR MANDALAS

Si no te apetece quedarte sin realizar ninguna actividad, puedes probar a crear mandalas. Durante tu paseo has podido recoger diferentes elementos que la naturaleza ha ido poniendo en tu camino. Pueden ser hojas, ramitas, frutos, piñas, pequeñas piedras, trozos de corteza, flores, etc. Deben ser piezas que han caído y te has encontrado, no arranques nada que todavía siga vivo y cumpliendo su función en una planta o árbol. En este momento de pausa puede que tengas ganas de hacer algo artístico con todos esos elementos y te animes a crear un mandala.

Los mandalas son **representaciones simbólicas** espirituales utilizadas en el budismo y en el hinduismo. La práctica de trabajar con ellos se ha extendido mucho en los últimos años porque **ayudan a la concentración, activan la energía positiva y aumentan la creatividad**. Bosque, naturaleza y creatividad en una actividad que puedes realizar en una pausa de tu paseo.

Para crear tu propio mandala solo tienes que seguir estos pasos que se indican a continuación. No reprimas tu lado más creativo y déjate llevar por lo que sientas:

- Empieza colocando un elemento en el centro.
- A partir de ese punto ve situando el resto de elementos a su alrededor, de modo que acaben formando una estructura circular.
- Combina los materiales como te parezca: por colores, formas, posiciones, semejanzas, simetría, etc.
- Déjate guiar por tus emociones y confía en tu lado creativo.
- Cuando termines, observa la figura final. ¿Qué sientes?, ¿qué te transmite?

Crear mandalas en el bosque te ayuda también a conectar con la naturaleza y con tu interior. Te puede aportar **beneficios** como:

- **Favorece la relajación**. Tu mente se concentra en una actividad artística y conecta con tu interior aportando paz y serenidad.
- **Aumenta la capacidad de concentración**. Crear un mándala te ayuda a centrarte en el aquí y ahora y focalizarte exclusivamente en la actividad que estás realizando.
- **Desarrolla el lado creativo**. Tanto la recolección de los diferentes elementos, como la disposición de los mismos en la composición final, supone una labor sumamente creativa que reflejará algo único y completamente vinculado a tus emociones y sentimientos.
- **Fomenta la práctica de la observación**. Los elementos naturales recogidos han llamado tu atención por algo. Eso significa que

tu capacidad de observación ha permanecido activa durante tu paseo y ha sido capaz de ir detectando aquello que representa algo para ti y que, de algún modo, ha establecido un vínculo contigo.

- Representa una gran **riqueza sensorial** de colores, olores, texturas, etc. La variedad presente en la naturaleza es casi mágica. Todos tus sentidos se han visto involucrados en ese proceso de recolección y disposición final. ¿Te das cuenta de cuánta riqueza sensorial queda expuesta en un mandala?

- Ayuda a **tomar conciencia del concepto de lo efímero**. No hay mejor escaparate que la naturaleza para ser conscientes de que nada permanece igual en el tiempo. Los cambios de estaciones quedan reflejados en toda la anatomía del bosque. Contemplar esta evolución, sin duda, ayuda a comprender lo efímero de la vida y de las situaciones que la acompañan.

- Invita a **practicar el desapego**, a no llevar todo a cuestas. Recoger diferentes elementos no para almacenar, sino para crear algo estético con ellos dándoles una nueva forma que queda integrada en el bosque, es una manera de entender que la vida son fases y que por el camino hay cosas que dejan de estar a nuestro lado sin que eso les reste un ápice del valor que han aportado a nuestra experiencia vital.

- Permite **disfrutar de la estética**, de la belleza de lo creado. Participar en la creación de algo es sumamente enriquecedor. Somos sensibles a la belleza, que no tiene que ver con la perfección sino con la emoción de conectar con nuestra esencia y estar en armonía con nuestro ser. El mandala que diseñes será algo personal, único, armónico, bello, y te transmitirá una beneficiosa paz interior durante el proceso de creación y contemplación.

- Descubre la **riqueza estacional**, pues cada estación ofrecerá materiales distintos para la creación. Si practicas baños de bosque a lo largo de las diferentes estaciones advertirás cambios profundos en el paisaje. La recolección de elementos naturales con los que luego crearás tu mandala mostrarán claramente el momento del año en el que te encuentras y evidenciarán la riqueza y belleza de cada estación.

- Facilita **conectar con las emociones**, que se reflejarán en la combinación y disposición de los elementos. Mientras estés diseñando la composición de los diferentes materiales puede que no seas consciente de todo lo que estás transmitiendo, así que al terminar tu mandala, obsérvalo. ¿Qué te transmite?, ¿qué emociones ves reflejadas en esa composición final?
- Representa la **unidad pese a la diversidad**. El círculo del mandala crea una estructura única compuesta por materiales muy diversos que acaban funcionado como un solo elemento. Es la imagen de la gran conexión.
- Utiliza un **idioma universal** que se practica en todas las culturas. Como cualquier obra artística lo importante es lo que transmite, y eso es algo único y personal, así que independiente de la cultura e idioma que se tenga, la creación de un mandala emplea un lenguaje universal: el de la emoción.
- Supone un **momento irrepetible**. Cada día, cada mandala, es único. Si has decidido hacer uno en una parada de tu baño de bosque, disfrútalo como la obra única que es y que surge como resultado de lo que has experimentado en ese momento y en ese día.

ESCRIBIR UN HAIKU

> *Lirio púrpura,*
> *te miro y crece en mí*
> *este poema.*
> Matsuo Basho

Hemos hablado de Japón y de su amor por la naturaleza y, llegados a este punto, es oportuno hablar de los haikus. Son un tipo de poesía japonesa muy breve **ligada a la naturaleza y al paso de las estaciones**. Miran e invitan a mirar a nuestro alrededor. Quizá en esta parada que haces en el bosque te animes a desarrollar tu lado creativo, esta vez con la escritura, y reflejes lo que la naturaleza te hace sentir. Aquí tienes **seis claves de la composición del haiku** por si quieres empezar a practicar:

- **La métrica del haiku**. Consta de tres versos que en total suman 17 sílabas, con una estructura de 5–7–5 sílabas por verso respectivamente.
- **El momento irrepetible**. Se trata de captar el instante. En los haikus se refleja el asombro por los detalles que no se volverán a presenciar. Parecido a una fotografía, pero con palabras que deben transmitir al lector la escena tal y como se ha visto.
- **Las estaciones y el *kigo***. La mayoría de los haikus hablan de elementos de la naturaleza, de animales, árboles, flores, paisajes, ríos, etc., tal y como los percibe el observador en ese momento. Cada estación tiene un color, una apariencia, un olor, una luz especial que identifica cada una de ellas. Hay palabras que evocan un momento específico del año como castaña (otoño), nieve (invierno) o flor de cerezo (primavera). Estas palabras que sitúan el poema en una estación concreta se denominan *kigo*, y su finalidad es mostrar la fecha de la composición. No hace falta nombrar la estación para que el lector la identifique; las palabras escogidas deben dejar una huella clara.
- **El ser humano como parte de la naturaleza**. Es preferible que las personas no figuren en los haikus, pero si lo hacen tienen que aparecer como un elemento más de la naturaleza y nunca como protagonistas. Los sentimientos humanos tampoco deben escribirse textualmente (amor, odio, tristeza…). Hay que evocar de manera visual la escena que se describe y dejar que el sentimiento aparezca en el lector: «tarde de lluvia».
- **La omisión**. Es tan importante lo que se dice como lo que se omite. Hay que centrarse en cosas fundamentales y dejar que quien lo lea complete lo que falta y haga su propia interpretación.
- **La simplicidad**. Es necesario buscar la manera más sencilla de describir lo que se ha visto, plasmar la esencia de ese instante en diecisiete sílabas. Elegir las palabras adecuadas y ordenarlas de manera que fluyan, ese es el reto del haiku.

Tienes la fortuna de disfrutar en tu baño de bosque de instantes que no se volverán a repetir. Aquí tienes las claves para practicar otro tipo de actividad que te permite plasmar el momento. ¿Te animas a dejarlo capturado en un haiku?

También mi nombre
se lo llevará el río
como a las hojas.
MATSUO BASHO

DESPEDIRSE DEL BOSQUE SIN ABANDONAR SU ESPÍRITU

Llega el momento **de terminar el paseo por el bosque**. Que tu salida sea tan pausada como ha sido el camino. Las prisas han quedado atrás. Antes de marcharte, afianza en tu cuerpo y mente los beneficios recibidos al realizar esta práctica de *shinrin–yoku*. Sigue esta secuencia de **seis pasos**:

1. Detente un momento antes de salir.
2. Sé consciente de lo vivido.
3. Agradece la experiencia.
4. Despídete del bosque.
5. Pon en la mochila la energía y la calma.
6. Vuelve a la rutina y utiliza lo aprendido.

EJERCICIO DE SALIDA
- Dirígete hacia el punto donde comenzaste este viaje, ese árbol o lugar que marcó el inicio del camino.
- Lanza una mirada a tu alrededor y respira profundamente.
- Siente cómo tu mente está en calma, más relajada.
- Haz un escaneo de tu cuerpo, lentamente, recorriendo cada parte y siente cómo la energía fluye a través de él.
- Agradece al bosque su generosidad por haberte acogido y compartido contigo su energía y su experiencia.
- Guarda esos momentos en tu mente para acudir a ellos cuando necesites recuperar la calma.

- Despídete del bosque. Puedes poner tu mano sobre el árbol que tocaste en el inicio y di adiós.
- Cruza sobre la rama o línea que marcaste al comenzar la práctica y vuelve poco a poco a tu rutina.
- Recuerda que tu mochila va cargada ahora de energía y calma.
- Traslada la experiencia a tu vida personal y al trabajo.

La experiencia del baño de bosque es única. Incluso si vuelves al mismo lugar, lo que vivas será nuevo. Con la práctica te irás dando cuenta de cómo tus sentidos se van agudizando y son capaces de captar más señales del bosque. También irás aprendiendo a contactar con la naturaleza y saber más de ella.

En los siguientes capítulos entenderás mejor el complejo sistema que forma el bosque, cómo está todo en conexión y armonía. En cada estación el paisaje se modifica y la vida se adapta para continuar su ciclo vital: temperatura, color, olor, luz… todo es distinto. Y aprenderás a disfrutar de toda esa variedad y de los beneficios que te irán brindando para tu salud. Lo ideal es que todas las semanas pudieras practicar el *shinrin-yoku* en el bosque, pero si no te resulta posible vas a ver cómo puedes mantener esa conexión y la esencia de la naturaleza en tus entornos cotidianos.

Esta aventura no ha hecho más que comenzar. Sumérgete en la magia de la naturaleza y personaliza las experiencias para hacerlas únicas.

PRÁCTICA 4
Desarrollar la paciencia

QUÉ ES LA PACIENCIA

La paciencia consiste en no querer acelerar el ritmo natural de los sucesos y en reconocer que cada cosa necesita su tiempo para desarrollarse. Es la habilidad de **mantener una actitud serena durante la espera**, especialmente ante circunstancias difíciles. Implica una calma interior, compasión y benevolencia hacia uno mismo y al acontecimiento en sí.

Vivimos en un mundo de prisas y exigencias, anhelando conseguir con rapidez algo que todavía no existe, y es que la mente tiende a anticiparse a la realidad que se vive en cada momento. La paciencia necesita que observemos nuestra tendencia a querer anticipar cada instante y desear que llegue rápidamente el siguiente.

¿En cuántas ocasiones percibes que las cosas van más lentas de lo que esperas o quieres que se desarrollen de otro modo? Si lo piensas, seguro que se te ocurren varios ejemplos solo en el día de hoy. Y mientras haces eso, pierdes la oportunidad de vivir el momento al tiempo que aumenta tu estrés, ansiedad y puede que sientas frustración por no poder cambiar el ritmo marcado.

Ser paciente no es sentarse a esperar sin hacer nada, sino elegir conscientemente con calma y serenidad qué hacer en el momento presente.

QUÉ BENEFICIOS NOS APORTA

Alimentar y desarrollar la paciencia conlleva muchos beneficios para nuestro cuerpo y mente. Permite tomar una posición activa frente a la situación que se nos presenta. Fomentar esta actitud nos permite:

- Disfrutar del momento.
- Tomar decisiones de acuerdo al presente.
- Sentir calma y serenidad.
- Fluir con el ritmo de la vida.
- Disminuir el estrés.
- Aumentar nuestra sabiduría vital.
- Sentirnos más satisfechos con la vida.
- Vivir para nosotros.
- Aprovechar las oportunidades cuando llegan.

A la vista de todo esto, ¿no te encantaría ejercitar esta actitud y poder disfrutar de todas las ventajas asociadas?

¿CÓMO ENTRENAR LA PACIENCIA?

Cuando te encuentres realizando una actividad y detectes que estás tratando de acabarla con prisas para ponerte con la siguiente, o creas que la realidad no avanza a un ritmo alineado con tus objetivos personales, párate un momento y respira. Realiza una respiración profunda y pon en práctica lo siguiente:

- **Sé amable contigo** y presta atención a tu corazón. No te castigues, muestra compasión.
- **Observa qué ocurre en tu interior**, qué sientes cuando las cosas no avanzan al ritmo que esperas.
- **Presta atención a tu cuerpo** y mira qué sensaciones corporales van asociadas a esa impaciencia.
- Observa también qué **pensamientos** cruzan tu mente y qué **emociones** se asocian a cada uno de ellos.

Además, ten en cuenta los siguientes consejos:

- **Vive el momento** y pon el foco en el ahora, no te centres en expectativas o resultados futuros.

- Establece proyectos con un **plan de acción flexible**. Que la planificación excesiva no ahogue la posibilidad de pensar en otras alternativas.
- **Reserva tiempo** en tu calendario para las **cosas realmente importantes** para ti, para compartir experiencias con otros o dedicarte momentos en los que tengas la posibilidad de conectar contigo en soledad.
- **La situación que estás viviendo es única** y no puede ser comparada con la que viven otras personas que conoces ni con momentos anteriores de tu vida. Esto solo te va a producir un desgaste innecesario.
- **Pon el foco en tu evolución**. Puede que en muchas ocasiones descubras que no has sido consciente de la misma.
- **Dedica tiempo a no hacer nada** y experimenta el placer que conlleva. Estos momentos te ayudarán a conectar con tu ser más íntimo y con tu esencia.

CÓMO LLEVAR ESTA ACTITUD A LOS BAÑOS DE BOSQUE

¿Te imaginas plantar una semilla y desear que el árbol creciera rápidamente?, ¿algo así como lo que ocurre en el cuento de *Juan y las habichuelas mágicas*? Pues ese es el ritmo que exigimos a nuestra vida en muchas ocasiones. La naturaleza no se mueve con impaciencia porque de ello depende su supervivencia, y no hace falta nada más que observarla para aprender a cultivar la paciencia necesaria para vivir.

Aprovecha tu paseo por el bosque para aprender de él:

- **Conecta con los ritmos de la naturaleza**. Observa el paisaje y cómo cambia cada día que acudes a contemplarlo. Con el paso de las estaciones las diferencias son todavía más llamativas. Encuentra en esta representación visual una recreación de tu propia vida. Cada cambio es una adaptación a la nueva realidad y se van produciendo poco a poco, al ritmo en el que las circunstancias van modificándose. Aprovecha tu encuentro con la naturaleza para aprender de sus ritmos, para alimentar tu propia paciencia.

- **Cultiva el placer de no hacer nada**. La acción vinculada con el «hacer» juega un papel importante en la vida, pero la misma importancia tiene conectar con la esencia y con «ser». El espíritu del baño de bosque no es alcanzar una meta ni superar un récord, sino lograr esa conexión tan importante con lo que nos rodea y con nosotros mismos. El lugar es un espacio idóneo para conseguirla, bien mientras paseas o cuando te detienes y haces un alto en el camino para descansar. No hacer nada es un acto de generosidad con tu salud, mental y física, y proporciona momentos únicos necesarios para fomentar la imaginación y la creatividad de tu cerebro, que aprovecha para recargarse en esas paradas. La impaciencia puede que te empuje a estar siempre en plena actividad, pero la paciencia te acabará enseñando que no hay nada más productivo que «no hacer nada».

PRÁCTICA 5
Actuar con gratitud

QUÉ ES LA GRATITUD

La gratitud consiste en **apreciar lo que tenemos ahora**, en este momento, en lugar de preocuparnos o estar pendientes de lo que no poseemos o nos gustaría conseguir. Es tomar conciencia de lo que la vida nos regala cada día, de lo que podemos disfrutar, de lo que nos hace aprender.

QUÉ BENEFICIOS NOS APORTA

Al agradecer se pone el foco en las cosas positivas de la vida y, como consecuencia, se acaba teniendo una actitud más positiva, se tiende a ser más feliz y con menos tendencia a la depresión. Actualmente es objeto de estudio de la psicología y la neurociencia y se ha descubierto que actuar con gratitud:

- Fortalece el sistema inmune.
- Reduce la presión arterial.
- Disminuye el dolor y el malestar corporal.
- Favorece la reducción del estrés.
- Mejora la calidad del sueño.
- Aumenta la autoestima.
- Permite disfrutar de una vida más plena.
- Incrementa la sensación de bienestar.

Las personas agradecidas se sienten en general más satisfechas con sus relaciones sociales y tienen menos posibilidades de padecer estrés y depresión. Tienen un sentimiento mayor de felicidad. Es una actitud que también se puede desarrollar fomentándola en la práctica diaria. Ahora tienes la oportunidad de probar qué se siente al incorporarla de manera natural a tu vida.

CÓMO ENTRENAR ESTA ACTITUD

En el día a día tenemos muchas cosas de las que disfrutamos sin darles el valor que realmente tienen. Muchas veces estamos más pendientes de lo que nos falta o nos gustaría tener y no agradecemos lo detalles que hacen de nuestra vida un lugar más agradable: el aroma del café, el agua caliente de la ducha, la luz de un nuevo amanecer, el olor de la ropa recién lavada, el desayuno de cada día, una risa, una conversación, un mensaje de apoyo... Empieza a practicar esta actitud en tu vida para mejorar tu bienestar.

- Al levantarte, piensa en tres cosas que tengas la oportunidad de disfrutar. Busca el detalle, por ejemplo: respirar el aroma del jabón, el agua caliente que cae en tu cuerpo durante la ducha, el olor del café, la luz que entra por la ventana y va aumentando de intensidad... **Agradece esos momentos** y toma conciencia del bienestar que te aportan.
- Durante el día **comparte con los demás esa gratitud** y contribuye a generar momentos agradables para otros: sonríe al saludar, sé amable al dirigirte a alguien, manda un mensaje agradable a alguna persona de tu entorno...
- Antes de irte a dormir, piensa en qué tres cosas quieres agradecer del día que ha transcurrido y por las que te sientes una persona afortunada. Respira profundo y **nota dentro de ti esa gratitud**.
- **Ve anotando en un cuaderno** las cosas que agradeces cada día. Cuando tengas un momento en el que te falte la motivación, lee alguna página. Te ayudará a recordar lo bueno que te rodea.
- Escribe esos detalles cotidianos agradables en papelitos que guardes en una caja. Ábrela una vez por semana y toma algunos al azar. Léelos y **siente de nuevo la gratitud** por esos momentos.

El acto de agradecer muestra respeto hacia los demás y lo que te rodea, pero también hacia ti y a lo que da significado a tu vida. Y para desarrollar el hábito recuerda esto: «nunca te acuestes sin agradecer una cosa más».

CÓMO ACTUAR CON GRATITUD EN LOS BAÑOS DE BOSQUE

El paseo por el bosque te va a ir ofreciendo muchos presentes a lo largo de su recorrido. La naturaleza va a compartir contigo su bienestar, experiencia, historias, beneficios y te va a acoger durante tu baño. Actúa siempre con gratitud ante lo que te brinda:

- Aprovecha los momentos de pausa o altos que hagas en el camino para pensar en esos **instantes que te han causado algún disfrute**: ver la luz filtrándose entre las hojas, oír el canto de un pájaro o el murmullo del agua, el olor de una flor, la brisa en tu cara… **Toma conciencia** de la felicidad que te han aportado y **da gracias**.
- Al terminar tu baño de bosque no te vayas sin **dar gracias a la naturaleza** por todo lo que te ha brindado. Haz un pequeño repaso mental de lo que quieras agradecer.
- Al llegar a tu casa puedes **apuntar en un cuaderno** los motivos por los que has dado gracias en el bosque.
- Acude a ese cuaderno y lee lo escrito cuando necesites **recuperar la esencia del bosque y llevarla contigo**.

Practicar la gratitud te hará sentir más feliz. Todo lo que agradezcas volverá a ti con su mejor sonrisa y contribuirá a tu bienestar. Una actitud más que facilitará tu conexión con el bosque.

El poder de los árboles

El bosque encierra muchas sorpresas. Un auténtico entramado de raíces subterráneas pone en comunicación a la comunidad arbórea. Los árboles son capaces de comunicarse entre sí, de cuidar a otros que se encuentran enfermos y de almacenar muchas historias en sus cortezas. Diversos estudios de biólogos y ecólogos explican que los árboles hablan entre ellos, y que los humanos podemos aprender a escucharlos y beneficiarnos de su sabiduría. Entender que la naturaleza forma una red es primordial para encontrar los mecanismos que nos conecten a ella.

La ecóloga Suzanne Simard ha estado más de 30 años estudiando los bosques, y para ella el lenguaje de los árboles es un concepto fuera de toda duda. Existe mucha cooperación entre ellos y no solo competencia. Peter Wohlleben llegó a la misma conclusión mientras trabajaba en la gestión forestal de un grupo de abedules en Alemania. Observó un viejo tocón de árbol que vivía después de 500 años sin tener hojas, y la única explicación posible a este fenómeno era que los árboles vecinos le proporcionaran nutrientes a través de sus raíces. En su popular libro *La vida secreta de los árboles* realizó un exhaustivo viaje de divulgación del maravilloso comportamiento de los bosques.

LOS ÁRBOLES SE COMUNICAN ENTRE SÍ

Los bosques forman un gran organismo que se comunica a través de un poderoso sistema de raíces subterráneas que conecta los diversos ejemplares de una especie y de un territorio. Comparten así nutrientes y se protegen y ayudan en caso de necesidad. Puede que sorprenda el hecho de que cada árbol no busque únicamente su propia supervivencia, pero si vivieran solos en un espacio desprotegido, se verían expuestos de una manera más abrupta a los azotes del viento y a los cambios bruscos de temperatura o a la falta de humedad. Al formar y vivir en una gran sociedad generan entre todos un ecosistema que les ayuda a protegerse del calor y del frío extremos, les permite almacenar agua y mantener siempre un aire húmedo alrededor. Los árboles crecen y sus copas se juntan formando un manto que alberga la vida bajo ellas. Si los individuos no se protegieran entre sí, la muerte de cada uno de ellos abriría grandes huecos en este entramado aéreo por el que se colaría con fuerza el sol y el agua de las tormentas, lo que afectaría gravemente al suelo y todos saldrían perjudicados con este tipo de comportamiento.

En un bosque **los árboles se comunican por debajo y por encima de la tierra**, con señales eléctricas, químicas y visuales, por olores y vibraciones. Todo está conectado en un mundo aparentemente inmóvil. Vamos a conocer algo de su lenguaje para aprender a escucharlos.

UNA RED SUBTERRÁNEA DE COMUNICACIÓN

Bajo tierra hay todo **un mundo de conexión entre los árboles** que les permite comunicarse y comportarse como si fueran un único organismo vivo. Es una especie de «inteligencia vegetal». Los hongos forman una parte fundamental de este sistema en red que ayuda a conectar a los individuos entre sí e intercambiar sustancias químicas. Mueven agua, carbono y nutrientes entre ejemplares de diferentes especies. Protegen a los árboles contra agentes patógenos secretando sustancias antibióticas y actúan como despensas de humedad en épocas de sequía. Forman algo parecido a una «red neuronal» que ayuda a combatir enfermedades de los individuos y a **sobrevivir como una gran sociedad**.

Pero, ¿cómo lo hacen? Del tallo de los hongos salen unos hilos que forman un micelio que coloniza todas las raíces de los árboles y de las plantas. Células fúngicas y células de las raíces arbóreas interactúan y hay un intercambio de carbono por nutrientes. La red de micelios es tan extensa, que en un solo paso puede haber cientos de kilómetros de estos hilos que no vemos pero que, bajo la tierra, forman una especie de «Internet natural» compuesta por nodos conectados entre sí y que ponen en comunicación a cientos de árboles, incluso de especies distintas. Los micelios incrementan la eficiencia de muchas plantas en la absorción de agua y nutrientes y las protege de varios patógenos. Tienen el potencial de descomponer moléculas orgánicas de superficies contaminadas, por ejemplo, de pesticidas y petróleo, y eliminarlas del suelo y del entorno.

Suzanne Simard quería comprobar si, dentro de esta inmensa red, los árboles podían reconocer a individuos de su misma especie y ayudarles a crecer frente a la competencia. Realizó para ello algunos experimentos que demostraron que sí, que los árboles progenitores extienden una red más grande de micorrizas sobre estos ejemplares «familiares» y les envían más carbono para su desarrollo, incluso reducen el crecimiento de sus raíces para dejar más espacio a las de los nuevos individuos. Además, cuando el árbol más antiguo conectado enferma o muere, manda señales de defensa a través de la red que aumenta la resistencia de estos ejemplares ante tensiones futuras. Toda una transmisión de conocimientos para la comunidad.

Esta magnífica red subterránea es «sensible» y puede percibir nuestros pasos mientras nos desplazamos por su superficie. ¿Te imaginabas todo lo que sucede bajo nuestros pies en los bosques? Hay vida, mucha vida, que se comporta y comunica de una manera inteligente.

LOS MENSAJES DE LOS OLORES

El zoólogo surafricano Wouter van Hoven estudió en los años ochenta cómo **las acacias son capaces de avisarse entre ellas** cuando un herbívoro hambriento se acerca para alimentarse. Cuando son conscientes del peligro llenan sus hojas con una sustancia tóxica, un tanino, que es capaz de matar en dos días al animal que se alimente exclusivamente de ellas. Pero no solo eso, cuando se da cuenta de la amenaza, avisa a las compañeras enviando al aire una señal olorosa de etileno. Los otros ejemplares, cuando reciben esta señal, comienzan a cubrir sus hojas con la toxina, y en unos diez minutos ya están preparados para el agresor. Las jirafas, que se alimentan de las acacias, son conocedoras de este hecho y nunca comen de ejemplares que estén próximos, sino que se desplazan unos metros, siempre en dirección contraria al viento, para localizar árboles a los que todavía no ha llegado esta señal. Al mismo tiempo que Van Hoven, Balwin y Schultz, en Norteamérica, habían descubierto que los arces emitían también este etileno para comunicarse. Procesos como estos se dan a su vez en bosques de hayas, robles, píceas, álamos y chopos, entre otros.

El estudio de los **mensajes emitido a través de los olores** es un mundo fascinante que ha demostrado que no solo se utilizan **para comunicar** con miembros de la misma especie, sino que también se emplean **para pedir la colaboración de aliados**. Como los árboles no pueden moverse y cambiar de sitio, elaboran **compuestos orgánicos volátiles**, principalmente terpenos, que transmiten sus mensajes por el aire. Ya hemos visto cómo los utilizan a veces para advertir del peligro a otros, y del mismo modo también los emplean para atraer a los predadores del insecto que está atacando el árbol. En el caso de que una oruga empieza a morder en la superficie de un individuo, el tejido situado alrededor de la zona atacada se altera, y el organismo vegetal envía una señal eléctrica que avanza lentamente, a un centímetro por minuto, así que necesita casi una hora para depositar las sustancias tóxicas sobre las hojas y estropear el alimento al parásito. El árbol es capaz de identificar los fluidos de la especie, clasificarla y, según eso, puede generar sustancias trampa que atraigan a depredadores que se encarguen de acabar con su propia plaga. Un ejemplo lo encontramos en los olmos y pinos que atraen a pequeñas avispas que ponen sus huevos sobre las orugas que se comen sus hojas y acaban con ellas desde el interior.

Los árboles también utilizan los terpenos para atraer a los insectos, en el caso de que los necesiten, y favorecer así la polinización. Estos no pueden evitar la llamada de sus atractivas fragancias y acuden a alimentarse. Se llevan así, pegados a su cuerpo, algunos granos de polen que servirán para fecundar a otro árbol que se encuentre a distancia.

LAS SEÑALES VISUALES
La forma y el color de las flores también son una señal, como un foco luminoso que destaca entre el verde y lanza su mensaje. Con sus colores llamativos invitan a acercarse a los insectos polinizadores que se encargan de transportar el polen y participar así en el proceso de la fecundación. Un ejemplo de la utilización de estas señales visuales lo encontramos en los sauces. Las flores macho y las flores hembra no se encuentran en el mismo ejemplar, sino en árboles diferentes. Para que se produzca la fecundación tienen que lograr que las abejas pasen primero por las flores macho, tomen allí el polen, y luego lo lleven hasta las flores femeninas, y no al revés. La dificultad que surge es que todos los árboles florecen al mismo tiempo. ¿Qué estrategia siguen entonces? Los sauces desprenden un olor que atrae a las abejas y, a partir de aquí, es donde entran en acción las señales visuales, porque cuando se acercan se orientan por la vista. Los sauces masculinos aumentan el color amarillo claro de sus flores, el que más llama la atención de los agentes polinizadores, que se dan aquí una fiesta de azúcar. Una vez terminan, van a las flores femeninas, que han mantenido un color verdoso poco llamativo para no distraer la atención y, de este modo, favorecer que el proceso de la fecundación se dé en el orden correcto. En la naturaleza pocas cosas se dan al azar; observar estas señales y saber interpretarlas te permite entender qué está sucediendo a tu alrededor, qué mensajes se están lanzando y te ayudará a formar parte de este universo natural.

COLABORACIÓN PARA EL TRANSPORTE AÉREO

Otro tipo de colaboración entre especies del bosque tiene lugar a la hora de **transportar las semillas para su difusión**. ¿Cómo pueden los árboles hacer que sus semillas germinen a cierta distancia y colonicen nuevos lugares? Tanto el viento, como las aves e incluso los murciélagos colaboran en este transporte aéreo. A veces solo una corriente de aire es suficiente; no en vano, algunas semillas son muy ligeras para flotar y desplazarse gracias al viento. Las hay que han desarrollado unas formas parecidas a pequeñas hélices o disponen de unas vellosidades que les permiten moverse por el aire a grandes distancias. Otras se encuentran dentro de frutas que, gracias a sus olores y apariencia vistosa, resultan un alimento muy atractivo para pequeños animales, como los pájaros, que las devoran. Transportan así las semillas intactas en el interior de sus estómagos y las depositan en lugares alejados cuando hacen sus deposiciones.

Como verás, a pesar de permanecer en un mismo espacio toda su vida, **los árboles tienen un lenguaje amplio y variado** que les permite comunicarse con diferentes seres vivos y asegurar así su bienestar y supervivencia a la vez que comparten sus beneficios y otorgan su ayuda. ¿Te gustaría conectar con ellos?

APRENDER A CONECTAR CON LOS ÁRBOLES

«Un bosque es mucho más de lo que ves», dice la ecóloga Suzanne Simard. Y es que la fuerza de cada árbol aumenta con la interconexión tan grande que existe en el ecosistema del bosque. Es un espacio lleno de energía del que puedes llegar a formar parte si quieres; no tienes más que aceptar su invitación.

Quizá hayas leído que para conectar con los árboles hay que abrazarlos, que de este modo nos trasladan su energía. Por supuesto que si te apetece puedes hacerlo, aunque no es imprescindible para lograr una conexión. Es una opción personal ligada a la sensibilidad de cada uno, y no todos nos comunicamos del mismo modo. Para empezar, es muy importante que seas consciente de que el bosque, y cada uno de los árboles que lo habitan, son seres vivos que también se comunican, como ya hemos visto, aunque lo hagan con un lenguaje distinto al nuestro. Nos encontramos ante un subsuelo lleno de vida, unos olores cargados de significado, mensajes visuales y también enviados al viento. Ya tenemos algo de información de lo que sucede en este espacio natural, así que vamos a profundizar un poco más en cómo son los árboles y en algunos de los rasgos que los caracterizan para que puedas apreciarlos mejor cuando te acerques a ellos.

¿CÓMO ES UN ÁRBOL?

El árbol es un ser vivo que respira, desprende oxígeno y consume dióxido de carbono. Está formado por tres partes diferenciadas: tronco, copa y raíces, y cada parte resulta esencial para el funcionamiento global del organismo. Las tres dan información acerca de su vida, de sus estrategias, de su historia y de sus experiencias. Saber escuchar, observar y leer sus mensajes nos ayudará a conectar y a abrir nuestra mente a nuevos conocimientos.

El **tronco** es el eje del cuerpo y está constituido de madera. En el centro está la médula que se encuentra rodeada por el duramen y da soporte y estabilidad al árbol. Alrededor está la albura, la parte activa, por la que circula la savia que transporta nutrientes y alimenta su organismo. En la parte exterior se sitúa la corteza, que protege de diferentes agresiones externas. **Poner tu piel en contacto** con esta capa te coloca muy **cerca del movimiento que produce la vida**, del transporte continuo de energía. La corteza refleja un cúmulo de historias de la existencia del árbol que puedes aprender a leer. Su superficie cambia según pasa el tiempo por el efecto de los agentes externos como lluvia, humedad, insectos, plagas, roedores, sequías, etc. Son muy diferentes según las especies: unas van deshaciéndose a lo largo de la vida, como es el caso del pino, otras se hacen más gruesas y se abren grietas con el paso de los años, como ocurre con el roble, o no se desprenden nunca en el caso de las hayas. En el caso del abedul, la corteza es muy fina para adaptarse al crecimiento del árbol. Con tus dedos podrás palpar todas estas diferencias.

Miramos ahora hacia la **copa**, donde se sitúan las hojas del árbol. Están en constante búsqueda de luz para realizar la fotosíntesis. Cada especie tiene su propia estrategia de crecimiento y su necesidad de sol. Algunos ejemplares jóvenes son capaces de permanecer años en bosques oscuros limitando su crecimiento, y si desaparecen las especies a su alrededor y les llega más cantidad de luz, crecerán rápidamente. **Observa las ramas de la copa**. Si se extienden hacia los laterales y presentan una copa más aplanada se trata de un individuo que está esperando a crecer. Si las ramas se extienden y crecen hacia arriba, están en pleno desarrollo y buscando la luz. En los bosques de hayas, los individuos pueden permanecer muy pegados a otros miembros de su especie y sincronizar hasta tal punto la capacidad de fotosíntesis que todas las hojas de los miembros de la comunidad, independientemente de su tamaño, produzcan la misma cantidad de azúcares. Los árboles más antiguos protegen así a los miembros más jóvenes cuyas copas no alcanzan el techo arbóreo. Otra estrategia empleada es que sus hojas, incluso cuando están secas, permanecen pegadas al árbol para que cuando caigan las lluvias arrastren las sustancias nocivas de su superficie hasta el suelo y aumente así su acidez. Esta forma de actuar impide que especies diferentes puedan crecer fácilmente en este terreno y compitan con los ejemplares jóvenes en la captación de luz.

Cada árbol tiene su estilo y personalidad. Puedes observar cómo son las hojas de los diferentes ejemplares, qué colores tienen, sus formas, cómo se disponen en las ramas, hacia dónde se extiende sus copas, a qué huelen, etc. Mira también cómo se filtran los rayos del sol, qué juegos de luces puedes apreciar, cómo es el mundo que se crea bajo el amparo de la estructura arbórea.

Dirige ahora tu atención al suelo. Podrás ver cómo se extienden las **raíces**. Son redes poderosas que anclan el árbol al suelo, le dan estabilidad y son fuente de alimentación y conexión. Trasladan nutrientes, alimentan al árbol y conectan a diferentes individuos de la comunidad. Cuanta más profundidad adquieran, mayor estabilidad darán al árbol frente a inclemencias como vientos huracanados, grandes aguaceros o fuertes nevadas y evitarán que sea derribado. Poner tus pies sobre esta estructura es estar encima de una **fabulosa red de anclaje y comunicación**.

LA EXPERIENCIA DE CONECTAR

Los árboles son seres vivos. Puede que su aparente quietud te haga pasar a su lado sin darte cuenta siquiera de que existen. La próxima vez que pasees por el bosque empieza a mirarlos con otros ojos, pon tu atención en ellos, están ahí invitándote a su mundo, queriéndolo compartir contigo y haciéndote partícipe de él. Piensa en lo que sueles hacer cuando entras en un espacio en el que hay personas. Seguro que echas una mirada a tu alrededor, te fijas y te acercas a aquella que llama tu atención por algo y tratas de comunicarte con ella. Con los árboles ocurre lo mismo: las pautas de acercamiento van a ser parecidas, aunque el lenguaje para comunicaros sea distinto.

- **Elegir el árbol**. Para comenzar, elige un árbol. No tengas prisa, no se trata de escoger al azar un ejemplar para hacer una práctica rutinaria. Tómate tu tiempo. Ya hemos visto que los árboles lanzan al aire sustancias volátiles que pueden provocar tu atracción o tu rechazo. Es como el olor de las personas, que te atraen o te repelen a veces sin ser conscientes de que te están afectando. Además del olor puede que algo de su aspecto, de su porte, de la disposición de sus ramas, de la forma de sus hojas, de la sombra que alberga bajo su copa, de la consistencia de sus raíces o de su color llame tu atención. Es preferible que no esté muy pegado a un camino transitado, que mantenga un espacio a su alrededor que te permita conectar sin interrupciones. Déjate guiar por su energía, por su personalidad. Cuando lo encuentres, acércate despacio.

- **Dar una vuelta alrededor y observar**. Ya has encontrado un ejemplar. Empieza por dar una vuelta a su alrededor y míralo tranquilamente. Observa su estructura, sus características, textura de la corteza, cómo son las ramas, la disposición de las hojas, qué olor desprende, cuál es el tamaño de sus raíces, si hay organismos que vivan en simbiosis con él o lo estén parasitando. Déjate llevar por tu intuición y donde tu mirada te lleve. No analices nada, simplemente mira. Solo con la observación estás aprendiendo más sobre él y estás más cerca de entender su mensaje.

- **Pedir permiso**. Recuerda que en el bosque hay que moverse sin prisas, el estrés y la necesidad de ir rápido queda fuera de esta experiencia. Tu atención tiene que estar puesta solo en ese momento y lugar, en este acto de comunicación. Ponte frente al árbol y siente que te da permiso para acercarte, igual que harías con una persona con la que quieres hablar. Extiende tus brazos con las palmas de las manos abiertas hacia él y pon tus pies un poco separados. Si puedes y te apetece descalzarte para sentir la tierra, mejor. Imagina que crecen raíces desde tus pies, que se introducen bajo el suelo y se conectan con el entramado de raíces del árbol. Siente la vibración y cómo se transmite la energía. Inspira profundamente mientras retienes brevemente el aire y capta la señal de bienvenida. Suelta el aire lentamente. Repite varias veces esta respiración mientras sientes lo que sucede. Vuestras energías deberán estar en sintonía.

- **Entrar en conexión**. Puedes aproximarte lentamente. A partir de este momento debes comunicarte utilizando el método que te resulte más cómodo, crear tu propio estilo, el que te resulte más eficaz.

A continuación, vamos a ofrecerte algunas **propuestas**:

– Acércate y pon las palmas de tus manos sobre la corteza del tronco. Siente la vibración de la savia que circula por su interior. Estás tocando una corriente de vida. Absorbe la energía y deja que tu tensión acumulada se vaya eliminando.

– Puedes realizar el ejercicio anterior, pero poniendo una mano sobre el árbol y la otra tocando tu corazón. Observa lo que sientes. Aprovecha para realizar alguna pregunta y conectar con tu interior o simplemente siente el árbol.

– Apoya tu cabeza en el árbol y escucha lo que sucede dentro de su anatomía, capta sus vibraciones.

– Siéntate en el suelo en una postura cómoda y apoya tu espalda en el tronco. Deja que su energía se transmita por tu cuerpo.

– En posición sentada frente al árbol, y con los pies en contacto con el suelo, pon tus manos sobre el tronco. Recibe su energía en tus palmas y siente cómo la tuya fluye a través de tus pies hacia el suelo y conecta con sus raíces. Si realizas la actividad sin calzado eliminas barreras.

– Ponte de pie bajo su copa y siente cómo te llega la energía por los pies desde sus raíces, circula por tu interior recorriendo todo tu cuerpo y asciende desde la parte superior de tu cabeza hacia la copa del árbol creando un circuito de conexión.

• **Despedirse**. Cuando sientas que ha llegado el momento de partir, empieza a desviar poco a poco la atención sobre el árbol y ve centrándote en tu persona. Logra una desconexión paulatina, no brusca. Haz algún movimiento de cierre como dar una palmada o baja la cabeza. Es importante que muestres tu agradecimiento por la energía compartida. Sentirás un momento de paz y bienestar. Si la experiencia ha sido buena y tienes ocasión de visitar de nuevo el mismo árbol, irás viendo cómo la conexión mejora con cada encuentro.

Es fundamental que durante la experiencia de conectar con el árbol tengas en cuenta lo siguiente:

• Acércate con una actitud relajada.
• Centra tu atención en el momento presente.
• Respira profundamente y siente tu respiración.
• Prepárate para comunicarte.
• Entrégate a la experiencia.
• Déjate llevar por tu intuición.
• Mantén una actitud receptiva para sentir cómo el árbol te abre su campo energético y te incluye en él.
• Escucha profundamente al árbol y conecta con él.
• Utiliza todos tus sentidos: percibe los olores, observa las hojas, la luz que se filtra a través de ellas, siente el tacto de tu piel al entrar en contacto.
• Hazle partícipe de tu intención, formúlale una pregunta o simplemente siéntelo.
• Pide permiso, acércate con respeto y muestra tu gratitud al despedirte.

Verás que realizar estas actividades con los árboles aporta una serie de **beneficios**:

• Dan tranquilidad y serenidad.
• Permiten entrar en otra realidad que habitualmente se nos escapa.

- Favorecen una conexión íntima con otro ser vivo y con nosotros mismos.
- Ofrecen una perspectiva nueva a nuestros pensamientos.
- Llenan de energía.
- Ayudan a liberar la tensión acumulada.
- Favorecen la conexión con la naturaleza.

Así que la próxima vez que conectes con un árbol, si percibes que tu unión con él es muy fuerte, abrázalo si sientes la necesidad y es tu forma de expresarte, pero no olvides que no debe ser algo mecánico que haces porque está de moda, lo importante es escuchar y entender el mensaje que te quiere transmitir.

EL VALOR DE LA SILVOTERAPIA

El conocimiento de los árboles y los estudios realizados acerca de sus efectos han demostrado que resultan beneficiosos para nuestra salud. La silvoterapia emplea el **poder de los árboles y su fuerza** con el objetivo de incrementar sus propiedades saludables sobre nuestro organismo. Es un complemento perfecto a otros tratamientos que ayuda a prevenir ciertas enfermedades y sirve para aliviar los síntomas de otras. La influencia del verde al interactuar con nuestros sentidos tiene un poder casi mágico porque **actúa en nuestro bienestar físico y emocional**. Dar un paseo por la naturaleza, al aire libre, tiene un efecto terapéutico en nuestro organismo. Entrar en conexión con el bosque, respirar sus aromas y contemplar la belleza que desprenden todos los seres vivos que lo habitan produce un efecto tranquilizante sobre nosotros, y esa tranquilidad mejora nuestro estado de ánimo y nuestra salud.

Ya hemos visto en capítulos anteriores los beneficios que nos aportan los baños de bosque. Vamos a hacer ahora una rápida revisión sobre algunas de las enfermedades más comunes que padecemos de forma generalizada en nuestra sociedad actual, y cuyos síntomas pueden verse en parte aliviados con esta práctica natural que tiene a los árboles como grandes aliados para mejorar la salud.

EL PODER SALUDABLE DE LO VERDE

Algo tan cotidiano como caminar resulta saludable para nuestro organismo porque activa nuestros sistemas vitales. Por supuesto que lo ideal es que se haga sin prisas y sin ruidos estresantes alrededor que alteren el estado de tranquilidad. Si estos paseos se realizan además al aire libre, en vez de en calles ruidosas o en gimnasios, los beneficios para la salud se multiplican y cuerpo y mente salen reforzados.

Se han realizado **diversos estudios** para medir cómo influye en el ser humano vivir cerca de espacios verdes, pasear por el bosque o parques cercanos a la vivienda con cierta regularidad y rodearse de naturaleza, o reflejos de ella, en los entornos cotidianos. Las **conclusiones** son muy interesantes:

- Los participantes en un estudio señalaron que hacer una ruta de senderismo en la montaña les había resultado menos duro que el ejercicio que habían hecho en una cinta de correr, aunque sus ritmos cardíacos habían aumentado en su paseo por la montaña, y **su estado de ánimo había mejorado** más que cuando entrenaban en el gimnasio.

- En otro estudio se comprobó que las personas que paseaban por zonas tranquilas, como parques, mostraban **mejoras en su salud mental** frente a personas que caminaban por calles ruidosas. Después de realizar un paseo entre naturaleza sus pensamientos no se detenían en aspectos negativos de su vida, como sí lo habían hecho antes de la caminata. Según el mismo estudio, las personas que vivían en ciudades tenían **menos hormonas del estrés** después de pasar un tiempo rodeadas de entornos naturales.

- Vivir en una zona donde hay más verde puede estar relacionado con **vivir más tiempo**, y las enfermedades que conllevan **problemas respiratorios disminuyen.** Factores como menos contaminación atmosférica, más actividad física y mejor salud mental son aspectos que influyen en gran medida en el aumento de la esperanza de vida.

- **Mirar imágenes que contengan árboles y espacios verdes reduce el estrés**. Esto también lo ha corroborado otro estudio, así como que rodearse de plantas en el espacio de trabajo hace que uno se sienta mejor, por lo que se recomienda prestar atención a cómo ambientamos nuestros entornos cotidianos si queremos añadir un poco de tranquilidad a nuestras vidas.

Y es que está demostrado que el verde es un color que mejora la salud de nuestra mente e invita a nuestro cerebro al equilibrio y a la armonía, pues le recuerda al color de la naturaleza, la tranquilidad y la serenidad. Vamos a ver cómo los baños de bosque, la influencia del verde de sus paisajes y el poder de sus árboles tienen efectos que **hacen mejorar** y aliviar los síntomas de **algunas enfermedades** como el estrés, la diabetes, el asma, el insomnio, el *burnout*, la fatiga o el cáncer.

- **El estrés**. Se presenta como una reacción del cuerpo a un desafío o demanda. En ese momento se liberan las hormonas del estrés que hacen que el cerebro esté alerta, los músculos se tensen y el ritmo cardíaco aumente. Si se da en episodios breves, como respuesta a un peligro que nos amenaza y nos permite realizar una acción con rapidez, resulta positivo e incluso necesario para proteger nuestro cuerpo. El daño se produce cuando se mantiene durante más tiempo del necesario, incluso cuando ya ha desaparecido la causa estresante que lo ha provocado, lo que puede desembocar en episodios de ansiedad.

Existen dos **tipos de estrés**: el **estrés agudo**, que es el que padecemos a corto plazo y desaparece rápidamente, por ejemplo, si alguien aparece de manera improvisada ante nosotros, tenemos una discusión puntual o practicamos un deporte que implica un cierto riesgo. En alguna ocasión todo el mundo experimenta una situación de este tipo. Otro tipo de estrés es el **estrés crónico**, que se extiende durante un periodo de tiempo más largo. Aparece cuando se tienen problemas prolongados en una relación, tanto personal como laboral, o económicos, por ejemplo. Si el estrés se mantiene durante semanas o meses se convierte en crónico y puede incluso que nos acostumbremos a vivir con él y no seamos capaces de ver que supone un peligro. El estrés crónico puede causar **problemas de salud** como tensión alta, insuficiencia cardíaca, diabetes, obesidad, depresión, ansiedad o problemas en la piel. Hay **síntomas físicos y emocionales** que tienen en su origen el estrés, como episodios de diarrea y estreñimiento, dolores y achaques frecuentes, mala memoria, falta de energía, rigidez en el cuello y la mandíbula, alteraciones del sueño, molestias de estómago, pérdida o aumento de peso, etc.

En este punto es donde los baños de bosque vienen en nuestro auxilio, para ayudarnos a buscar el equilibrio interior, dejar los problemas cotidianos a un lado, centrarnos en el presente y aliviar nuestra tensión gracias a la tranquilidad de disfrutar de la brisa del aire fresco acariciando nuestra piel, escuchar los susurros del viento o contemplar la variedad de colores y el juego de luces que se produce al filtrarse el sol entre las hojas de los árboles. En resumen, respirar profundo y llenar nuestros pulmones de aire puro, y de fitoncidas e iones negativos si hemos escogido una ruta adecuada. Poner en práctica esta actividad de manera regular, no menos de una vez por mes, aunque lo ideal es hacerlo una vez por semana, es clave para empezar a notar una mejoría, así como para prevenir la aparición del estrés si tenemos la suerte de no padecerlo.

- **La diabetes**. Es una enfermedad en la que los niveles de glucosa o de azúcar en sangre están muy altos. La insulina es una hormona que se produce en el páncreas y que ayuda a regular las concentraciones de glucosa para que cumpla su función de entrar en las células y suministrarles energía y no se acumule en la sangre.

Existen dos **tipos de diabetes**: la **diabetes tipo 1**, en la que el cuerpo no produce insulina, y la **diabetes tipo 2**, en la que el páncreas no produce la suficiente insulina o esta no funciona de manera adecuada. Con el tiempo, el exceso de glucosa en la sangre puede afectar a los ojos, riñones, nervios, piel, corazón y vasos sanguíneos.

Algunos de los **síntomas** de la diabetes son el aumento de la sed y las ganas de orinar, más apetito, fatiga, visión borrosa, hormigueo en manos o pies, úlceras que no cicatrizan o pérdida de peso sin una causa aparente. La diabetes tipo 1 puede aparecer rápidamente, en cuestión de semanas, debido a causas genéticas, pero el tipo 2, que es la forma más común de la enfermedad, es posible que progrese despacio e incluso que vaya desarrollándose sin mostrar grandes síntomas. Además de la predisposición genética, aparece debido a varios factores, entre ellos el estilo de vida, tipo de alimentación, inactividad física y tendencia al sobrepeso.

Sin olvidar la medicación correspondiente, caminar ayuda a controlar la diabetes tipo 2. Pasear 45 minutos diarios es lo mínimo, pero lo recomendable es dar paseos de al menos 90 minutos. Dar unos 10 000 pasos al día ayuda a que los músculos consuman glucosa y a que se queme grasa, lo que contribuye a bajar de peso y a mejorar la sensibilidad a la insulina. Ayuda además a reducir el estrés, otra de las causas que provocan el aumento del azúcar en la sangre, un motivo más para darse un baño de bosque.

• **El asma**. Afecta a las vías respiratorias que llevan el aire hacia los pulmones. Se trata de una enfermedad pulmonar crónica en la que los conductos respiratorios pueden inflamarse y estrecharse, lo que puede causar tos y opresión en el pecho. El asma tiene su origen en causas genéticas o ambientales y es muy importante conocer qué tipo de asma se padece para evitar ponerse en contacto con el componente que puede desencadenarla.

Hay varios **tipos de asma**: el **asma alérgica**, que la causan alérgenos como ácaros del polvo, moho, mascotas o polen, por ejemplo;

el **asma no alérgica**, que tiene otros desencadenantes no alérgenos como respirar aire frío, ciertos medicamentos o productos químicos domésticos, infecciones como resfriados y gripe, contaminación exterior del aire, humo del tabaco, etc.; **el asma inducida por el ejercicio**, que se produce durante una actividad física, especialmente si el aire está seco; y el **asma ocupacional**, desencadenada por respirar algunas sustancias químicas industriales en el trabajo.

Los principales **síntomas** del asma son la tos, especialmente por la noche o temprano en la mañana, opresión en el pecho, problemas para respirar y sibilancia, que produce una especie de silbido al exhalar. Pueden presentarse todos los días o solo de vez en cuando y tener un carácter de leve a grave, según las circunstancias.

Las zonas verdes alejadas de espacios urbanos tienen un grado de contaminación más bajo, lo que resulta especialmente beneficioso para el sistema respiratorio. Las fitoncidas que desprenden los árboles llegan directamente a los pulmones a través de las vías respiratorias. Son muy saludables para los bronquios. El bosque, además, tiene una humedad constante que no sufre variaciones bruscas y favorece la expectoración y la disminución del ritmo cardíaco, evita la sequedad de los bronquios y propicia una ligera dilatación de los vasos sanguíneos.

• **El insomnio**. Es un trastorno del sueño muy común en el que se tiene problemas para dormir y que imposibilita un sueño de calidad, con lo que al levantarse puede ser que la sensación de cansancio persista. Dormir mal hace que la persona se sienta ansiosa, deprimida o irritable.

Hay diferentes **tipos de insomnio**: el **insomnio agudo** es muy común y tiene una duración relativamente corta, de unos días o pocas semanas, y se produce debido a algún episodio puntual de estrés en el trabajo o en la vida personal; el **insomnio crónico** tiene una larga duración de un mes o más. Este puede ser **crónico primario** si se debe a un estrés que se prolonga en el tiempo o **crónico secundario** si es el efecto secundario de otro problema como una enfermedad, el consumo de algunos medicamentos o la ingesta de estimulantes como cafeína, tabaco o alcohol.

Entre los **síntomas** que se manifiestan está el de permanecer en la cama en estado de vigilia mucho tiempo antes de poder conciliar el sueño, estar despierto largos periodos de la noche y dormir solo por espacios breves de tiempo, despertarse muy temprano y tener la sensación de no haber dormido nada.

La falta de sueño puede provocar que aumenten los niveles de cortisol en el cuerpo, igual que ocurre con un nivel de estrés alto. Cambiar el estilo de vida e introducir hábitos saludables que favorezcan el sueño pueden aliviar el insomnio agudo. Hacer un poco de ejercicio moderado y practicar baños de bosque ayudan a relajar cuerpo y mente, reducen el estrés y contribuyen a mejorar el sueño. Los olores que desprenden los árboles favorecen la activación del sistema nervioso parasimpático y producen efectos saludables sobre el organismo. Cuando se busca la tranquilidad y la serenidad hay que elegir rutas donde se encuentren árboles como robles o hayas, con hojas que presenten una superficie amplia, no con forma acicular, pues ayudan a encontrar la paz interior. Con problemas de insomnio hay que evitar los bosques de árboles resinosos como los pinos, pues son estimulantes.En los días posteriores a la práctica del baño de bosque la calidad del sueño mejora y este tiene un efecto reparador.

• **El *burnout*** (o síndrome de desgaste profesional). Se da cuando un profesional siente que hay una gran diferencia entre sus ideales laborales y la realidad de su vida en el trabajo, lo que le provoca impotencia y desesperación, una sensación de que las tareas que hay que realizar le desbordan y un sentimiento de gran peso

123

emocional. Se puede detectar en señales como agotamiento físico y mental, despersonalización o frialdad afectiva, conductas negativas hacia compañeros, sentimientos de baja realización personal y reducción de la eficacia laboral.

Tiene **consecuencias para la salud emocional y física del profesional** y puede llegar a provocar **trastornos de conducta**, como descontrol de impulsos, trastornos alimentarios y agresividad; **trastornos emocionales**, como baja autoestima, depresión, ansiedad y déficit de atención; **síntomas conductuales defensivos**, como negación de la realidad o las emociones, ironía, cinismo, frialdad afectiva y deshumanización; y **síntomas físicos,** como fatiga, insomnio, alteraciones gastrointestinales, cefaleas y migrañas, trastornos cardiovasculares y trastornos del sueño.

Para aliviar este síndrome es bueno practicar técnicas de relajación y atención plena que ayuden a conectar interiormente para encontrar esa paz, practicar algo de ejercicio moderado y descansar con sueño de calidad. Acercarse a la naturaleza ayuda en todos estos aspectos, permite recuperar la tranquilidad perdida y desconectarse de ordenadores y pantallas y de todo lo que tiene que ver con el estrés diario. Una vez en el bosque no hay que perder la oportunidad de hacer respiraciones profundas que llenen los pulmones de aire puro y disfrutar del placer que supone dedicarse tiempo a uno mismo. Si se padece este síndrome, no bastará con acudir de vez en cuando al bosque. Para notar una mejoría significativa habría que ir un mínimo de dos días por semana.

• **La fatiga**. Es normal sentir fatiga de vez en cuando. No descansar bien una noche, o tener algunos días de trabajo extra pueden provocar esta sensación, que desaparece tras una buena noche de sueño reparador. Si la fatiga se extiende en el tiempo y llega a durar semanas es necesario averiguar cuál es la causa que la está originando. Hay problemas médicos, tratamientos o determinados hábitos que pueden generarla, por ejemplo, tomar algunos medicamentos como antidepresivos, antihistamínicos o para calmar el dolor, tratamientos como la quimioterapia y la radiación, haber pasado por una operación de cirugía, tomar demasiado alcohol o cafeína, padecer depresión o ansiedad, etc. Ante estos problemas, para practicar un baño de bosque, en este caso lo ideal es buscar una ruta que contenga coníferas, por ejemplo, pinos, para recuperar la falta de energía, pues las agujas de esos árboles proporcionan un efecto muy tonificante y ayudan en momentos en que esta se encuentra con índices muy bajos.

- **El cáncer**. Las células sanas del organismo se multiplican cuando el cuerpo las necesita y mueren cuando resultan dañadas y son eliminadas. Cuando una célula sufre una alteración genética puede crecer fuera de control y no morir de manera natural. El cáncer se produce por un **crecimiento descontrolado de células anormales** en el cuerpo. Nuestro sistema inmunitario tiene unas células defensivas, nombradas a veces como células asesinas (*natural killers*, NK), que se encargan de neutralizar estas células anómalas sin dañar las células sanas. Son indispensables para mantener la salud de nuestro organismo. Cuando este equilibrio se rompe, y el cuerpo no es capaz de frenar este crecimiento incontrolado, es cuando se aplican tratamientos médicos específicos según el tipo de cáncer desarrollado, el tejido que se encuentre afectado y la fase en la que se encuentre la enfermedad. Se ha avanzado mucho en su investigación aunque todavía queda mucho por investigar.

En un primer estudio realizado en 2007 acerca de los beneficios que proporcionan los baños de bosque, se observó que un grupo de personas que pasearon dos horas durante un periodo de dos días mostraron un aumento del 50 por ciento en los niveles de células NK. Otro estudio, realizado por el Dr. Li en 2008, sugiere además posibles beneficios contra el cáncer, como la producción de proteínas anticancerígenas, que se mantuvieron en el cuerpo más de una semana después de haber realizado un baño de bosque de tres días. Se cree que la acción de las fitoncidas y el descenso de las hormonas del estrés que se produce en el cuerpo tras esta práctica están detrás de este aumento de actividad de las células NK. Estos primeros resultados abren una nueva ventana de investigación, y proporcionan a los baños de bosque un papel interesante en el cuidado de la salud y prevención de enfermedades.

CADA ESPECIE APORTA SU VALOR

Un bosque arropa y protege. Crea un espacio bajo sus copas que ofrece confort al que se cobija bajo ellas. Nos **guarece del viento** que azota a los espacios abiertos que se encuentran a la intemperie; nos **ofrece temperaturas más suaves** de la que hay fuera de sus límites, pues es capaz de regularla gracias a su capa de vegetación, de modo que en momentos fríos del día o del año nos aporta un poco más de calor, y en estaciones calurosas nos da cobijo con su sombra y nos alivia de las temperaturas excesivas, proporcionando espacios en los que disfrutamos de unos cuantos grados menos; las hojas tienen **un efecto paraguas** que desvía el agua de lluvia cuando caen precipitaciones con algo de fuerza, y en verano **proporcionan siempre humedad** gracias a la transpiración que tiene lugar en ellas. Este confort y bienestar es algo que nos ofrece el bosque en su conjunto. Cuando estudiamos con más detalle, descubrimos que muchas especies arbóreas **nos brindan recursos medicinales** que pueden mejorar nuestra salud y aliviar algunos síntomas de muchas enfermedades. El listado es muy largo, así que aquí solo vamos a hacer un repaso muy somero por algunas de las **especies más conocidas** para que sirvan **a modo de ejemplo**. Si investigas un poco más, te sorprenderás de todo lo que los árboles pueden hacer por tu salud.

Asesórate siempre por un especialista y no juegues a hacer experimentos si no dominas la materia. A continuación, se habla de algunos usos medicinales reconocidos de determinadas especies con una intención meramente informativa.

ROBLE

Es un árbol de gran porte, copa ancha y de madera bastante dura. El tronco es grueso y con una corteza grisácea que según va envejeciendo se va abriendo en surcos profundos. Las hojas tienen forma ovalada, de lóbulos redondeados y su fruto es la bellota, que cuelga de una especie de pedúnculos de las ramas, y contiene fécula, azúcares, grasa y taninos. Tienen una distribución amplia por todo el hemisferio norte. Necesita buen espesor de tierra, rica en nutrientes, fresca y húmeda, para hundir profundamente sus raíces.

En la cultura celta el roble tiene un papel muy importante. Era apreciado por los druidas, que oficiaban ceremonias bajo su copa. Se dice que escuchaban el susurro de las hojas del roble para interpretar los mensajes y saber qué hacer. Las hojas se utilizaban también como ingrediente para pociones, rituales de protección y purificación. Representa un **símbolo de fuerza y justicia**. Crece lentamente, alcanza su desarrollo a los 200 años y puede llegar a vivir 1 600 años.

En los baños de bosque se utiliza para **encontrar la serenidad**. Representa el valor de **mantenerse en pie pese a las adversidades**, gracias al equilibrio que presenta en sus raíces, profundamente arraigadas, y en sus ramas.

Por sus **propiedades**, del roble se emplean las yemas, la corteza de las ramas jóvenes, las hojas, las raíces y las bellotas. Es rico en taninos, flavonoides y pectina. Las **hojas** secas se utilizan en infusiones y las **raíces** en decocción. La **corteza** se emplea en polvo o seca para decocción, macerado, y también en extracto líquido. Es astringente y un tónico para el tubo digestivo. Las **agallas** las produce el propio árbol ante la picadura de un insecto que hace su puesta de huevos sobre él, y secas se emplean en infusiones, también en decocción y en polvo para aplicar sobre heridas o úlceras. Son muy apreciadas por su riqueza en taninos.

Entre los **usos medicinales del roble** se encuentran:

- **Uso antidiarreico**. Para diarreas por gastroenterocolitis e intoxicaciones alimentarias. Se administra la decocción por vía oral junto con salicaria y agrimonia.
- **Cuidado y cicatrización de heridas**, eccemas y quemaduras. Se prepara una decocción del roble combinada con tomillo y milenrama para aplicar sobre la zona.
- **Tratamiento de hemorroides**. Se utiliza la decocción de la corteza del roble con otras plantas astringentes y se aplica mediante compresas.
- Tiene efectos **antiinflamatorios, antisépticos y antipiréticos**, por lo que resulta adecuado en casos de faringitis, amigdalitis y estomatitis.
- Actúa también como **homeostático** en caso de hemorragias nasales y gástricas.
- **Fatiga**. El macerado de los brotes son un tonificante del organismo muy útiles en caso de fatiga tanto física como psíquica.

Su alto contenido en taninos **puede ocasionar vómitos** en personas muy sensibles, por lo que se recomienda **ingerir con alimento en el cuerpo** y no en ayunas.

PINO

El pino es una conífera muy extendida por el mundo. El pino silvestre forma bosques densos y a menudo se encuentra en compañía de haya y robles. Tiene un gran porte –puede llegar a medir 30 m de altura– con un tronco rojizo y un ramaje que crece formando diferentes pisos con una copa cónica en las especies jóvenes y más irregular según pasan los años. Las hojas tienen forma de aguja punzantes de tres a siete centímetros de longitud y de color verde azulado. Presenta las flores masculinas y femeninas en las mismas ramas; las primeras se sitúan cerca de la base y son rojas y las segundas son amarillas y se sitúan en las puntas. Las piñas son pequeñas y ovoides y los piñones tienen un ala con la que se desplazan por el aire. Solo da fruto cada dos o tres años. Crece en suelo de montaña y le gusta la presencia del sol. Resiste la sequía y los inviernos fríos, pero no soporta la contaminación ni convivir con otras especies que le superen en altura.

En días de invierno soleados el aroma de su resina y de las agujas **ayuda a respirar mejor**, es muy saludable para reforzar el sistema respiratorio y por eso su presencia es muy apreciada **en los baños de bosque**.

Por sus grandes propiedades medicinales, del pino se emplean tanto las **yemas** para infusiones o inhalaciones, como las **hojas** en infusión y la **corteza** de ramas jóvenes en decocción. Se utilizan también en forma de aceite esencial, tinturas, extractos líquidos y cápsulas. El pino tiene propiedades antisépticas, antivirales y es un buen expectorante. Ayuda a reducir la fiebre y activa el sistema inmune.

Entre los **usos medicinales del pino** se encuentran:

- **Tratamiento de afecciones respiratorias**. Gracias a su poder expectorante, el uso de vahos de yemas de pino ayuda a despejar la garganta y descongestionar los pulmones en caso de bronquitis, sinusitis, faringitis y, en general, en procesos gripales y asmáticos.
- **Retenciones de líquidos e infecciones urinarias**. Combinado con otras plantas diuréticas, como cola de caballo, favorece la eliminación de líquidos y alivia procesos infecciosos de las vías urinarias.
- **Dolores musculares y reumáticos**. Se emplea en procesos que cursan con inflamación, como lumbago o ciática. También se utiliza en casos de gota o artrosis. Tanto en su uso interno como externo –en friegas o baños– ayuda a aliviar los dolores asociados a estas patologías.
- **Dolencias bucales**. Los enjuagues bucales de pino ayudan a reforzar encías débiles y evitan su sangrado. Combinado con corteza de encina, hojas de lentisco y tomillo mejora su eficacia.
- **Fatiga**. Debido a su poder tonificante del sistema sanguíneo es muy útil en casos de fatiga o principio de depresión.

Hay que **evitar dosis altas o inhalaciones prolongadas** porque **puede provocar estados nerviosos** debido a su poder estimulante. El **aceite esencial no debe ingerirse** por vía interna. Es aconsejable tener cuidado con la infusión de hojas y corteza, pues puede producir **inflamación gástrica**.

ABEDUL

Puede llegar a medir hasta 30 metros de altura. Su corteza es de color blanco, casi plateado, y resulta muy eficaz para encender fuego, ya que por su alta concentración en resina puede arder incluso cuando se encuentra mojada. En los ejemplares jóvenes la corteza es fina y el tronco suele ser liso. Las hojas tienen forma ovoide y cuelgan de ramas flexibles, ligeramente colgantes. Sobre el mismo árbol crecen tanto las flores masculinas como las femeninas. Al envejecer, el tronco cambia y presenta una superficie con grietas. Crece en lugares húmedos, aunque no en altitudes elevadas del hemisferio norte.

Es un árbol que en diferentes culturas se asocia con la sabiduría y la esperanza. Tiene un crecimiento rápido y simboliza la fuerza de la vida. El abedul es una **especie perfecta** para disfrutar de ella **en los baños de bosque**. La textura suave de su corteza, que se va llenando de grietas y surcos según van pasando los años, el color blanco del tronco, sus ramas agitándose con el viento y sus hojas que cambian de color con las estaciones son un ejemplo poderoso de fluidez y movimiento. Si te atreves a probar sus hojas más tiernas notarás un sabor a resina con un cierto toque amargo. Estar cerca de ellos tiene efectos beneficiosos en casos de hipertensión y en personas con problemas cardiovasculares.

Tanto la **corteza** como la **savia**, **hojas** y **yemas** son muy apreciadas para elaborar productos ecológicos, de cosmética y alimentación. La corteza posee **propiedades** antipiréticas y antiinflamatorias, la savia tiene un poderoso efecto antiséptico, por eso se utiliza como enjuague bucal, y las hojas y yemas son ricas en flavonoides y taninos y tienen efectos diuréticos, depurativos y antisépticos.

Entre los **usos medicinales del abedul** destacan los siguientes:

- **Baja la fiebre**. Este efecto se consigue con infusiones o decocciones de la corteza. Es muy útil en catarros y resfriados.

- **Diurético**. Ayuda a la eliminación de líquidos del cuerpo sin producir desmineralización. Para ello son buenas las infusiones de hojas y yemas, porque además estimula el funcionamiento renal y previene la formación de cálculos renales.
- **Antimicrobiano**. Sus hojas y savia tienen propiedades antisépticas y se pueden usar tanto para el uso externo, en tratamientos de llagas y heridas, como en caso de procesos infecciosos como los urinarios.
- **Antiinflamatorio**. Útil en procesos internos o externos que cursan con inflamación, como colitis, gastritis, artritis, dermatitis o reuma.
- **Reduce el colesterol**. Las propiedades diuréticas y depurativas de las infusiones de hojas y yemas tienen efecto en la disminución del nivel de colesterol y en la bajada de peso.
- **Afecciones de la piel**. Las infusiones son buenas también para mejorar el acné, la celulitis o eccemas de la piel.

La savia del abedul se consume diluida y las hojas, yemas y cortezas se emplean para hacer infusiones, que además de ingerirse se pueden utilizar en compresas sobre la piel o mucosas.

CEDRO

Es un árbol de hoja perenne que puede llegar a superar los 30 metros de altura y crecen entre los 1 000 y 2 000 metros de altitud, aunque no es de crecimiento rápido. El tronco es grueso en su parte baja y las ramas están ligeramente caídas en la zona inferior y extendidas en horizontal en la copa. Las hojas son perennes y presentan formas de agujas delgadas de color verde y de unos cuatro centímetros de largo. Los conos tienen una forma esférica. El fruto es una cápsula de muchas semillas aladas. El cedro se desarrolla en climas cálidos y húmedos con una estación seca bien definida. El suelo debe ser profundo y bien drenado para que pueda anclar bien sus raíces y vivir durante mucho tiempo, pues son longevos y pueden llegar a los 2 000 años. Su madera es muy apreciada. Presenta un color rojizo, es compacta y aromática. En la antigüedad los egipcios utilizaban los **aceites resinosos** del cedro para elaborar perfumes y en procesos de embalsamamiento.

Raíces y cortezas se utilizan en infusiones y las **hojas** se recolectan para extraer su esencia. Algunas se conservan frescas y otras se secan para que duren más. Se colocan en zonas soleadas y luego se almacenan en lugares sin humedad y a la sombra. También se guardan en tarros de cristal cerrados herméticamente. Se utiliza en emplastos, bálsamos e infusiones. El **aceite esencial de cedro** se obtiene de la destilación de la madera y tiene muchas propiedades: tonifica la piel, favorece la circulación sanguínea y tiene efectos beneficiosos sobre el cuero cabelludo.

Entre los **usos medicinales del cedro** se encuentran:

- **Procesos bronquiales y catarros**. Existen infusiones que utilizan raíces y cortezas y que se utilizan para aliviar problemas en las vías respiratorias causados por enfriamientos.
- **Tratamientos de la piel y el cabello**. Al tener propiedades antiinflamatorias y antifúngicas permite actuar sobre eccemas y dermatitis reduciendo la descamación de la piel y protegiendo de infecciones. Sus propiedades antisépticas permiten utilizarlo para cuidar heridas leves y, como favorece la circulación sanguínea, estimula también los folículos capilares de modo que ralentiza la caída del cabello y potencia su crecimiento.
- **Efecto relajante**. El uso del aceite esencial ayuda a relajar cuerpo y mente, reconforta y mejora la autoestima. Es especialmente útil para aliviar la tensión nerviosa también se emplea en casos de hiperactividad.
- **Diurético**. El aceite de cedro aumenta la frecuencia de ir a orinar y esto permite eliminar con más facilidad las toxinas que se encuentran en el interior del cuerpo.

En el caso de usar el aceite esencial **no se debe aplicar nunca directamente sobre la piel,** es necesario diluirlo primero y antes de utilizarlo hay que hacer una pequeña prueba para **observar posibles reacciones alérgicas. Recuerda que debes consultar con expertos y actuar con precaución.**

ARCE

Se distingue fácilmente por sus hojas caducas, que crecen en pareja a lo largo de la rama y que en el transcurso de las estaciones van cambiando de color. En Canadá son la imagen central de su bandera y su símbolo nacional. Las flores surgen en racimos y sus frutos son también muy característicos, pues nacen en parejas unidas que al desprenderse van girando movidos por el viento y esparciendo las semillas, provistas de un par de «alitas», que vuelan muy lejos del árbol original. La corteza de este árbol puede desprenderse fácilmente y, cuando lo hace, se enrolla sobre sí misma. Habitan en climas frescos y húmedos y tiene más de 160 especies descritas que se extienden por todo el mundo.

En los **baños de bosque**, acercarse a un arce **proporciona energía**, por lo que es muy recomendable cuando se está en proceso de recuperación de alguna enfermedad y se necesita algo de vitalidad. En casos de reumatismos o de infecciones pulmonares suponen un estímulo para el organismo.

De su **savia** se obtiene el **jarabe de arce**, un azúcar natural que contiene minerales esenciales –como manganeso, calcio, potasio, hierro, cinc y magnesio– y vitaminas. Posee una gran cantidad de antioxidantes y ayuda a las células a absorber glucosa a mayor velocidad, con lo que reducen el estrés oxidativo, una de las causas principales de la diabetes tipo 2, las enfermedades cardiovasculares y la obesidad. El macerado de yemas de arce es útil como complemento en **tratamientos del colesterol**, para personas que padecen **arteriosclerosis** además de ayudar a **drenar el sistema circulatorio** y las toxinas del organismo.

El agua de arce es un líquido transparente que fluye del árbol a principios de la primavera y que se extrae de su tronco. Estos árboles toman agua del suelo, la filtran a través de sus raíces y van recogiendo nutrientes almacenados en su interior. Las personas que beben agua de arce se benefician de la hidratación que proporciona esta bebida.

Entre las **virtudes y usos del agua de arce** destacan los siguientes:

- Es una bebida dulce que contiene muchas vitaminas, minerales, antioxidantes, polifenoles, enzimas, probióticos y electrolitos, con menos contenido en azúcar que otras bebidas refrescantes. Contiene más de un 96 por ciento de agua, por lo que algunos **deportistas** la toman durante los entrenamientos.
- Cada vez es más apreciada en diferentes **usos culinarios** como té, café, cócteles, batidos, cocción de verduras, salsas, sopas o guisos.
- Gracias a los minerales, aminoácidos y compuestos fenólicos que contiene ayuda a rehidratarse a más velocidad que el agua sola, con lo que **alivia en los procesos de resaca** tras la ingesta de alcohol. En cualquier caso, lo recomendable es no ingerir bebidas alcohólicas.

Las personas que sufren de sensibilidad al polen y a las nueces deben **tener cuidado** al consumir savia de arce, pues puede contener **alérgenos** similares y causar reacciones adversas.

AVELLANO

Es un árbol que alcanza entre los tres y ocho metros de alto y presenta una copa muy extendida de forma irregular. Su corteza es pálida o gris y con muchas estrías. Las hojas son redondeadas con bordes aserrados y sus flores nacen antes que las hojas a principios de la primavera. Flores masculinas y femeninas conviven en la misma yema. El fruto es la avellana, un fruto oleaginoso muy rico en proteínas y en lípidos. Crece en climas templados con un cierto grado de humedad y espacios soleados, aunque es capaz de soportar inviernos fríos. Hay documentación que refleja que su cultivo ya existía en el siglo IV a. C., y se han encontrado restos fósiles que indican que su existencia puede ser incluso anterior.

Es un árbol perfecto para la meditación, aporta **tranquilidad y sabiduría.** Su naturaleza flexible y a la vez resistente le convierte en una fuente de inspiración. Es también un símbolo de la reproducción y de la fecundidad. Acercarse y conectar con ellos en los baños de bosque proporciona energía renovada.

Las **propiedades** de sus **frutos** son las más conocidas por sus componentes nutritivos, aunque también se obtienen muchos beneficios de otras partes del árbol como **hojas**, que tienen propiedades vasoconstrictoras, antiinflamatorias y cicatrizantes, **corteza**, que puede usarse para detener hemorragias y diarreas, y **yemas**, muy útiles para problemas respiratorios.

Entre los **usos medicinales del avellano** se encuentran:

- **Anemia**. El fruto del avellano contiene casi un 65 por ciento de aceite, por lo que es uno de los frutos secos más nutritivos y con más minerales. Tomar unos 25 gramos al día puede ayudar a restablecer el organismo en casos de anemia.
- **Hemorragias y diarreas**. La corteza tiene taninos, aceites y alcoholes que por sus principios astringentes ayudan a detener algunos episodios moderados de hemorragias y diarreas. Para ello se realiza una cocción de la corteza que luego se filtra y endulza.
- **Desinfección de heridas y tratamientos vasoconstrictores**. Las hojas de avellano tienen taninos y flavonoides que sirven para el tratamiento de vasos sanguíneos. En infusiones se pueden utilizar para desinfectar heridas y tratar llagas y úlceras en la piel gracias a su efecto cicatrizante. También sirven para tratar casos de varices y hemorroides, así como el exceso de menstruación.
- **Lombrices intestinales.** El aceite de avellana sirve como vermífugo suave y facilita la eliminación de lombrices intestinales.
- **Problemas respiratorios**. El macerado de brotes de avellano ayuda en procesos que cursan con problemas respiratorios como alergias, bronquitis o asma.

ENEBRO

El enebro tiene una corteza rojiza y sus hojas tienen forma de aguja, son punzantes y de un bonito color verde azulado. Es un árbol dioico, por los que las plantas se separan en miembros femeninos y masculinos. Las frutas son bayas con forma de bolita que tardan dos años en madurar y presentan un color azul oscuro casi negro. Crece en laderas, en zonas soleadas y se adapta a las altas temperaturas a la vez que soporta bien las temperaturas invernales. Las **bayas de enebro** siempre se han considerado un magnífico remedio para múltiples afecciones. Tienen propiedades antibacterianas, antiinflamatorias, diuréticas, antioxidantes y analgésicas. Se pueden utilizar para uso interno en infusiones, y de forma externa en tinturas, aceites y pomadas. Actualmente también se utilizan en la cocina y para la fabricación de aguardiente.

Entre los **usos medicinales del enebro** se encuentran:

- **Cuidado del sistema vascular**. Actúan sobre el corazón y el sistema nervioso como antiinflamatorio. Pueden favorecer la regulación de los ciclos menstruales.
- **Reduce los niveles de colesterol**. Sus propiedades antioxidantes ayudan a reducir los niveles de colesterol.
- **Mejora el proceso digestivo**. Facilita el control de la bilis y la cantidad de ácidos en el estómago, a la vez que aumenta la velocidad de absorción de las proteínas, por lo que las paredes gástricas están más protegidas. Reduce también la acumulación de gases.
- **Favorece el drenaje del hígado**. El macerado de los brotes de enebro facilita el drenaje del hígado y también de la vesícula biliar. Puede ayudar en crisis hepáticas y en tratamientos de cálculos vesiculares. Se puede utilizar después de recibir dosis de quimioterapia para favorecer la regeneración del cuerpo. Ayuda a eliminar deshechos orgánicos y se puede emplear durante curas breves, no de manera continuada.
- **Evita la retención de líquidos**. Sus propiedades diuréticas evitan la retención de líquidos y su ingesta tiene efectos favorables en casos que presenten cálculos en el riñón o ataques de gota.
- **Protege la piel**. Aporta gran cantidad de nutrientes y vitamina C, de modo que disminuye el efecto de los radicales libres sobre la piel. Gracias a sus propiedades antisépticas ayuda también en el tratamiento y eliminación de herpes cutáneos, acné y otras enfermedades dérmicas.

Aunque se trata de un producto natural, lo mejor es **no abusar de su consumo** ni hacerlo durante un tiempo superior al recomendado. Su ingesta no está recomendada para embarazadas o niños menores de 10 años.

ABETO

Su altura es variable. Puede medir desde 10 metros hasta 60 metros, por lo que a veces parece desaparecer en el cielo. Su corteza es ligeramente blanquecina, lisa y con vesículas resinosas. En los ejemplares más viejos es de color más oscuro y aparece ligeramente resquebrajada. Sus hojas, en forma de aguja no punzante, están unidas a la rama por un pie similar a la forma de una ventosa. Flores masculinas y femeninas crecen sobre el mismo árbol. Sus frutos son conos cilíndricos que permanecen erectos sobre las ramas cerca de la parte superior y no se desprenden de ellas, sino que liberan directamente los piñones.

En la cultura celta era el símbolo del triunfo de las fuerzas de la luz sobre las tinieblas y representaba la esperanza de la renovación. Tiene un fuerte olor a resina. Sus aceites esenciales y resinas tienen en boca un sabor suave y permanente. Es un género muy importante para tener en cuenta en los baños de bosque por sus **efectos vigorizantes y tonificantes**, incluso en invierno.

La **corteza** es muy rica en taninos y de las vejigas corticales se obtiene la trementina, un líquido resinoso y de sabor amargo. Las **hojas** tienen una gran cantidad de esencias, además de glucósidos. De las **yemas** se obtiene el limoneno y el alfa pineno. Los brotes de abeto son muy buenos para regenerar el hueso en todos los casos de desmineralización, como osteoporosis, fractura del cuello del fémur, etc.

Entre los **usos medicinales del abeto** destacan los siguientes:

- **Antiinflamatorio**. Se utiliza por vía interna en infusiones con efecto balsámico, muy recomendado en afecciones catarrales y gripales, en las que se produce sinusitis, faringitis, bronquitis, y también en casos de asma.

- **Diurético y antiséptico**. Se emplea en casos de inflamación de la vejiga o episodios de cistitis.
- **Dolores reumáticos**. La esencia de trementina se aplica por vía externa y fricción para aliviar dolores causados por afecciones reumáticas, procesos de artritis o lumbalgias.
- **Cicatrizante**. Por vía externa se utiliza sobre abscesos.

Hay que comprobar que **no se presentan alergias** a la trementina antes de entrar en contacto con esta sustancia.

QUEBRACHO
Fue declarado el «Árbol Forestal Nacional» en Argentina. Logra alcanzar una altura de 10 a 25 metros y necesita temperaturas elevadas y mucha luz solar para su desarrollo. Sus raíces son profundas, el tronco crece recto y la copa tiene forma de cono invertido. Se desarrolla sobre todo en suelos arcillosos. La madera es de color castaño o rojizo y es dura, fuerte y muy resistente a la humedad. En el pasado se utilizó como materia prima para curtir cueros. Se emplea principalmente para extraer taninos.

La **madera y la raíz** poseen propiedades astringentes. La **corteza seca** tiene actividad antimicrobiana y cocida tiene efectos antiinflamatorios, cicatrizantes y antisépticos. Las **hojas** se utilizan en el tratamiento de heridas en la piel y la **savia** también se consume en infusiones.

Entre los **usos medicinales del quebracho** se encuentran:

- **Tratamiento de diarreas**. Gracias a las propiedades astringentes de la raíz se utiliza en problemas digestivos que causan procesos diarreicos.
- **Desinfección de heridas**. Las hojas reblandecidas en agua caliente se aplican sobre heridas para lograr su desinfección y cicatrización. También se usan para curar verrugas.
- **Problemas de micosis**. La decocción e infusión de savia se emplea para tratar problemas de micosis.

ARAUCARIA

Es el árbol nacional de Chile. También conocido como *Pehuén*, es una conífera endémica declarada Monumento Natural. Es una especie de desarrollo lento, muy longeva, pues puede alcanzar los 1000 años de edad y llegar a medir 50 metros de altura. El tronco es recto y cilíndrico y su corteza es rugosa, de color gris oscuro o rojizo y de gran grosor. Las hojas son coriáceas y resinosas. Tienen unos cuatro centímetros de longitud y terminan en una espina en la punta. Crece sobre laderas volcánicas en bosques subantárticos lluviosos y de climas templados de América del Sur, como Chile y Argentina. En el pasado, los bosques de araucaria se explotaban para extraer la madera que se utilizaba en construcción, en carpintería de muebles y en revestimientos interiores y exteriores. Actualmente se considera una especie amenazada debido a los incendios, la tala ilegal, la sobreexplotación de sus semillas y al cambio climático que están reduciendo la extensión de sus bosques.

Uno de los principales usos del árbol es el que se da a su fruto, el **piñón**. Es rico en fibra, carbohidratos y grasas. Se puede consumir crudo y procesado en harinas de piñón que se emplean en la preparación de galletas, bombones, cerveza, mermeladas y puré. Los pueblos originarios también empleaban la **resina** para curar úlceras de la piel y en el tratamiento de contusiones.

Entre los **usos medicinales de la araucaria** se encuentran:

- **Prevención y tratamiento de enfermedades**. Como el cáncer colorrectal, la diabetes, la obesidad y enfermedades cardiovasculares, debido a la fibra que poseen sus semillas. Los aceites esenciales de los piñones ayudan a bajar los triglicéridos, el colesterol y favorecen la circulación sanguínea.
- **Tratamiento de úlceras de la piel**. Utilizando la resina del tronco como remedio en cataplasmas.
- **Alivia la tos**. Para ello se preparan infusiones de hojas y flores. Ayuda también a bajar la fiebre, elimina los escalofríos y las jaquecas.

139

CEIBO

Es un árbol de tamaño mediano que puede crecer en suelos degradados, pobres o muy húmedos. Su altura varía entre los 5 y 10 metros. El tallo es leñoso y las hojas se presentan de manera alterna con tres foliolos. Sus flores presentan un espectacular color rojo carmesí y son carnosas. Se abren con la luz diurna y suelen vivir de tres a cuatro días. Fija bien el nitrógeno y en zonas de ribera evita el encharcamiento, garantiza la supervivencia de organismos acuáticos y contribuye a mejorar la calidad del agua. Vive en climas húmedos, templados y cálidos y es muy susceptible a las heladas. Esta especie está ampliamente distribuida en América del Sur –presente en Uruguay, norte de Argentina, sur de Bolivia, Paraguay y Brasil–, y puede encontrarse en otras regiones del mundo como sur de Estados Unidos, este de Australia, sur de África y en regiones tropicales y subtropicales de Asia.

Es un árbol que representa el **símbolo de la valentía y fortaleza** ante el sufrimiento. En los baños de bosque ofrecen una parada perfecta para la contemplación y reflexión.

El extracto de sus **semillas** posee **propiedades farmacológicas**, así como su **corteza**, cuyo uso en infusiones y cataplasmas tiene propiedades sedantes y efectos analgésicos, antimicrobianos y cicatrizantes. Se cree que los nativos de Uruguay masticaban las **hojas jóvenes** y las **flores** de ceibo por su acción psicotrópica.

Entre los **usos medicinales del ceibo** se encuentran:

- **Tranquilizante**. Ingerirlo en cantidades moderadas es bueno para combatir la ansiedad y como tranquilizante que favorece el sueño.
- **Tratamiento de llagas y heridas**. Las hojas se pueden emplear en baños y para lavar y curar algunos cortes y heridas, pues detiene pequeñas hemorragias.
- **Dolores articulares**. En casos de dolores derivados por afecciones de reuma y artritis, las infusiones de corteza actúan como analgésico.

UN ÁRBOL PARA CADA MOMENTO EMOCIONAL

No todos los días te sientes igual y tampoco todas las épocas de la vida son iguales. Hay veces que te encuentras sin energía y en otras en un estado de hiperactividad. Puedes sentirte con falta de confianza o echar en falta algo de protección. El contacto con lo árboles te permite sentir, reflexionar, aprender, tomar fuerza o calmarte. Ellos pueden compartir contigo su energía, darte cobijo, ayudarte a comprender mejor alguna situación. Son una fuente importante de bienestar emocional. En tu mano está saber elegir el árbol que necesitas en cada momento. Busca siempre ejemplares sanos, porque si están enfermos y luchando contra una infección no podrán ofrecerte su ayuda.

A continuación, tienes unos cuantos **ejemplos de árboles muy representativos** del poder que te ofrece el bosque. En tu paseo por la naturaleza acércate y comparte algo de tu tiempo con aquel que te atraiga más. Tú puedes completar esta lista:

- Si necesitas ganar confianza en ti, sentir calma y serenidad busca un haya. Contactar con ella es muy efectivo en casos de hiperactividad. Un olmo también te aportará tranquilidad.
- Cuando te sientas triste y sin energía sitúate cerca de un pino o un abeto. Son árboles muy energéticos y también te darán fuerza para resistir y esperanza.
- El máximo símbolo de la fuerza y el poder es el roble. Sus raíces, fuertemente ancladas en el suelo, te ayudarán a comprender la fortaleza que da un buen arraigo. Es una especie que también aporta confianza y vigor.
- El tilo representa la amistad y la fidelidad a través del tiempo. Es un árbol que ofrece protección cuando necesitas un abrazo, atención y calma. Si tienes problemas de sueño su cercanía te vendrá bien. Ayuda a calmar tensiones psíquicas, sobre todo cuando está en flor.
- Para reforzar tu sentido de la responsabilidad y aprender a moverte con más autonomía acércate a un nogal, compartirá contigo su sabiduría.

- El abedul es un símbolo de juventud. Acariciar su corteza lisa te transmitirá una sensación de dulzura. Admirar su porte y contemplar cómo crece te aportará confianza y ayudará a reforzar tu autoestima.
- El olivo es el árbol de la longevidad. Es también un símbolo de fuerza y pureza, capaz de adaptarse a condiciones climáticas adversas. Tengas la edad que tengas, entenderás su mensaje.
- Si tienes problemas de sueño, escoger un aliso es una buena opción. Es también saludable en casos de reuma.
- El espino ayuda a disminuir la tensión sanguínea. Es bueno en casos de arritmias cardíacas y problemas de sueño. Da fuerzas a un corazón que se encuentra cansado.
- Si has pasado grandes dificultades y te encuentras con la moral baja, busca un arce. Es también un gran apoyo para las personas mayores.

Ya has visto lo que una comunidad arbórea puede ofrecerte. Es un mundo al que perteneces y que merece la pena ir descubriendo poco a poco y llenarlo de momentos únicos. Prueba a escribir tu propio cuaderno titulado «El poder de los árboles». Anota tus experiencias, descubrimientos, aprendizajes, las sensaciones que has tenido cuando has conectado con alguno, qué mensajes has recibido, qué te han ayudado a comprender… Empieza a vivir sintiéndote parte la naturaleza.

PRÁCTICA 6
Aumentar la confianza

QUÉ ES LA CONFIANZA

Confiar es **tener seguridad en alguien o en uno mismo** y creer que algo va a ir bien, aunque no tengamos control sobre lo que sucede, y la confianza es la actitud que nos lleva a confiar.

La confianza puede estar depositada en los demás, en la seguridad que tenemos de que estarán disponibles y nos prestarán su ayuda en el momento en el que la necesitemos; en nosotros mismos, cuando apostamos sin miedo por nuestros conocimientos, capacidades e intuición para tomar decisiones; y en la propia vida, cuando esperamos que nos proporcione las experiencias necesarias para aprender y evolucionar, aunque a veces estas no resulten de nuestro agrado.

Para confiar en los demás es necesario confiar primero en nosotros mismos, y para eso debemos conocernos bien, escucharnos, saber lo que nos pasa, tener seguridad en nuestras capacidades y en la fortaleza de nuestro mundo interior que nos va a ayudar a vivir cada experiencia vital obteniendo de ella el mayor aprendizaje. **Confiar implica moverse con seguridad más allá de la certidumbre** y saber gestionar el miedo de no saber qué va a ocurrir en el momento siguiente. La confianza es una actitud que hay que entrenar también y cultivarla cada día.

QUÉ BENEFICIOS NOS APORTA

La falta de confianza hace que nos preocupemos antes de tiempo por hechos futuros que ni siquiera sabemos si se producirán y que vivimos como una amenaza. Esto nos provoca miedo, ansiedad, reduce nuestra sensación de bienestar, bloquea la creatividad y hace que liberemos la hormona del estrés.

143

Cuando tenemos confianza tomamos conciencia de que nuestra mente se está anticipando y se está focalizando en hechos que nos atemorizan, así que somos capaces de redirigir nuestra atención al momento presente y recuperar nuestro equilibrio interior. Cultivar la confianza nos aporta una serie de **beneficios** como:

- Nos ayuda a encontrar ese lugar de calma interior donde todo está bien más allá de lo que suceda en el exterior.
- Impide que el miedo tome el mando de nuestras decisiones.
- Nos permite vivir de manera más práctica y serena.
- Despeja nuestra mente y nos ayuda a pensar con mayor claridad.
- Aumenta nuestra creatividad.
- Elimina estados de bloqueo.
- Aporta estabilidad emocional.
- Aumenta nuestra sensación de bienestar.

CÓMO CULTIVAR LA CONFIANZA

Si quieres sentir más seguridad en tu vida cotidiana, hay cuatro acciones importantes que te ayudarán a aumentar y afianzar tu confianza:

- **Sé consciente de momentos de inseguridad en tu vida diaria** y observa las sensaciones que se producen en tu cuerpo y los pensamientos que cruzan tu mente. No los juzgues, solo comprueba que si no te aferras a esas ideas aparecen y desaparecen por sí solas.
- **Proponte por lo menos un reto semanal** para hacer algo que no te atreves a poner en práctica. Empieza por cosas sencillas y verás cómo, poco a poco, te animas con nuevas propuestas.
- **Escribe en un cuaderno los éxitos** que vayas logrando y revísalos cuando detectes un signo de inseguridad en tu vida.
- **Modifica tu postura**. Cuando te encuentres en un momento de falta de confianza fíjate en cuál es la posición de tu cuerpo. Ahora estírate, pon la espalda recta, echa los hombros hacia atrás, separa tus piernas un poco, nota tus pies anclados con fuerza al suelo y respira profundamente. Observa cómo han cambiado tus sensaciones.

CÓMO PRACTICAR ESTA ACTITUD EN LOS BAÑOS DE BOSQUE

El bosque es un lugar idóneo para ejercitar y aumentar tu confianza. A continuación, encontrarás unas **prácticas sencillas** que puedes realizar en alguna de tus visitas al bosque.

- **Imita la postura de los árboles**. Observa la estructura de los árboles más fuertes. Permanecen erguidos, fuertemente arraigados al suelo por sus raíces, poseen troncos robustos, sólidos y que crecen verticalmente. Sus ramas se extienden buscando el cielo, dejando espacio para que las hojas se desarrollen y realicen sus funciones. Esta estructura les permite mantener el equilibrio a pesar de las inclemencias del tiempo. Resisten vientos fuertes, nevadas, aguaceros y cambios de temperatura.

  Imita ahora su postura para sentir esa fortaleza:

  - Pon tus pies ligeramente separados al ancho de tus caderas y pégalos al terreno.
  - Siente como si echaras raíces que te anclan fuertemente al suelo sobre el que colocas tus pies.
  - Estira tu columna, ponla recta como si estuviera creciendo hacia el cielo.
  - Echa hacia atrás tus hombros de tal modo que notes que tu pecho se expande.
  - Extiende tus brazos hacia delante y abre las palmas de tus manos hacia abajo.
  - Respira profundamente. Inhala como si el aire ascendiera desde tus pies a la cabeza y retén durante unos pocos segundos la respiración.
  - Exhala lentamente sintiendo que el aire hace el recorrido inverso, de la cabeza a los pies.
  - Repite esta respiración varias veces.
  - Siente cómo se incrementa tu bienestar, tu energía y aumenta tu equilibrio interior.

145

• **Atrévete a hacer algo distinto**. En tu próximo baño de bosque trata de salir en algún momento de tu zona de confort. Atrévete a hacer algo que no te hayas permitido hacer antes.

– Al pasear, fíjate en qué momento surge en tu mente una desconfianza de hacer algo. Te apetece, pero algún pensamiento te impide llevarlo a cabo.
– Visualiza lo positivo que te puede aportar realizar esa actividad. ¿Qué sentirías?
– Mira en tu interior, escucha lo que te dice.
– Confía en ti y atrévete a probar algo nuevo.
– Empieza por cosas sencillas. No hace falta que de golpe te lances a la aventura ni que corras riesgos innecesarios.

• **Un cuaderno de campo**. Anota tus experiencias y las sensaciones que experimentas en tus baños de bosque en un cuaderno reservado para eso. No es necesario que lo lleves encima y estés pendiente de escribir lo que sucede, puedes añadir notas al volver a casa.

Es posible que te dé pereza al principio y que incluso te parezca una tontería, pero dejar por escrito las actividades que realizas y la sensación asociada te ayuda a entenderte mejor, puede que incluso descubras cosas de ti que no imaginabas.

Para la confianza abre un apartado: «hoy, por primera vez, me he atrevido a...».

PRÁCTICA 7
Actuar con generosidad

QUÉ ES LA GENEROSIDAD

Es una actitud relacionada con la atención, la compañía, la motivación, el afecto, el reconocimiento y con compartir tiempo. Es el **equilibrio del dar y recibir**. Al igual que el cuerpo se mantiene con vida gracias al equilibrio de intercambios de nuestros sistemas, nosotros formamos parte de un circuito natural, y la generosidad nos permite ver que, al dar, nos conectamos con una red de recursos, energía y fuerza del que recibimos también. Practicar la generosidad es el mejor regalo que nos hacemos a nosotros mismos.

QUÉ BENEFICIOS APORTA

Una actitud generosa nos aporta muchas satisfacciones y **beneficios**:

- Refuerza una actitud positiva ante la vida.
- Aumenta la empatía.
- Genera bienestar.
- Reduce el estrés.
- Ayuda a conectar con otros y con nosotros mismos.
- Aumenta la paz interior.

CÓMO PRACTICAR LA GENEROSIDAD

Cada día hay muchas oportunidades de poner en práctica la generosidad, tanto contigo como con los demás. Las **pequeñas acciones cotidianas** pueden cambiar el flujo continuo de las cosas. Lleva tu atención hacia ellas:

- Sonríe al cruzarte con alguien.
- Dedícale tu atención.
- Ofrece tu apoyo a alguien que lo necesite.
- Cuida tus palabras y sé amable.

147

- Escucha con atención y de manera desinteresada.
- Regálate tiempo.
- Háblate con cariño.
- Escucha tu voz interior.

Observa cómo te sientes cada vez que actúas con generosidad y cómo afecta esto a tu energía.

CÓMO ACTUAR CON GENEROSIDAD EN LOS BAÑOS DE BOSQUE

Ya hemos visto cómo el ecosistema del bosque es un **ejemplo del equilibrio entre el dar y el recibir**. El sol ofrece energía luminosa, los árboles la aprovechan y devuelven oxígeno a la atmósfera, el agua permite la vida, hongos y raíces colaboran en un sistema subterráneo de comunicación, y así una lista interminable de ejemplos.

La actitud de la generosidad implica **entregarse a la vida, al entorno**. En tu baño de bosque:

- Acude sin prisas.
- Aprende a escuchar.
- Sé amable con lo que te rodea.
- Sigue las invitaciones del bosque.
- Conecta con la naturaleza y contribuye a su bienestar.
- Siente cómo formas parte de un mismo circuito de vida.

Al regresar a casa reflexiona:

- ¿En qué momentos has actuado con generosidad con el entorno?
- ¿Qué has sentido?
- ¿Qué más puedes hacer para beneficiar a la naturaleza?

En la práctica del *shinrin–yoku* recibes muchos regalos de la naturaleza. En el equilibrio del dar y recibir está todo lo que tú puedas aportar también. En eso se resume la actitud de la generosidad.

La magia de sentir las estaciones

Sal a la calle y observa con detenimiento el paisaje. Distingue todos los matices que te indican en qué estación estás: la luz, la temperatura, la duración del día, etc. ¿Podrías recrear en tu mente cómo es el aspecto de tu calle en las distintas estaciones?, ¿sueles poner atención en los detalles que van marcando las diferencias a lo largo del año? , ¿serías capaz de describirle a alguien cómo varía el espacio que te rodea a diario con cada estación?

En la naturaleza los cambios son notables y un escaparate nítido de todas las modificaciones que la vida experimenta con el paso de las estaciones. Un bosque no tiene el mismo aspecto con sus flores en primavera y el verdor de las hojas en los árboles, bajo los rayos del sol en el verano, con los colores dorados del otoño o el paisaje nevado del invierno. Cada estación tiene luces, colores, temperaturas, texturas, olores y sonidos propios. Los cambios no son caprichosos, sino adaptaciones de la vida natural para sobrevivir en un entorno que no permanece estable. Se aprovechan así los recursos cuando existen y se logra una protección frente a las condiciones adversas que pueden poner en peligro la vida.

Si cada semana observas con un poco de atención tu entorno empezarás a darte cuenta de cómo nada permanece exactamente igual. Descubrir estos pequeños cambios, disfrutar de cada momento, tomar conciencia de lo efímero de la naturaleza, aprender de cada estación y vivir con intensidad cada una de ellas es algo mágico que aporta calma, serenidad y sabiduría. ¿Te animas a descubrir la magia de sentir todos estos cambios?

149

EL RESURGIR DE LA VIDA EN LA PRIMAVERA

La suave brisa,
la risa de las flores:
Es primavera.
Matsuo Basho

La primavera es la estación donde los olores entran en su máximo apogeo pues la vegetación comienza a brotar y a florecer. Las temperaturas gélidas del invierno dan paso a unas más templadas que permiten que la vida vuelva a surgir y adquiera su máximo esplendor. Los árboles empiezan a crecer de nuevo, los que perdieron sus hojas en el otoño ven cómo nuevos brotes verdes aparecen en sus ramas y, cuando la temperatura suba un poco más y las horas de luz se incrementen, las flores se abrirán para mostrar todo su esplendor de colores y aromas. Las aves, mientras no paran de moverse, aportan nuevos sonidos al bosque, y las especies cantoras compiten con sus melodías en esta época de reproducción. Todos los seres vivos notan cómo la energía recupera su intensidad en cada escenario y cómo los alimentos aparecen por doquier aportando tranquilidad y alegría a la vida cotidiana. La naturaleza dormida despierta, se exhibe sin escatimar en recursos y lleva a escena un espectáculo que no puedes perderte.

LA NATURALEZA FLORECE EN CADA RINCÓN DEL BOSQUE

La primavera trae luz y viste a la naturaleza de variados y vistosos colores. En los bosques, parques y jardines florecen las plantas, los árboles recuperan el verde de sus hojas y muchos animales comienzan su época de cortejo. Las aves migratorias llegan con el buen tiempo para reproducirse y llenan los espacios naturales con sus sonidos y vitalidad.

En el mundo hay varios árboles y plantas que, cuando florecen, **anuncian la llegada de la primavera**. Basta mencionar unos cuantos ejemplos para que a nuestra mente acuda la imagen floral de la primavera: cerezos, almendros, cornejos o cerezos silvestres, jacarandas, jazmines, azaleas, magnolias, narcisos, margaritas, amapolas, tulipanes... Cierra los ojos y visualiza sus imágenes. Seguro que tus pensamientos viajan de manera casi instantánea a los recuerdos de la primavera. Con imaginación casi podrás sentir los olores, el ambiente húmedo y la frescura del aire que acaricia tu rostro.

Los baños de bosque en esta estación no dejarán de sorprenderte. Cuando los practiques, presta atención a cómo va variando el paisaje en cuestión de días. Te vas a asombrar de la rapidez con la que se suceden los cambios, no tendrás dos días iguales. Incluso si todavía no tienes muy entrenados los sentidos es difícil que pases por alto esta evolución. Casi por arte de magia el verde inundará todo el espacio natural y pronto aparecerán, en las especies que dan flores, los primeros brotes. El colorido va a explotar y a variar en cortos espacios de tiempo.

No te pierdas este espectáculo que tantos **beneficios** puede aportar a tu **estado físico y emocional:**

- Ve al bosque más cercano y pasea con tranquilidad. Respira profundamente y **llena tus pulmones de las fragancias** que invaden el entorno. Si te colocas bajo la copa de un árbol recibirás un aporte de bienestar.
- **Observa con atención los colores** de todo lo que te rodea. ¿Qué emociones despiertan en ti?, ¿qué mensajes percibes?, ¿hay alguno que llame especialmente tu atención?
- **Contempla de cerca las flores** que van brotando y admira el poder que emanan a pesar de su aparente fragilidad. Su existencia va a ser fugaz y ese instante que estás viviendo no se va a volver a repetir. Disfruta de ese momento único.
- **Sé consciente de los cambios** que se están produciendo en la naturaleza, de la velocidad a la que se adapta a las modificaciones ambientales que suceden a su alrededor. ¿Qué puedes aprender de ello y trasladar a tu vida?
- Cierra los ojos y **siente la brisa sobre tu piel** y percibe el olor que deja en el ambiente. Llénate de esa sensación de bienestar y tranquilidad y llévatela contigo en tu regreso a casa.

ESCUCHAR EL SONIDO DE LA NATURALEZA

Los árboles han vuelto a cubrir sus copas de hojas y el efecto que produce el bosque sobre sus habitantes y visitantes es diferente. Los sonidos han cambiado. El viento agita un mar de vegetación que susurra lanzando sus mensajes en todas direcciones. La magia de la primavera surge después de una etapa de silencio y tiene prisa en avisar de que todo está cambiando. **Época de crecimiento, reproducción y cría.** Las aves se posan en lo alto de los árboles, en pastizales o en las tejas de las casas –en las zonas urbanizadas– y nos hacen partícipes de su presencia. Mirlos, jilgueros, tordos, zorzales o gorriones, entre otras especies, se esfuerzan en difundir la noticia: es primavera.

La cantidad extra de luz y las temperaturas cada vez más cálidas ayudan a que florezcan las plantas y el alimento deja de escasear. Es una buena época para la cría, y las conductas de los animales empiezan también a cambiar. En las aves, especialmente en las especies cantoras, los repertorios de sus cantos se hacen más variados y complejos. Un zorzal, por ejemplo, puede llegar a emitir diez tipos de melodías diferentes en un corto espacio de tiempo. Es el momento del cortejo, de marcar el territorio para preparar el nido. Los **amaneceres primaverales están llenos de cantos** que se emiten con energía desde muchos picos cantores. No hay que perderse la oportunidad de disfrutar de este espectáculo único de esta época del año.

A lo largo de la estación, cuando llega el cuidado de los huevos primero y el de los polluelos después, **estos cantos disminuyen**, lo que no quiere decir que desaparezcan. Ya no es época de cortejo y los sonidos varían, son más discretos, pero siguen estando ahí y podrás disfrutar de ellos. Cuando las aves cantan es porque se sienten seguras, no perciben ninguna amenaza y tienen alimento. Si las escuchas, siente esa misma seguridad y contágiate de ese bienestar.

En primavera pon a prueba tu oído, déjate seducir por los sonidos de la naturaleza y aprende «de» y «con» ella:

- Por la mañana, **cuando empiece a amanecer**, abre la ventana o mejor acércate al parque o bosque más cercano, lo que te resulte más factible, y **escucha el canto de los pájaros**. Deja que la energía y la vitalidad que transmiten lleguen a tu cuerpo y lo recorran inundándolo de alegría.

- Pon atención y trata de **distinguir las diferentes melodías**. ¿Qué crees que tratan de comunicar?, ¿qué es lo que te dicen a ti?, ¿notas alguna diferencia con los sonidos que emiten al anochecer?

- Escucha cómo **los cantos van cambiando a lo largo de la estación**. Poco a poco el sonido va disminuyendo, ya no es tan «explosivo» como al comienzo de la primavera. ¿Qué escuchas ahora?, ¿qué emociones se despiertan en ti?, ¿qué sientes?

- Si **han nacido ya los polluelos**, pon a prueba tu oído y **escucha atentamente**. ¿Qué sonidos escuchas?, ¿en qué se diferencian de los que captabas en la época de cortejo?

- Cuando **los polluelos comienzan su vida**, aprende también a saber distinguir los mensajes. En el parque, o en un paseo por el bosque, pon atención para diferenciar cuándo están pidiendo ayuda porque se han caído de un nido, o cuándo están iniciando sus primeras pruebas de salto y vuelo para ser autónomos y sus padres están cerca vigilando que nada malo les ocurra y no necesitan de tu intervención. Esto es importante para **no alterar su actividad** ni molestar con nuestra conducta. En todo caso, asegúrate que el nido y los padres están cerca y, si es así, deja que la naturaleza siga su curso. No intervengas.

Además del canto de las aves, el bosque se llena de sonidos en primavera que transmiten mucha paz y a la vez energía. No te pierdas el **sonido del viento** agitando las hojas de los árboles, ni el **sonido del riachuelo** que lleva más cantidad de agua gracias al deshielo o a las lluvias primaverales. Aprovecha tu paseo por el bosque para poner atención a cada detalle, a cada nuevo sonido. Observa qué te transmite, qué sientes al percibirlo, busca el origen del mismo, disfruta escuchando cómo la vida vuelve a hacerse presente con toda su fuerza y participa de su energía.

SIGUIENDO EL RASTRO ANIMAL

En la primavera hay mucho movimiento. Los animales salen de sus madrigueras, de sus refugios o nidos para buscar alimento y comienzan a llevar una vida muy activa después del paso del invierno. Descubrir las huellas que dejan en el bosque y seguir su pista es una actividad que ayuda a agudizar los sentidos y a estar muy presente en lo que ocurre en ese momento en nuestro entorno. Los rastros de los animales se pueden borrar y desaparecer rápidamente, pues el sol, el viento, la lluvia o los pasos de otros visitantes pueden hacer que los indicios que muestran su presencia o actividad dejen de ser visibles.

La próxima vez que inicies tu paseo por el bosque puedes **descubrir pistas de animales** en sus huellas, excrementos, restos de alimentos que dejan, arañazos o señales en cortezas de árboles y rocas, plumas, porciones de esqueletos, cuernos y mudas, etc. Como ves, son muchos las señales que van repartiendo. ¿Te apetece poner tu atención en descubrirlas?

A continuación, vamos a hacer un breve repaso por algunas pistas que los animales van dejando en la naturaleza. Te pueden ayudar a **poner a prueba tu capacidad de observación**.

- **Huellas**. Es fácil que durante tu paseo encuentres huellas en la tierra, especialmente en terrenos húmedos, donde haya caído recientemente agua de lluvia o cerca de ríos o lagos donde los animales se puedan acercar a beber. Si observas con atención, podrás diferenciar distintos **tipos de huella**. Entre los mamíferos es posible distinguir si se trata de un animal **plantígrado** –apoyan toda la planta del pie–, como los osos o tejones; **semiplantígrado** –solo dejan señal de una planta incompleta del pie con formas de almohadillas–, como, por ejemplo, la garduña; **digitígrados** –dejan marca solo de sus dedos o de sus dedos y uñas–, como felinos, zorros o perros; o **unguligrados** –solo apoyan las uñas, que se han convertido en pezuñas, como jabalíes, corzos, ciervos, etc.

La **distancia entre las huellas** te puede indicar si se desplazaba lentamente o iba a la carrera; también puedes observar si el ejemplar se movía solo o iba en grupo; en la orilla del río es posible que tengas la fortuna de encontrar cómo se mezclan huellas de diferentes animales que se acercaron a beber, y quién sabe si incluso llegar a descubrir que corrió en estampida debido a la presencia de un depredador. Puedes así leer los mensajes que los habitantes han dejado escritos en su medio natural.

• **Excrementos**. Es más fácil encontrar heces de animales que huellas. No parece este un tema muy atractivo, aunque un simple vistazo te puede dar pistas de qué animal anda por allí y ayudarte a conocer un poco más sobre sus hábitos alimentarios y costumbres. En el caso de los **mamíferos**, muchas veces marcan el territorio con ellos y les permiten además orientarse o relacionarse con otros animales, así que **no los toques ni los muevas de sitio** cuando te los encuentres en tu paseo por el bosque. El lugar en el que se encuentren y su disposición son mensajes que pueden interpretar otros habitantes de la zona. Los excrementos de carnívoros son más alargados y suelen presentar restos de pelos en uno de sus extremos; en los herbívoros son más redondeados y tienen restos de fibras vegetales; en los omnívoros puede haber además restos de frutas del bosque, semillas o insectos. En el caso de **pájaros y reptiles** verás una parte blanca, más líquida, junto al resto del excremento.

• **Restos de comida**. También puedes probar a detectar restos de alimentos que han dejado los animales. Por ejemplo, si encuentras muestras de **piñas mordidas** podrás saber si lo han hecho las ardillas o los ratones, porque las primeras tienen más fuerza para estirar y arrancar las brácteas y los segundos tienen que roerlas, por lo que dejan los cortes de la mordedura y la piña no queda como un hilo. Por otro lado, muchas aves, como rapaces, cuervos, gaviotas o cigüeñas, entre otras, no pueden digerir completamente todas las partes de los animales que ingieren y regurgitan por la boca una especie de pelotas, llamadas **egagrópilas**, con restos de pelo, plumas, huesos, trozos de cáscaras de moluscos, partes duras de insectos y algunos restos vegetales. Puede que alguna vez hayas encontrado alguna muestra de este tipo, si no, ahora tienes más elementos a los que prestar atención para leer mejor tu entorno.

• **Señales en árboles y rocas**. En la primavera, algunos cérvidos restriegan sus cornamentas contra el tronco de los árboles para desprenderse de una capa que cubre la nueva cuerna que han desarrollado en el invierno y dejan sobre la corteza de los árboles unas señales muy significativas. También los osos, a menudo, dejan las huellas de sus zarpas sobre ramas y troncos. Cuando observes la corteza de los árboles, **mira las señales que hay en su superficie**. Es posible que descubras algún mensaje que ha grabado algún ser vivo sobre ella.

• **Plumas**. Podrás encontrar fácilmente plumas en tu paseo por la naturaleza. **Fíjate en sus tamaños y en los colores** que presentan. Esta actividad no precisa que sepas distinguir a qué especie pertenece. Solo disfruta y presta atención a los detalles que puedas observar. En primavera podrás ver plumas de muchos colores. Si alguna llama tu atención por algo especial puedes llevarla contigo. Quizá también te sirva como un elemento para crear un mandala primaveral, ¿quién sabe? Si encuentras muchas plumas pequeñas juntas en un solo lugar pueden indicar que un depredador ha encontrado su alimento perfecto.

Para disfrutar de la naturaleza y del bienestar que produce no tienes que tener los conocimientos de un biólogo, por eso estas breves anotaciones pueden ayudarte a prestar atención a las señales, tomar conciencia de la vida que se «esconde» en el interior de los bosques, aprender a interpretar los mensajes, descubrir las historias que hay tras esos parajes, conectar más con el entorno y relacionarte con él. La primavera hace que todos los seres vivos se muestren pletóricos y muy activos.

LAS PLANTAS Y FLORES TE RODEAN

En la primavera, con la llegada de los cambios ambientales, las plantas de flor consiguen que estas broten. ¿Qué mecanismo las lleva a saber cuál es el momento adecuado? ¿Qué fuerza tiene la naturaleza que dirige sus procesos de crecimiento para que florezcan cuando es preciso para iniciar la polinización?

Parece que las plantas tienen una especie de reloj interno que regula sus metabolismos celulares para que estén atentos a los cambios ambientales y puedan realizar sus funciones en el instante preciso. A través de **mecanismos circadianos pueden anticipar ciertas regularidades en su entorno** y actuar en consecuencia. Entre sus receptores están los que detectan la luz solar y les permiten regular los procesos de fotosíntesis y respiración y crecer más durante el día. No solo **detectan la luz**, sino **la diferencia de temperatura**, tanto en tierra como en el aire, y en épocas de frío activan un bloqueo en la producción de flores. Cuando esta temperatura aumenta durante varios días seguidos, este mecanismo de inhibición se desactiva y la planta se prepara para florecer. Este proceso es el que desencadena la explosión en primavera, cuando las plantas necesitan reproducirse y comienza la polinización.

Vive la experiencia de la floración y presta atención a todos los cambios y mensajes que lleva asociados:

- **Acude al parque o bosque cercano** y observa cuándo los árboles y plantas que lo habitan comienzan a florecer. ¿Cuántas horas de luz tienen los días?, ¿cuál es la temperatura ambiental? Mete la mano en la tierra, ¿qué temperatura tiene? Aprecia todos estos detalles.
- Si puedes, pasea por un campo de cerezos, almendros, cornejos o jacarandas en flor. **Disfruta de este espectáculo único.**
- **Deja que las flores permanezcan en los árboles y plantas.** No las cortes. No interrumpas su vida, tienen una misión que cumplir. Recoge solo las que hayan caído al suelo.

- **Rodéate de plantas**. Es la estación perfecta para que empieces a decorar tu casa teniendo en cuenta que la presencia de la naturaleza en tu entorno es beneficiosa para ti. Elige las plantas adecuadas para el lugar en el que quieras colocarlas. Presta atención a la presencia de luz solar, diferencias de temperatura a lo largo del día, humedad, corrientes de aire, etc. Si escoges plantas de flor podrás seguir todo su proceso de floración y entender mejor qué factores influyen en sus ciclos vitales.
- Si has recogido flores caídas, puedes quitarles la humedad, secarlas bien y utilizarlas como base para **realizar objetos decorativos**. En tu casa te recordarán la estación del año en la que vives.

LA FUERZA DEL AGUA EN PRIMAVERA

El agua es símbolo de vida, de energía, de alimento. Múltiples son los refranes asociados al agua, pues su comportamiento es una fuente inagotable de conocimientos y sabiduría para la vida: «agua corriente no mata a la gente», «agua estancada, agua envenenada», «después de los años mil, vuelven las aguas a su carril», y así muchos más.

En primavera el agua fluye a buen ritmo. Es época de deshielo, de lluvias, de mucho movimiento y fuerza. Su presencia es también señal de vida: los animales acuden a ella a beber y las plantas crecen y se convierten de nuevo en alimento después del duro invierno. Puedes disfrutar de la fuerza del agua con todos los sentidos, para ello elige una ruta para tu baño de bosque que esté cerca de un río, manantial o arroyo:

- **Contempla cómo fluye el agua**. Quédate un rato mirando cómo se desplaza, con qué intensidad se mueven las aguas, cuál es su ritmo. Deja que todos los pensamientos de tu vida diaria queden fuera y disfruta de ese fluir: de la fuerza en una cascada, del desplazamiento más tranquilo en un río o del movimiento más pausado en un arroyo. Siente la energía que produce cualquiera de sus movimientos.
- **Escucha su sonido**. Cierra los ojos y pon toda tu atención en el sentido del oído. Es un sonido relajante, incluso si el agua se mueve

con fuerza. Hay algo en su movimiento y presencia que lo tenemos asociado al bienestar, a la salud. Permite que ese sonido llegue a ti y te provoque una emoción.

- **Deja que toque tu piel**. Introduce tu mano en el agua, puede que incluso te atrevas a descalzarte y pruebes a meter tus pies en los primeros torrentes primaverales. Siente esa frescura, ese movimiento saludable y empápate de energía.
- **Prueba su sabor**. Acércate a un punto donde el agua fluya con libertad, haz un cuenco con tus manos y retén un poco de agua en ella. Bebe, saboréala, siente su temperatura y recibe su vitalidad.
- **Haz una respiración profunda** y percibe la humedad que rodea el espacio a tu alrededor. Deja que ese aire puro entre en tus pulmones y te aporte bienestar.

El agua es nuestra fuente de vida. Merece nuestro respeto y tenemos la obligación de aprender a conservarla y no malgastarla como si no tuviera valor. En nuestra vida cotidiana nos hemos acostumbrado a abrir un grifo y que llegue a nuestros hogares de manera ininterrumpida, pero si no la cuidamos estamos poniendo en riesgo nuestro propio bienestar. El bosque es un buen lugar para que volvamos a ser conscientes de dónde procede, el lugar que ocupa en todo el ecosistema que nos rodea y de cuanta salud física y emocional nos proporciona. No en vano es el origen de la vida tal y como actualmente la conocemos. Su presencia no tiene precio.

MOMENTO DE RENOVACIÓN

En primavera los días son más largos, la luz brilla de manera especial, los rayos de sol llegan con más fuerza y la temperatura empieza a ser cálida sin llegar al calor extremo del verano. Nuestro cuerpo siente todos esos cambios, incluso a nivel hormonal, y algo se agita en nuestro interior. Las emociones se disparan y florecen igual que ocurre en la naturaleza. Apetece salir más a la calle, disfrutar de nuevas actividades, relacionarse más, hacer nuevos planes, etc. Ver cómo los días son cada vez más largos nos llena de energía y nos mantiene activos más horas cada jornada. Sin embargo, hay quien padece la «astenia primaveral», que se manifiesta en síntomas como cansancio, irritabilidad, pérdida de apetito, problemas de concentración y una sensación de falta de ánimo, aunque su efecto suele desaparecer al cabo de unos días, y es que no todos los cuerpos pueden acomodarse tan rápidamente a los cambios ambientales con los que aterriza la primavera y hay quien necesita más tiempo para irse adaptando de manera progresiva a larevolución que supone para el organismo esta nueva estación.

Es una época que invita a probar cosas, buscar nuevas posibilidades y anima a descubrir y experimentar. Es momento de renovación y puedes aprovechar para abrirte al mundo con toda la energía que da la primavera, disfrutar de lo que te rodea y prestar atención a las posibilidades que se te presentan:

- **Mantén tu cuerpo activo** y realiza actividades físicas al aire libre que sean de tu agrado.
- **Revisa tu alimentación**. Incorpora en la dieta alimentos más refrescantes acorde con las nuevas temperaturas. Consume alimentos propios de la temporada.
- **Plantéate nuevos propósitos** y empieza proponiéndote retos que sean sencillos.
- **Practica baños de bosque**. Guarda siempre un hueco en tu agenda para llevarlos a cabo. Aprovecha para disfrutar de la naturaleza en su máximo esplendor. Entrena tus sentidos y disfruta de cada detalle. Déjate guiar por las invitaciones que encontrarás a lo largo del camino y libérate del estrés.
- **Rodéate de naturaleza en tu casa**. No pierdas la conexión con el mundo natural.

Siente la magia de la primavera. Fíjate cómo se comporta la naturaleza, cómo florece y se renueva. Aprende de ella, respira su bienestar y fortalece tu salud estando en conexión con ella. ¿Te imaginas todo lo que puedes descubrir y disfrutar durante esta estación? ¡Ve a por ello!

EL ESPLENDOR DEL VERANO

Todo está en calma.
Chirridos de chicharras
perforan rocas.
Matsuo Basho

El verano se caracteriza por días de intensa luz, rayos de sol que llegan con fuerza y suben rápidamente la temperatura ambiental. Supone también una oportunidad excelente de disfrutar de la naturaleza, de momentos de relax, de volver a lugares de los que guardamos gratos recuerdos y de descubrir nuevos espacios que todavía no conocemos. Nos brinda la ocasión de reunirnos con gente querida y de realizar actividades que no hemos podido poner en práctica durante los meses anteriores. Es una época propicia para pasar tiempo al aire libre, aprendiendo de la naturaleza y empaparse del bienestar que nos aporta esta época del año. El agua tiene la temperatura perfecta para poder gozar plenamente de ella con todo nuestro cuerpo, los días son muy largos y las noches brindan un cielo estrellado del que disfrutar tranquilamente mientras se escuchan los sonidos de la noche. Ha llegado el momento de que sientas el esplendor del verano.

DISFRUTAR DE UN MAR DE ÁRBOLES

En el exterior hace calor, ¿a quién no le apetece tumbarse bajo un árbol para protegerse de los rayos del sol y disfrutar de su agradable sombra? **Buscar refugio bajo sus copas** es algo que nos reconforta y nos proporciona una agradable sensación de bienestar. **Hay ejemplares que todavía tienen flores**, lo que puede aportar además un disfrute extra de color y aroma a nuestros sentidos. Dependiendo de en qué parte del mundo vivas, podrás encontrar distintas especies con flores en verano: el árbol de la seda es de origen asiático, pero se ha extendido por Europa y es habitual en las costas españolas. Sus flores comienzan a salir en pleno verano; el árbol pata de vaca y sus racimos de flores entre blancas y rosáceas es muy conocido en Sudamérica, especialmente en Brasil, Uruguay y Argentina; el árbol de fuego adquiere un color rojo escarlata debido a la floración de esta especie a las puertas del verano, lo que le concede un gran atractivo visual. Es una especie de clima tropical. Estos tres árboles son solo algunos ejemplos de especies que proporcionan una sombra aromática en diferentes partes del mundo pero, dependiendo de la temperatura, podrás encontrar más árboles que florezcan en verano.

Independientemente de que sigan teniendo flores o no, las copas llenas de hojas de los árboles forman un techo protector que genera una especie de microclima bajo sus ramas. En verano no todos los baños tienen que darse en el agua. Si te das un baño de sombra en un mar de árboles te proporcionará un alivio frente al calor y una sensación de frescor en pleno estío:

- **Busca refugio y sombra bajo los árboles**. Siéntate o túmbate bajo sus copas y disfruta de su protección. Respira profundamente.
- **Siente la diferencia de temperatura en tu piel,** el alivio de disfrutar de algún grado menos de temperatura y de no tener el sol cayendo directamente sobre ti gracias a la sombra de los árboles.
- **Contempla cómo los rayos solares se filtran** entre los huecos de las hojas. Observa el juego de luces que se forman.
- Aprovecha para **comer alguna de las frutas de temporada** que ofrece el verano, como melocotón, nectarina, albaricoque, ciruela o chirimoya, por ejemplo, mientras haces ese alto en el camino.

LOS SONIDOS DEL CALOR

En verano es probable que duermas con la ventana abierta. Si vives a cierta distancia del centro de la ciudad, puede que escuches desde muy temprano en la mañana los cantos de los pájaros, los aspersores que se ponen en funcionamiento en un jardín o parque cercano o el ladrido de algún perro que pasea cerca. Los días son muy largos y hay muchas horas de luz, las temperaturas dan un respiro en algunos momentos de la jornada y hacen de esta estación una época propicia para iniciar un **viaje acústico por la naturaleza**. Disfrutar de los silencios, rotos en ocasiones por los sonidos de las chicharras, es una **experiencia placentera**, **saludable** y **una cura para el estrés**.

Cuando camines por el bosque en época estival, presta atención a los diferentes sonidos y pon a prueba tu sentido del oído:

- Escucha con tranquilidad el **zumbido de las abejas**, cómo suena, qué intensidad tiene. ¿Qué emoción asocias a ese sonido?
- Oirás también el **sonido de mosquitos y otros insectos**. Percibe las diferencias que hay entre diferentes especies.
- Si acudes en los momentos centrales del día, cuando el calor es intenso, escucharás el **sonido de las cigarras o chicharras** cuando todo alrededor parece estar sumido en un profundo silencio. Es una melodía intensa que puede llegar a escucharse a un kilómetro. Observa cómo cuando te acercas al macho que está emitiendo el sonido y este percibe tu presencia cesa su actividad y ya no se oye nada.
- **Escucha tus pisadas sobre el terreno**. Dependiendo de si el suelo está más o menos seco notarás un sonido diferente. Si se levanta un poco de viento presta también **atención al movimiento de las hojas de los árboles**. Sonará distinto si ha llovido hace poco o si han pasado varios días sin caer una gota de agua.
- **Las tormentas de verano** son un regalo de la naturaleza. Escuchar los ruidos de los truenos que parece que van a romper el cielo, el sonido del viento que se levanta con fuerza y sentir luego el ritmo de las gotas de lluvia golpeando sobre las diferentes superficies es un espectáculo fascinante para los sentidos.
- En verano puedes animarte también a realizar una **caminata al final del día**, cuando esté próximo el anochecer. Escucha el sonido de tus pasos en el suelo, el **croar de las ranas y sapos** en los lagos o estanques o el **canto de aves rapaces nocturnas** como el búho o el autillo. Es una buena ocasión para descubrir y distinguir los sonidos de diferentes especies animales que habitan en el bosque. Por la noche, en días de calor, también oirás **estridular a los grillos** con una potencia extraordinaria. Es un sonido agudo con el que se comunican con otros miembros de su especie y marcan territorio. Cuando hace calor, este se hace más vigoroso y acelerado. Es uno de los sonidos que más relacionamos con las noches de verano.

- Por último, queda escuchar **el sonido del agua en verano**. Si estás cerca del mar, déjate llevar por el ritmo de las olas, y si tienes cerca un río, percibe la melodía del agua mientras fluye siguiendo su curso. Son dos de los sonidos más relajantes que existen.

En tu próximo viaje acústico por la naturaleza ponte a prueba para saber cuántos sonidos te resultan conocidos, de cuáles reconoces su procedencia y qué sonidos escuchas por primera vez. Poco a poco, si practicas esta actividad, irás comprobando que tu capacidad de escucha está aumentando.

RESPIRAR BIENESTAR

Nuestro cerebro tiene una memoria olfativa y guarda muchos olores asociados a recuerdos de nuestra vida. Puede que en muchas ocasiones no seamos conscientes de lo que estamos oliendo, pero si nuestro olfato se pone posteriormente en contacto con alguno de esos aromas seguramente nos veamos transportados a ese momento concreto de nuestra existencia. Eso es lo que ocurre con el verano y con los olores que tenemos vinculados a él. Al ser normalmente una época asociada al descanso, al tiempo libre, a la diversión, a la compañía de gente querida, a días con muchas horas de luz, casi todo lo relacionado con la estación veraniega nos provoca una sensación de felicidad.

El calor intensifica los olores y hace que las plantas, los frutos, la tierra del bosque y el mar liberen sus aromas. Respirar esos olores, ser consciente de ellos y disfrutar del momento nos aportará una dosis extra de felicidad, al tiempo que entrarán a formar parte de nuestra memoria olfativa.

En verano disfruta también de los olores que la naturaleza te brinda y notarás cómo tu estrés disminuye y sientes una sensación de tranquilidad y bienestar:

- Respira profundamente y **siente el olor de la tierra**. El calor libera todo su perfume y podrás captar su aroma.

- **Pasea entre frutales**. El aroma de la fruta y el matiz que liberan los cítricos te aportarán una sensación de calma.
- **Si cae una lluvia en verano**, después de muchos días de calor, **la tierra desprende un fuerte olor** que queda suspendido en el aire. Es un aroma que se produce por la mezcla de ozono, geosmina, que emite una fragancia intensa que procede del aceite de las plantas y de bacterias que viven en el suelo, y petricor, que es un olor fresco, dulce y suave que procede principalmente de las rocas. Si lo respiras, quedará grabado en tu recuerdo olfativo durante toda tu vida. Es un aroma que produce una gran sensación de bienestar y que invita a inspirar profundamente y llenarse de ese olor. ¿Qué pensamientos acuden a tu mente cuando piensas en una lluvia de verano?, ¿qué sientes?
- **El olor del mar** está indiscutiblemente unido al verano con sus aromas de sal, algas y yodo. Cuando puedas pasear por la orilla del mar respira profundamente. Tu cuerpo y mente saldrán fortalecidos y en ese mismo instante una gran sensación de felicidad recorrerá tu cuerpo.

El verano está también lleno de olores, diferentes a los de la primavera y a la vez muy intensos. Un abanico de recuerdos olfativos que puedes ir sumando a tu memoria vital.

REFRESCARSE EN LA NATURALEZA

Los rayos de sol son implacables en verano, el calor aprieta y en ocasiones sentimos que no podemos soportar más esa temperatura. Una vez más, la naturaleza acude a nuestro rescate para proporcionarnos algún alivio que nos ayude a soportar la fuerte canícula. Escápate de la ciudad, procura alejarte del asfalto y, si te es posible, acude a un bosque y elige una ruta para pasear que se encuentre cerca de un curso de agua. No olvides llevar en tu mochila agua para hidratarte, fruta y un protector solar.

- Acércate a un manantial o río y **toma el agua con tus manos**. Siente el frescor en tu piel y luego bebe.

- Descálzate y **mete los pies en el agua**. Permanece así unos minutos y notarás cómo todo tu cuerpo agradece ese cuidado.
- Si pasas cerca de un lago o río, anímate a **darte un baño** para refrescar todo tu cuerpo.
- Busca que haya alguna cascada en tu ruta y disfruta poniéndote bajo ella. El verano es la estación perfecta para **tonificar tu cuerpo** de esta manera.
- Ponerse a la **sombra de un árbol** es otra buena opción para protegerse de las altas temperaturas. Lleva fruta en tu mochila y aprovecha esta parada para disfrutar de su sabor e hidratar tu cuerpo.
- Si te encuentras cerca del mar, **date un baño salado**. Ten cuidado de no quemar tu piel si lo haces cuando el sol lanza sus rayos.
- Prueba a darte **un chapuzón en una noche veraniega**. Las temperaturas de esta estación lo permiten y obtendrás un efecto relajante que te permitirá dormir mejor durante la noche.

Todas estas actividades te ayudarán a soportar mejor el rigor de las altas temperaturas, darán un descanso a tu cuerpo y a tu mente, te proporcionarán tranquilidad y favorecerán tu sueño en las noches estivales.

UNA CUESTIÓN DE PIEL

Con el calor nos liberamos del exceso de ropa, nos sentimos más ligeros, nuestra piel está más expuesta al aire. Es un buen momento para realizar una serie de actividades que van a beneficiar a nuestro cuerpo y a tener un efecto muy positivo para nuestra mente, aportándonos tranquilidad y bienestar:

- Ha llegado la hora de **quitarte los zapatos** y de que camines con tus pies desnudos. Por la arena puede que tengas más costumbre, aunque, si te apetece, es una estación perfecta para que te animes a hacerlo por el césped del jardín, en el parque o incluso por el bosque. Eso sí, hazlo con precaución y ten siempre cuidado de comprobar antes que en el suelo no hay objetos cortantes ni nada que pueda provocarte una lesión.

- **Siente en tu piel la brisa del verano**. Esos instantes, en medio de días de calor, en los que se levanta una suave brisa es una ocasión única para que cierres los ojos, eches ligeramente la cabeza hacia atrás, extiendas un poco los brazos hacia los lados y dejes que el aire roce toda tu piel, te dé un baño y alivie tu calor. Respira profundamente y disfruta de esa sensación.
- **Siente los rayos del sol**. A primera hora de la mañana o avanzada la tarde, para evitar las horas de máximo calor y radiación, deja que los rayos del sol se posen sobre tu piel. Permite que te transmita su energía, que te acaricie con su temperatura, que ayude a tu piel a sintetizar la vitamina D necesaria para tu cuerpo. Aprovecha los beneficios de su presencia.
- **Sécate al sol**. Es la estación idónea para dejar que el sol seque tu piel después de darte un baño gratificante. Es el broche perfecto a una actividad que relaja tu cuerpo y hace que el estrés disminuya. No olvides ponerte crema de protección solar.

La piel es el órgano más grande del cuerpo, y el verano la mejor estación para disfrutar plenamente de ella y sentir cada roce. Es también muy sensible y hay que cuidar bien de ella en cualquier época del año, aunque especialmente en el verano ya que se encuentra más expuesta al ambiente que la rodea.

EXPERIMENTAR EL PODER DE LUZ

En verano, las horas de luz y pasar más tiempo fuera hace que recibamos más aire fresco y sinteticemos más vitamina D gracias a la exposición mayor al sol, lo que promueve la creatividad y la memoria al tiempo que reduce el estrés y nos aporta relajación. Al mismo tiempo, el calor hace que nos movamos más despacio y que prefiramos parar en los momentos más calurosos del día. Nuestro cerebro no es capaz de afrontar de igual manera las actividades que realizamos en invierno, necesita más recursos y energía para resolver tareas incluso simples. Esto explica por qué sentimos a veces más pereza, nos mostramos aparentemente más inactivos y nos cuesta ponernos en movimiento.

El verano es una estación que provoca emociones encontradas en las personas. Cuando se está de vacaciones y se puede disfrutar del descanso, de actividades al aire libre, de la familia y amigos se despiertan emociones positivas de alegría y se siente bienestar y tranquilidad. Sin embargo, para las personas que tienen que trabajar intensamente en esta época del año, el calor, dormir mal por las noches y el cansancio acumulado pueden provocar que su estrés aumente en esta estación del año. En ambas situaciones, rodearse de naturaleza y disfrutar de ella ayudará a potenciar el bienestar en las personas que ya disfrutan del verano y a reducir el estrés en aquellas que no encuentran en el calor a su mejor aliado.

Los cielos despejados y la luz son dos grandes compañeros en los días de verano. Los días son largos, tenemos la sensación de que disponemos de más horas. Aprovéchalas:

- Practica **actividades al aire libre** que mantengan tu cuerpo activo. Procura evitar las horas centrales del día, cuando hace más calor.
- **Mantén una dieta adecuada** a la estación. Bebe agua, toma frutas, verduras frescas y alimentos que te hidraten y reduce el consumo de alcohol. Incluso beber infusiones calientes te ayudará a reducir la temperatura corporal.
- Aprovecha para dar **un paseo temprano en la mañana** por un parque cercano y dedícate solo a observar y sentir el momento presente.
- En noches despejadas **túmbate a mirar el cielo**. Relájate contemplando las formaciones estelares y vive ese momento de relajación.
- **Practica los baños de bosque** también en verano. Hay mucho por descubrir en la naturaleza y cualquier época del año es buena para recibir sus beneficios.

Siente la magia del verano. Disfruta de su luz, de su temperatura, de la libertad. Fíjate cómo la naturaleza está en todo su esplendor. Conecta con su energía y fortalece tu salud. Incorpora experiencias a tu vida, que nada te frene.

LA RECOLECCIÓN DEL OTOÑO

Año tras año
se alimenta el cerezo
de hojas caídas.
Matsuo Basho

El otoño es la época de los olores a humedad. Las hojas caídas y secas mezcladas con las setas otoñales despiden un aroma único. Es un momento mágico para disfrutar de la serenidad y equilibrio que ofrece la naturaleza. Es la estación de la recolección, los animales buscan los frutos y recursos para poder pasar el invierno. El bosque se prepara para su reposo invernal y el silencio marca su melodía de fondo, un silencio que ayuda a conectar con nuestro mundo interior. El bosque caducifolio presenta una atractiva gama de colores rojos, ocres, verdes y amarillos que dotan al paisaje de una belleza única digna de contemplar. Respirar a fondo, mantener los ojos abiertos ante esta grandeza, sentir la humedad y el tibio calor de los rayos del sol, pisar un manto de hojas, pasear sin rumbo. Un baño de bosque en otoño es una experiencia única. Anímate a dar el primer paso y disfruta del camino.

INICIAR LA TRAVESÍA

El tiempo es inestable en esta estación. No se sabe si va a llover, salir el sol o incluso si alguna nevada anticipada va a hacer su aparición. Cuando se vive en las ciudades lo tentador es empezar a vivir en el interior de los edificios al abrigo de la calefacción. Tenemos la sensación de que el mundo afuera es desapacible. Pero el bosque sigue ahí, adaptándose para sobrevivir al cambio continuo, y nos abre sus ramas para recibirnos y seguir compartiendo con nosotros su energía y su sabiduría.

Ha llegado el momento de vencer la pereza y descubrir lo que el bosque alberga en esta estación. Hay que ponerse en marcha y comenzar una nueva travesía para descubrir qué sorpresas nos depara la naturaleza.

Recuerda los primeros pasos entes de comenzar tu experiencia:

- **Elige un lugar** para realizar tu baño de bosque.
- **Infórmate del tiempo** que va a hacer el día que has escogido para adentrarte en la naturaleza. En esta estación es muy variable y te puede sorprender cualquier temperatura o inclemencia atmosférica. A primera hora de la mañana puedes encontrar tanto escarcha como niebla en tu paseo.
- Ve al armario y **selecciona la ropa adecuada**. Ya sabes: cómoda, confortable y adecuada al clima que te vas a encontrar al aire libre. Una mala elección puede estropear tu experiencia.
- **Mete en tu mochila lo necesario**. No olvides llevar algo más de abrigo, algún impermeable, unos guantes y calcetines de repuesto, un termo con alguna infusión, agua y algún alimento que te aporte calor y energía, como frutos secos, chocolate, plátanos o manzanas.
- Si vas a realizar la ruta en solitario, **deja dicho a alguien dónde vas** y lleva tu móvil con carga de batería por si necesitas conectar para alguna urgencia.

Cuando tengas todo preparado acude al bosque. Antes de adentrarte en él ya sabes que debes desconectarte de todo lo que queda atrás, respirar profundo, comprometerte con el aquí y ahora y establecer el compromiso de explorar con todos los sentidos y disfrutar de este momento mágico. Nos sumergimos en la magia del otoño.

DISFRUTAR DE LOS SILENCIOS
En el otoño parece que los sonidos se apagan y que todo está rodeado de calma. ¿Te has parado a escuchar cómo suena el silencio?, ¿has comprobado la tranquilidad que aporta esta ausencia de ruido y lo lejano que parece todo lo relacionado con el estrés y las dificultades cotidianas?

En esta estación se dan las condiciones idóneas para que disfrutes de estos momentos de soledad en el bosque que **invitan a la reflexión**:

- Mientras paseas, deja que este silencio te acompañe.
- Siéntate bajo un árbol, respira hondo y siente la calma.

- Sitúate cerca de un curso de agua y escucha su melodía mientras fluye y cómo rompe débilmente el silencio con su sonido. Es una actividad muy relajante.
- Si está lloviendo, párate a escuchar cómo suenan las gotas en el bosque y el sonido que hacen al caer sobre la alfombra de hojas del suelo. Si la lluvia no es muy intensa, deja que caiga sobre ti y siéntela en tu piel.
- Escucha cómo golpean los frutos al caer en el suelo. Procura que no lo hagan sobre ti, pues algunos pueden hacerte algo de daño con la fuerza de su caída.
- Deja que tus preocupaciones vayan abandonando poco a poco tu mente. Observa lo que sientes.

El silencio del bosque en otoño es solo aparente. La vida sigue su curso adaptándose a la nueva etapa y mantiene su actividad. Si prestas atención, y entrenas tu sentido del oído, podrás escuchar otras voces que te acompañan en la travesía.

LAS VOCES DE LOS HABITANTES DEL BOSQUE

En el otoño la naturaleza empieza a detener su frenética actividad y se apaga poco a poco. Los animales aprovechan la estación para recolectar frutos y llenar sus despensas de cara al frío invierno. En el bosque se escuchan los **movimientos de los roedores** haciendo acopio de alimentos. Castores, ardillas o marmotas ingieren mayor cantidad de sustancias nutritivas y engrosan sus cuerpos para mantener las reservas de cara a la nueva estación que se avecina. Aprovecha tu paseo por el bosque para observar a los diferentes animales que se mueven por él. El silencio que impera te ayudará a detectar sus movimientos mientras buscan alimentos en la naturaleza. Escucha estos sonidos y aprende a detectar cuándo se encuentran cerca de ti.

El canto de las aves ya no es tan intenso. La época de cría ya ha pasado y toca preparar los nidos para la bajada de temperaturas. A primera hora de la mañana se les puede oír en zonas de arbustos con frutos donde pueden encontrar alimentos para recolectar. En el caso de las **aves migratorias** el movimiento es intenso. Con la llegada del frío tendrán que viajar a zonas más cálidas y donde encuentren mayor alimento, y durante su paso será posible escuchar el **sonido de bandadas de aves que cruzan el cielo** en perfecta composición. Primero percibirás un sonido intenso que avisa de su llegada y cuyo mensaje lanzado al viento anuncia que pronto habrá cambios en la naturaleza. Después las verás cruzar el cielo, en armonía. Escucha cómo los sonidos rompen el silencio del bosque, disfruta de su melodía.

El otoño es también la época de apareamiento de los cérvidos. Los machos llaman a las hembras y compiten por ellas. Es la época de la **berrea o de los bramidos de los ciervos en celo**. Es un sonido que rompe el silencio del amanecer y del atardecer de los bosques con este ritual único y que solo se da en esta época del año. Quien lo escucha no es capaz de olvidar este espectáculo sonoro. Un motivo más para acercarse al bosque y disfrutar de la naturaleza en todo su esplendor.

Y cuando el sol empieza a descender por el horizonte algunos sonidos misteriosos se empiezan a escuchar en los bosques y llaman a la noche. Son las **aves nocturnas**, como los búhos y las lechuzas, las que continúan con la melodía del otoño. ¿No te apetece disfrutar de ella?

SUMERGIRSE EN LA NIEBLA

Cuando se presenta la niebla, el paisaje se torna mágico. Un halo de misterio envuelve el bosque y despierta la imaginación. Mirar a lo lejos y ver cómo la niebla va bajando mientras extiende su capa blanquecina es un espectáculo único. Durante el otoño es muy posible que puedas disfrutar de este fenómeno alguno de los días que acudas a encontrarte con la naturaleza:

- **Observa primero a lo lejos**, hasta donde te alcance la vista, para captar la magnitud de este fenómeno. Contempla cómo es el color del bosque y cómo van cambiando las tonalidades de lo que puedes ver.

- Mira después tu entorno más cercano, cómo el paisaje se ha convertido en un espacio donde muchas formas dejan de verse con nitidez y parece que trataran de jugar al escondite. **Prueba a imaginar** qué hay tras ese manto, qué misterios quedan envueltos bajo esa niebla. ¿Qué pensamientos acuden a tu mente?

- Fíjate ahora en el **movimiento de la niebla**, cómo se va desplazando y haciéndose más densa en unas ocasiones mientras que en otras va desapareciendo, elevándose como si fuera un telón de fondo que se retira y comienzas a ver de nuevo los contornos, las formas reconocibles de lo que te rodea. Aprovecha estos momentos para **conectar con tu interior**, para reflexionar y disfrutar de esa serenidad.

CADA HOJA ES UN UNIVERSO

Las hojas de los árboles cambian de color en esta época, y las ramas de los árboles caducifolios van dejando que estas poco a poco se vayan desprendiendo y formen una **densa alfombra** bajo sus copas. Esta capa resulta beneficiosa para el suelo, pues en su descomposición aporta nutrientes que lo enriquecen. Las hojas caídas son un recurso natural rico en materia orgánica, en minerales y en microorganismos. Ayudan a **retener el agua de lluvia**, permiten **regenerar el suelo** y se convierten en un **refugio para la fauna silvestre**. Crean además un universo otoñal que se puede percibir de una manera mágica a través de todos los sentidos:

- Dirige tus ojos a las copas de los árboles. Observa esa **variedad de colores** rojos, ocres, amarillos y verdes que no se da en ninguna otra época del año.

- Observa cómo se filtra ahora la luz entre los árboles. Los rayos son menos intensos, pero el **juego de luces y sombras** que se forman entre los claros adquieren un matiz especial.

- Mira las hojas que hay en el suelo y el manto denso que forman. Pisa con cuidado sobre ese manto y **escucha el sonido de las hojas crujiendo bajo tus pies**.

- **Toma un puñado** de ellas al azar y observa sus colores y sus texturas. Mira la forma de sus bordes y cómo se extiende su nervadura a lo largo de su superficie. ¿Eres capaz de encontrar algún patrón que se repita? Si alguna de ellas llama tu atención guárdala en tu mochila y utilízala después en alguna actividad creativa.
- **Escucha el sonido del viento cuando agita ese manto de hojas** y las eleva. Observa cómo se mueven siguiendo una corriente de aire y se dejan llevar por él.
- **Encuentra un espacio acogedor** bajo la copa de algún árbol y siéntate bajo él en algún descanso del camino. Si has llevado en tu mochila un termo con una infusión caliente, aprovecha para degustarla mientras te empapas de ese magnífico paisaje otoñal.

UN MUNDO DE SETAS

El otoño es tiempo de setas. Cada vez son más los que se animan a salir a recolectarlas como parte de una actividad lúdica. Sin embargo, también en esto hay que manifestar un profundo respeto por la naturaleza que nos rodea, tener en cuenta una serie de normas de no agresión al medio y proceder con cautela para no perjudicar nuestra salud.

Si tienes la suerte de acudir al bosque en un momento en el que las setas estén en su máximo esplendor y deseas recolectar algunas para llevarlas a tu hogar y preparar un buen plato con la esencia del bosque, es bueno que sigas estas **recomendaciones** antes de extraerlas de su hábitat natural:

- **Asegúrate** de que el ejemplar que vas a recoger **es comestible**. Si no identificas correctamente la especie, o tienes dudas de su toxicidad, no lo toques.
- **Recoge exclusivamente la cantidad que sepas que vas a ingerir**, no acumules por el simple hecho de obtener un récord acaparando el mayor número posible. Se estropean fácilmente y es una lástima llevárselas sin ningún sentido práctico.
- Busca ejemplares con el **grado de maduración adecuada**, que no estén muy maduras o que acaben de aparecer y casi no hayan crecido.

- **Utiliza cestas de mimbre**, no bolsas de plástico. Es el ambiente adecuado para que la humedad no acabe de pudrirlas y hacerlas inútiles para su consumo.
- **Emplea una navaja** para desprenderlas de su hábitat, pero hazlo con sumo cuidado para **no modificar el medio** en el que se hallan. Lo ideal es que puedas limpiarlas de hojas, tierra o fragmentos de naturaleza que lleven adheridos en el propio bosque, ya que estos son elementos que la naturaleza puede reaprovechar durante su ciclo natural.
- Aprovecha esta experiencia para **ser consciente de la importancia del momento**. Las setas son un claro ejemplo de la estacionalidad de las cosas. Solo en determinadas condiciones y épocas del año hacen su aparición. Que esta actividad sea también una excusa para la reflexión.

RECOLECTAR LOS FRUTOS DEL OTOÑO

Al igual que los animales recogen y almacenan alimentos en esta estación para tener reservas en el invierno, tú también puedes aprovechar el paseo por el bosque para recolectar algunos frutos que han madurado después del verano. Es época de recoger castañas, avellanas, endrinas, escaramujos, piñones o nueces, por ejemplo. Según donde vivas encontrarás distintos **frutos secos comestibles** que son **muy saludables** y propios de esta estación. Además de poder disfrutar de su sabor en plena naturaleza, también puedes llevar algunos al regresar a casa para preparar deliciosos platos que devuelvan el sabor de la experiencia otoñal a tu boca.

A modo de ejemplo, analizamos las propiedades saludables de tres frutos muy típicos del otoño en diferentes partes del mundo para que te animes a investigar más sobre los beneficios de los frutos secos: las **castañas** comestibles, procedentes del árbol *Castanea sativa*, son una fuente rica de energía que tradicionalmente se comen asadas, pero que también se pueden consumir frescas –si se escaldan unos minutos–, confitadas en almíbar, pilongas –peladas y secadas con humo–, en guisos o como harina. La cápsula de su fruto es como un globo lleno de espinas, parecido a un erizo de mar, que alberga en su interior unas dos o tres castañas; los **piñones**, que se encuentran dentro de las piñas de *Pinus pinea*, son un alimento muy valorado y rico en varios minerales, como hierro, magnesio, manganeso y cinc, y en vitaminas del grupo B, lo que los hace muy adecuados para prevenir la anemia. Tienen también un elevado contenido proteínico y propiedades antioxidantes; las **nueces** son una fuente magnífica de nutrientes y antioxidantes, aportan ácidos grasos como el omega 3, muy beneficioso para el cerebro y el corazón, y su consumo favorece los sistemas cardiovascular, nervioso, digestivo y reproductivo. Actúan también mejorando la calidad del sueño y la memoria. Puedes utilizarlas en ensaladas, postres, salsas y guisos. Existen diferentes tipos de nueces, desde las que son fruto de las especies del género *Juglans*, a las que proceden del árbol *Carya illinoinensis*, que se conocen como nueces pecanas y son una variante americana de las nueces más conocidas en Europa.

Ahora llega el momento de que tú completes esta lista y de que pongas atención en tus paseos otoñales por el bosque para hacer una buena selección de frutos que aporten salud a tu cuerpo y alimenten también tu espíritu de búsqueda.

DAR ALAS A LA CREATIVIDAD
El otoño es la estación de la calma y la conexión interior. Aprovecha para expresar lo que la naturaleza te hace sentir y pon a prueba tu imaginación para jugar con los elementos que has recogido en el bosque:

- Si has recolectado hojas, piñas, frutos, ramas o cualquier material natural durante tu paseo, puedes relajarte creando tu propio **mandala otoñal** en algún descanso. Juega con los colores, texturas, simetrías y deja que tu mente se exprese.
- ¿Te animas con un **haiku**? Toma lápiz y cuaderno y ya sabes: tres versos, 17 sílabas, reflejar un momento irrepetible de la naturaleza y que marque la estación del año.
- Al llegar a casa, puedes **secar bien las hojas** que hayas recogido poniéndolas en papel secante y prensándolas un poco para absor-

ber la humedad. Luego puedes **utilizarlas para decorar** cuadernos, carpetas, hacer marcadores de páginas o un cuadro, ponerlas en envoltorios de regalo o donde tu creatividad te lleve.

• Al igual que los barcos metidos en una botella, con las **piñas** puedes hacer algo parecido para **decorar**. Si has recogido piñas húmedas, estarán cerradas. Aprovecha para meterlas en algún frasco cuya boca tenga el tamaño justo para introducirlas. Luego, déjalas un tiempo así para que se vayan secando. Verás cómo se van abriendo poco a poco. Cuando estén secas, tapa el frasco para que no se vuelvan a humedecer.

Añade todas las actividades que se te ocurran a esta lista. Si en la casa hay niños, podréis jugar a recrear la naturaleza y hacer diferentes composiciones con todos los materiales. Estas prácticas ayudan a fomentar la creatividad a la vez que acercan la naturaleza a lo cotidiano y favorecen el conocimiento de cada estación y de los cambios que se producen.

OBSERVAR EL CAMBIO Y APRENDER A SOLTAR

El otoño es una estación en la que se observan muchos cambios. Se pasa del calor, de los días claros y con bastantes horas de luz, y en muchas ocasiones con días de descanso, a una época en la que la temperatura desciende, los días se vuelven más grises, a veces lluviosos, y hay que volver a retomar todas las rutinas y obligaciones del día a día. Se suele asociar el otoño con la melancolía y la tristeza, con cambios en el estado de ánimo, con la pérdida de energía y la alteración del sueño.

Visto así, el otoño no resulta una estación muy apetecible, sin embargo, es una época rica en matices que ofrece muchas oportunidades y de la que se puede aprender mucho, sobre todo si observamos qué ocurre en la naturaleza y cómo se adapta al cambio. Prueba a **disfrutar** del próximo otoño **de una manera diferente**:

• **Sal afuera**, abandona el refugio de calefacción y acércate a la naturaleza. Mira a tu alrededor y observa todo como si fuera la primera vez. Pon a prueba tus sentidos para captar todos los matices de los diferentes colores que se presentan ante ti, respira el aroma y siente la tranquilidad que ofrece el silencio. Deja las prisas a un lado.

- **Reflexiona sobre lo que observas**. La naturaleza es sabia y se adapta a las condiciones ambientales. En otoño, cuando las temperaturas bajan y la luz del sol no es tan intensa, ella programa todos sus mecanismos para gastar menos energía, para no desperdiciarla en acciones que no son necesarias. Es tremendamente práctica. Utiliza ese aprendizaje para aplicarlo en tu vida. Sé flexible y cambia cuantas veces sea preciso para adaptarte a un entorno cambiante que nunca permanece igual. No desperdicies tu energía empeñándote en un imposible: que las cosas se mantengan siempre y del mismo modo.
- **Presta atención al momento**. Los árboles se liberan de sus hojas para prepararse de cara al invierno. Haz tú lo mismo y **acostúmbrate a dejar ir** a lo que ya no te pertenece o no forma parte de tu vida. Disfruta de la belleza que te rodea, del momento que estás viviendo, del valor de las cosas de las que disfrutas y deja a un lado la lista de lo que echas en falta, no sea que te pierdas también este momento.

Siente la magia del otoño. Es una estación para la reflexión, para el aprendizaje, para sentir la fuerza interior y seguir disfrutando de cada detalle. Si vives en el presente, das valor a lo que tienes y dejas de lamentar lo que echas en falta vivirás con más intensidad cada momento. Fíjate en cómo la naturaleza se adapta a los cambios. ¡Disfruta del otoño!

EL RITMO DEL INVIERNO

Vayamos juntos
a contemplar la nieve
hasta agotarnos.
MATSUO BASHO

El invierno es una estación que invita al recogimiento, a buscar el calor en el interior de los hogares. Las horas de luz se reducen al máximo, las temperaturas son bajas y el tiempo meteorológico no invita a quedarse mucho tiempo en el exterior. En la naturaleza todo se ralentiza. La vida sigue presente pero escondida tras una aparente quietud y rodeada de silencio. Es una época del año complicada para la fauna tanto por el frío como por la escasez de alimentos. Cada especie tiene que agudizar su ingenio porque es el momento de sobrevivir al invierno, de administrar el almacén de reservas alimenticias e incluso de hibernar, y las estrategias que emplean los seres vivos son muy variadas. Los árboles se liberan de cargas innecesarias y se agarran fuertemente al suelo mediante sus raíces para hacer frente a las embestidas del viento y al peso de la nieve sobre sus ramas. Y en el confort de nuestros hogares, el invierno nos invita a mirar hacia dentro, a conectar con nuestro interior, a encontrar nuestras fortalezas y hacer uso de ellas, a echar raíces profundas que nos sostengan cuando los vientos vienen fuertes. Es una estación de sabiduría, de aprendizaje. Sácale el máximo partido.

UN PAISAJE BLANCO

Es fácil asociar el invierno con un paisaje nevado. Lo cierto es que es un fenómeno que encierra una gran belleza. Empezar a ver copos de nieve es de por sí un acontecimiento. La primera vez que los vemos caer en el año no podemos evitar mirar de nuevo hasta que nos aseguramos de que sí, de que realmente es nieve. Sentimos que algo especial está pasando, que el invierno está aquí: ya no hay duda. Si además empieza a cuajar, la emoción se hace mayor, y si la capa de nieve comienza a crecer ya no podemos dejar de mirar y contemplar con admiración cómo el paisaje cambia.

Si disfrutar de este espectáculo parapetados detrás de un ventanal nos transmite una sensación de tranquilidad, vivirlo en tu paseo por el bosque no tendrá precio. Experimenta esta sensación en directo y no mires desde la ventana:

- **Contempla los copos de nieve** que se posan sobre ti. Fíjate por si puedes llegar a ver su composición hexagonal. Ya sabes que observar estructuras **fractales**, como la que tienen los copos de nieve, aporta tranquilidad.

- **Observa las pisadas sobre la nieve** y la huella que sobre ella dejan tus pies. Si algún animal ha pasado por allí, después de la nevada, seguir su pista te resultará sencillo.
- **El silencio que sigue a una nevada es algo temporal**, tan fugaz como la belleza de la nieve recién caída. ¿Te has preguntado alguna vez por qué después de una nevada en el bosque todo parece quedar completamente en silencio? El motivo es que si la nieve alcanza unos pocos centímetros logra absorber las ondas de sonido y estas no se propagan, no chocan sobre otras superficies, por lo que la sensación que queda es de total tranquilidad. Este efecto se debe a que los copos de nieve son cristales hexagonales y tienen en su estructura espacios vacíos que son los que absorben las ondas. Cuando pasado un rato la nieve se congela, el efecto será el contrario, pues el hielo amplifica los sonidos cercanos.

LA NATURALEZA ESCONDIDA

El bosque se sumerge en el silencio. A simple vista no se percibe ningún movimiento, todo parece estar en calma, como si la vida se hubiera detenido por un espacio de tiempo. El frío hace que la temperatura corporal descienda, y al igual que ella la velocidad de todos los procesos internos del organismo también se atenúa. No solo la temperatura es menor, los vientos en esta época son gélidos y causan estragos en los intentos de desplazamiento. **Cualquier actividad tiene que disminuir su frecuencia** para gastar el mínimo posible de energía, pues tampoco hay mucho alimento disponible.

Los animales se refugian en sus nidos cálidos preparados para ese fin, se esconden en madrigueras y tiran de la grasa acumulada bajo su piel para sobrevivir al duro invierno. Los **animales de sangre fría**, como ranas, serpientes o tortugas, se vuelven inactivos en esta época del año. Buscan un lugar donde cobijarse e inician en grupos un largo sueño invernal. Muchos insectos pasan en esta etapa en fase de huevo o crisálida, protegidos de las bajas temperaturas y a la vez creciendo y preparándose para seguir su metamorfosis con las temperaturas más amables de la primavera. Los **animales de sangre caliente**, como aves y mamíferos, tienen la capacidad de regular la temperatura corporal y buscan diferentes estrategias para pasar esta estación del año. Entre las aves hay especies que migran con la llegada del frío hacia lugares más cálidos del planeta, otras bajan desde lo alto de la montaña a buscar refugios en el valle para protegerse de los azotes del viento y encontrar algo de alimento. Hay también especies animales que no se mueven del lugar en el que habitan durante todo el año y deciden pasar allí el invierno: plumas y pieles se transforman para volverse más densas, con una capa protectora pegada al cuerpo que les aísla del frío, y que tornan a colores más claros que permiten absorber mejor los rayos del sol y camuflarse en espacios nevados.

Parece que todo está quieto en invierno, aunque la vida esconde sorpresas y las cosas no son igual para todos. **No todos los seres vivos del bosque permanecen hibernando** y esperando a que llegue la primavera. Hay especies animales que aprovechan esta época para aparearse, como los lobos, zorros, los gatos monteses o los linces, cuyas crías nacerán llegada la primavera, al abrigo de los primeros rayos de sol y cuando el alimento no escasea. Si hablamos de **especies vegetales**, la mayoría han detenido su crecimiento y reducido su actividad, aunque, al mismo tiempo, los brotes que darán las flores empiezan a desarrollarse gradualmente en el árbol para florecer cuando la primavera despunte. Dependiendo del lugar en el que te encuentres, tanto por Is latitud como altitud y climatología de tu zona, es posible que localices especies que **tienen flores en invierno,** como las camelias o la flor de pascua, o que incluso aparezcan entre la nieve tan pronto como esta empiece apenas a retirarse. Descubrir estos brotes de vida en la estación invernal son un motivo más para que disfrutes de tus baños de bosque invernales y pongas a prueba tus sentidos, capacidad de observación y aprendizaje.

Muchos son los **ejemplos de resistencia y calma ante la adversidad** que la naturaleza pone ante tus ojos. En esta época no podrás beneficiarte del poder de las fitoncidas, aunque sí tendrás la posibilidad de disfrutar de momentos de silencio y conexión interior que te aportarán otro tipo de beneficios muy saludables.

LOS MENSAJES DEL VIENTO

Si tienes la oportunidad, **escucha el silencio de la naturaleza en invierno**. Es un sonido que no se olvida y que queda grabado en la mente. Y es que el silencio en el bosque invernal tiene fuerza, no te deja indiferente. Si ha caído una nevada que ha cubierto las ramas de los árboles, al cabo de un rato podrás escuchar cómo estas crujen bajo su peso. Estos sonidos serían casi imperceptibles en cualquier otra época del año, pero en el silencio invernal toman otro cariz que llega a tus oídos para decirte que la vida sigue, que se adapta ante los cambios y permanece en constante evolución. No hay dos días iguales.

Sigue escuchando con atención. **Que no te engañe la quietud del bosque**. Algunos animales empezarán a moverse para buscar el poco alimento que queda bajo la nieve. Podrás oír carboneros, mirlos, herrerillos, petirrojos, cornejas, quizás a algún zorro en la lejanía, al buitre leonado, a la alondra o puede que un búho. En zonas escarpadas es posible que percibas los gritos de las águilas reales en celo mientras realizan vuelos acrobáticos. Entre el rumor del viento también hay posibilidad de que escuches el sonido del agua, de alguna corriente que corre libre y ha logrado escapar de su estado de congelación en hielo. Los valles helados crujen y emiten sonidos que avisan de los cambios de temperatura. **No te pierdas esta riqueza de sonidos invernales**.

Ahora pon atención. El viento toma velocidad, llega una **tormenta de nieve**. Una variedad de sonidos está a punto de estallar en el bosque. Escucharlos es un espectáculo único que no debes perderte, aunque si lo haces desde el calor del hogar, mientras disfrutas del reconfortante crepitar del fuego, te va a proporcionar un bienestar mayor. No en vano escuchar tormentas de nieve, incluso en grabaciones, aporta tranquilidad y relax y facilita un sueño reparador.

LA TRANSFORMACIÓN DEL AGUA

El agua es vida. Y un símbolo de transformación y cambio ante las situaciones atmosféricas variables que la rodean. En invierno puedes encontrártela en cualquiera de sus tres fases: **hielo, líquido o vapor**. Solo con mirar su estado puedes deducir qué temperatura te espera en el exterior. Aprovecha tus paseos por la naturaleza para fijarte en ella y observar en qué fase se encuentra:

- A primera hora de la mañana **fíjate en las superficies** que han estado a la intemperie. Muchas de ellas se encuentran cubiertas por una capa de hielo más o menos fina. Acércate y **observa los cristales** que se forman.
- **Acércate a una fuente o manantial**. Mira en qué estado se presenta el agua. ¿Qué observas en la naturaleza que se encuentra alrededor?, ¿hay musgo en la superficie de las rocas y en la corteza de los árboles?
- En el invierno es posible que encuentres algún **lago helado** en la ruta que has escogido para practicar el baño de bosque. Obsérvalo y evita ponerte de pie en su superficie, pues es difícil saber si el hielo es consistente o se puede romper fácilmente bajo tus pies. Lo que sí puedes es contemplar los efectos de la luz al incidir sobre la capa helada.
- Tu oído puede detectar alguna **corriente de agua** que todavía fluye **en estado líquido**. Escucha cómo es ese sonido y la velocidad que lleva el río en esa época del año. A medida que se acerque la primavera, y comience el deshielo, observa cómo las aguas se van moviendo con más fuerza.
- Si nieva, **observa los copos de nieve**. Su consistencia, su geometría fractal y su existencia fugaz. Disfruta de ese momento.
- El agua también puede proceder de capas internas de la tierra que se encuentran a mayor temperatura que la que existe en el suelo. A veces sale a la superficie y brota en forma de vapor y origina circuitos de aguas termales. Según de donde procedan tendrán diferentes componentes minerales, menos bacterias y contaminantes

pues ha sido filtrada en su paso interno por la tierra. Si tienes la oportunidad, date en invierno un **baño en una poza de agua termal** con propiedades terapéuticas y que esté rodeada de naturaleza. Si acudes a uno de estos parajes de ensueño al aire libre vivirás una experiencia única y muy saludable.

LA FORTALEZA DE LA CALMA

El invierno viene acompañado por los días con menos horas de luz del año. El tiempo en muchas ocasiones es frío y desapacible y a veces esto puede producir una **sensación de desánimo y desgana**. Al principio parece que nos invade la calma, pero luego se presentan episodios más relacionados con la tristeza y pérdida de energía. Existe lo que se conoce como «trastorno afectivo estacional» que está muy relacionado con la depresión, el aumento de los miedos y el temor a la oscuridad y que, en el invierno, con la reducción de las horas de luz, afecta a un mayor número de personas.

Por otro lado, con el frío, el **sistema inmunológico se ve más expuesto**, las mucosas respiratorias se encuentran más débiles en su respuesta y muchos gérmenes encuentran un campo más propicio para crecer y provocar contagios. Los resfriados comunes y todo tipo de gripes encuentran en las condiciones invernales el mejor caldo de cultivo para propagarse.

Por si fuera poco, a algunas personas la pereza de salir a la calle o de realizar actividades físicas, unido al consumo de alimentos más calóricos para compensar las bajas temperaturas, les provoca **un aumento de peso**.

Por suerte, toda moneda tiene dos caras, y todo depende de dónde se quiera poner el foco. El invierno es una estación que tiene muchas cosas **para disfrutar** y a las que hay que sacar el máximo partido. Para ello:

- **Adapta la dieta a la estación y a tu actividad física**. Come verduras de temporada, como acelgas, brócoli, espinacas y coles, y toma menestras, caldos o guisos, que son también excelentes opciones.

Las lentejas son una fuente rica en hierro y muy saludable, así como otras legumbres, por ejemplo, los garbanzos. Consumir pescados, como el lenguado, te aportará una gran riqueza nutricional en tu dieta. Y si tomas frutas como naranjas, mandarinas, kiwis o aguacates serán el complemento perfecto para añadir vitaminas y minerales al cuerpo y reforzar tu sistema inmunitario. Dedica tiempo a buscar los alimentos de temporada que tengan un valor nutricional rico y saludable para tu organismo, que ayuden a reforzar tu sistema inmunitario, y diseña con tiempo una dieta semanal equilibrada.

- **Toma infusiones**. Beber una infusión caliente en cualquier momento del día te ayudará a mantener tu cuerpo templado. Hay muchas infusiones naturales que te harán sentir además la fuerza de la naturaleza y podrás disfrutar de sus efectos saludables a la vez que te mantienes en conexión con el bosque. Tomar bebidas templadas o calientes durante el invierno favorece que tu organismo regule mejor su temperatura y no tengas la sensación de que «el frío se te ha metido en el cuerpo».

- **Realiza actividades físicas**. En el invierno la temperatura se presta más a realizar cualquier actividad física, pues no hay riesgo de sufrir un golpe de calor o una bajada de tensión por las altas temperaturas. Además, poner en movimiento tu cuerpo hará que tengas menos frío y que quemes un posible exceso de las grasas acumuladas durante esta estación. Si practicas ejercicio físico en el exterior, escoge la ropa adecuada para protegerte del frío invernal. Los cambios bruscos de temperatura no son buenos para el organismo, pues debilitan tus defensas y te expones a padecer resfriados o cualquier otro tipo de enfermedad respiratoria.

- **Haz estiramientos**. Al levantarte por la mañana prepara tu cuerpo para el día que tienes por delante. Realiza estiramientos suaves, siente cómo tus articulaciones empiezan a entrenar para dar flexibilidad a tus movimientos y cómo tú vas sintiendo esa fuerza que empieza a recorrer tu interior y te da la vitalidad para disfrutar de otro hermoso día de invierno.

- **Mira a tu interior, medita y deja a un lado las inseguridades**. El invierno es una estación que invita a la calma. Dedícate tiempo para escuchar lo que dice tu interior. Presta atención a tus emociones y sentimientos. Practica el estar aquí y ahora, pon tu mente en el presente, valora cada detalle de lo que te rodea. Repasa tus fortalezas y agárrate a ellas, como los árboles se sujetan al suelo por medio de las raíces. Deja a un lado las inseguridades y proponte pequeños retos para cada día. Observa todo a tu alrededor como si fuera la primera vez. Disfruta del nuevo día.
- **Sal a la naturaleza**. También en invierno el bosque te espera. Ya has visto que, aunque con menos actividad, la vida sigue su curso allí. Escoge ropa de abrigo y calzado adecuados para disfrutar de la experiencia. Consulta con antelación las condiciones climatológicas de la zona para no sufrir imprevistos y deja dicho dónde vas. Mete en tu mochila algún termo con bebida caliente y alimentos energéticos. Procura que durante tu paseo no entre demasiado frío al interior de tus vías respiratorias para no debilitar tus defensas. Y, cuando tengas preparado todo el equipo, solo te quedará una cosa: disfrutar sin prisas, y con todos tus sentidos, del camino entre árboles.

PRÁCTICA 8
Aceptar las cosas como son

QUÉ ES LA ACEPTACIÓN

La aceptación es el **reconocimiento activo** de que las cosas son como son. Consiste en ser consciente de la realidad, sin reacciones emocionales que distorsionen el foco, para decidir cómo relacionarnos y actuar ante ella. Aceptar es un hecho voluntario que no impide buscar cambios, aunque sabiendo cuál es el punto de partida para actuar a partir de él.

QUÉ BENEFICIOS NOS APORTA

La aceptación es una estrategia emocional de gran valor que evita sufrimiento, desgaste y pérdida de energía. Desarrollar esta actitud aporta un gran número de **beneficios** como:

- Nos proporciona un mayor ajuste de la realidad.
- Activa en nosotros pensamientos más racionales y objetivos.
- Invita a la acción, a buscar las soluciones de lo que está en nuestras manos gestionar.
- Nos ahorra gastos de energía físicos y emocionales inútiles.
- Evita que nos quedemos estancados y favorece un proceso continuo de superación.
- Aumenta la autoestima pues nos hace más conscientes de nuestra capacidad para el control personal.
- Aporta resiliencia y fortaleza para gestionar situaciones futuras.

CÓMO ENTRENAR LA ACEPTACIÓN

Puedes empezar a practicar esta actitud en el día a día. Es necesario un entrenamiento continuo para que, poco a poco, quede incorporada de manera natural en tu vida y te ahorre muchos desgastes emocionales tratando de cambiar las cosas sobre las que no tienes poder de actuación.

Durante una semana, proponte cada día el objetivo de **poner tu atención en una situación** o comportamiento que observes **que te desagrade** y sobre el que no puedes actuar (un atasco, un día de lluvia, has perdido un tren...):

- Observa cuál es tu reacción ante ese hecho y qué emociones se activan en ti.
- Se consciente de la energía que estás gastando en resistirte a aceptar esa realidad.
- Analiza si te está provocando un malestar añadido: nervios, impotencia, etc.
- ¿Qué pensamientos pasan por tu cabeza?
- Fíjate qué sensaciones físicas estás sintiendo en tu cuerpo durante todo este proceso.
- Prueba a no dar vueltas a esa realidad ni a reaccionar emocionalmente ante ella. Acepta los hechos como se presentan. ¿Hay algo que estés perdiendo por aceptarlo?
- Observa cómo reacciona tu cuerpo cuando no gastas energía en resistirte a esa situación. ¿Qué sientes?, ¿notas alguna relajación física o mental?
- Una vez que aceptes esa realidad, ¿qué decisiones vas a tomar contando con que esa situación no va a cambiar?

Finalizada la semana, haz una valoración de lo que has experimentado. ¿Qué ha sucedido cada vez que has aceptado que las cosas son como son? Sigue practicando hasta que interiorices esta forma de actuar. Verás cómo el estrés disminuye.

CÓMO PRACTICAR LA ACEPTACIÓN EN LOS BAÑOS DE BOSQUE

La naturaleza es una buena escuela donde puedes observar cómo funciona la aceptación. Acude al bosque durante las diferentes estaciones del año y verás cómo todo en él se adapta para que el ciclo vital siga, cambia su aspecto y acepta los cambios climatológicos que cada época trae. La energía la invierte en sobrevivir, no en resistirse a aceptar la realidad de que las condiciones cambian.

Ve al bosque y observa cómo la naturaleza se muestra ante realidades que no puede modificar:

- Después de una tormenta.
- Cuando azota el viento.
- En épocas de sequía.
- Cuando cae una nevada.
- Ante un cambio brusco de temperatura.

Recuerda todos esos momentos en los que te molesta algo que sucede: empieza a llover, hace mucho calor, el camino por el que querías avanzar está bloqueado, hace mucho frío para darse un baño, etc. En tu próximo paseo por el bosque trata de **identificar** esos momentos en los que te encuentres una **situación que te disgusta**:

- ¿Qué pensamientos aparecen en tu mente?
- ¿Está en tu mano cambiar esa situación que vives?
- ¿Qué reacciones emocionales experimentas?
- Prueba a aceptar la realidad tal como es y actúa en consecuencia. ¿Qué puedes hacer contando con que esa situación existe?
- ¿Te sientes mejor?, ¿notas cómo el bloqueo desaparece de tu mente?

Aprovecha los **baños de bosque para aprender y practicar la aceptación**. Volverás a tu rutina con una sensación mayor de seguridad y de control de tus emociones y con más tranquilidad para aceptar lo que te rodea.

PRÁCTICA 9
Ejercitar el desapego. Dejar ir

QUÉ ES EL DESAPEGO Y DEJAR IR

El **desapego** es la capacidad de salir de nuestra zona de confort y aprender a dejar de necesitar, de depender y de vivir con miedo a perder cosas a las que nos aferramos. No significa que no nos importen, sino que las podemos valorar desde un punto de vista más objetivo, flexible y dinámico. Liberarse de dependencias hace que se viva en ausencia de miedo y con más tranquilidad.

Muchas veces nos aferramos a personas, emociones, situaciones y cosas como si nos fuera imposible seguir viviendo sin ellas. Esto hace que vivamos con miedo a perder cualquiera de ellas, pasando por alto **la realidad de que todo cambia y nada permanece inalterable**, lo que nos hace vivir con angustia e impide nuestra felicidad. Retener nos desgasta. En ocasiones nos aferramos a cosas por costumbre –puede que incluso nos causen malestar– porque creemos que forman parte de una realidad que consideramos única.

Dejar ir es soltar lastre, liberarse de preocupaciones, dejar que todo fluya, no tratar de retener lo que está destinado a cambiar o marcharse definitivamente. Es como respirar, tomar aire y dejarlo salir. Consiste en vivir con más naturalidad. El dolor de una pérdida no se puede evitar, el sufrimiento por seguir aferrado a ella, sí.

QUÉ BENEFICIOS NOS APORTA

Practicar el desapego supone aceptar ser responsables de nuestra vida, de nuestra felicidad, sin esperar la valoración y el apoyo de otros como requisito para seguir avanzando. Implica también vivir el presente y aceptar la realidad. Es aprender a saber dar y recibir sin presiones, respetando la propia libertad y la de los otros, sin miedo a perder, sabiendo que antes o después las pérdidas van a suceder.

Actuar así aporta **beneficios** como:

- Aumenta nuestra confianza y seguridad a la hora de actuar.
- Nos permite vivir con mayor libertad.
- Aprendemos a escuchar.
- Abre nuevas posibilidades en nuestra vida.
- Nos vuelve más flexibles mentalmente.
- Disminuye nuestra ansiedad.
- Nos ayuda a observar nuestras reacciones emocionales con más calma y serenidad.
- Mejora el sentido del humor y nos ayuda a reírnos con mayor frecuencia de nosotros mismos.
- Aumenta nuestra felicidad.
- Nos ayuda a conocernos mejor.

CÓMO PRACTICAR EL DEJAR IR

Practicar esta actitud supone aprender a observar, analizar y aceptar para seguir abriéndose a nuevas posibilidades. Para empezar:

- Descubre **cuáles son tus apegos**, tantos los que tengas con cosas materiales como los internos de pensamientos y creencias. Observa si esos apegos te están impidiendo que se abran nuevas posibilidades en tu vida.
- Contempla los apegos **con amabilidad y sin juicio**. Simplemente toma conciencia de su existencia.
- Identifica qué **emociones y sentimientos** te generan esos apegos. ¿Qué propósito cumplen en tu vida?, ¿qué necesidades estás tratando de cubrir?, ¿cómo puedes cubrir esas necesidades sin buscar fuera de ti?
- Contempla la posibilidad de **ver las cosas desde otro punto de vista**, dejando a un lado las certidumbres y probando algo desconocido.

- **Aprende a reírte de ti mismo**. Al hacerlo muestras un grado de desapego, te vuelves más flexible y empiezas a relativizar.
- Vive el presente, acepta y asume la realidad. Si algo ha cumplido su función **agradece lo que hizo por ti y déjalo ir**.

CÓMO ENTRENAR ESTA ACTITUD EN LOS BAÑOS DE BOSQUE

Observa a los árboles y aprende de ellos: cómo se desprenden de sus hojas, cómo solo conviven con las flores un tiempo determinado, cómo sus semillas vuelan y se alejan para crecer en otros lugares, etc. El bosque es el mejor lugar para entender qué significa el desapego y dejar ir.

Aprovecha tu paseo por el bosque para practicar:

- Conecta con la naturaleza y **observa cómo se comporta**. Cómo acepta cada cambio y ante cada estación deja ir lo que ya no puede permanecer.
- **Vive el presente**, sé consciente de la realidad y asume lo que trae consigo.
- Reflexiona con calma acerca de lo qué tú puedes hacer para **cultivar tu propia felicidad** sin que dependa de lo que los demás puedan proporcionarte.
- Dedica tiempo para **cuidarte**, **disfrutar** de lo que te rodea y **entender la transitoriedad de las cosas**.

Cuando vuelvas del bosque te sentirás más libre, con mayor seguridad y con una sensación de ligereza que te permitirá continuar sin miedo y disfrutar de lo nuevo que llegue a tu vida.

La naturaleza en tu rutina diaria

No hay nada como practicar el *shinrin–yoku* y darte un baño de naturaleza una vez por semana, aunque para mantener y seguir en conexión con los beneficios que produce esta actividad puedes incorporar su esencia a tu vida cotidiana. Si no dispones de tiempo para acudir al bosque todas las semanas, tienes la opción de realizar otras actividades como visitar un parque cercano, acudir al jardín botánico o introducir hábitos en tu rutina que te acerquen a ese bienestar que produce la naturaleza.

Es importante que seas consciente de que estás en conexión con la tierra, que su bienestar está en relación con tu bienestar. Cuando te ocupas de proteger el medioambiente y mantienes el respeto por la vida natural, estás influyendo también en tu salud. Cuidar tu cuerpo y mente incorporando el aprendizaje de los bosques te hará llevar una vida más sana.

Puede que vivas en una gran ciudad, que sientas que la naturaleza es algo alejado y que es difícil que forme parte de tu día a día. A lo largo de este capítulo encontrarás diversas maneras de ir incorporando hábitos sencillos que te irán sumergiendo en el ambiente mágico de los bosques, mejorarán tu calidad de vida y te harán sentir parte de un circuito natural que es importante proteger.

Utiliza tu mente de principiante, vuelve a mirar lo cotidiano con otros ojos y abre tu vida a nuevas posibilidades. ¿Imaginas vivir con menos estrés?, ¿y si cada día fuera distinto?, ¿y si pudieras escuchar sonidos diferentes a los ruidos cotidianos?, ¿y si lograras respirar los aromas del bosque?,

¿y si pudieras dormir cada noche sintiéndote mejor?, ¿y si...? Al igual que en el bosque debes dejarte llevar por sus invitaciones, ahora sigue las que te lleguen a través de la lectura y haz de tu vida cotidiana una experiencia única.

BUSCA UN PARQUE

Localiza un parque o jardín próximo a tu vivienda o lugar de estudio o trabajo. Seguro que hay alguno que se encuentra cerca de tu ruta diaria. La próxima vez que pases cerca de él no lo bordees, métete dentro y pasea por su interior. Resérvate un tiempo para poder disfrutar de este espacio en algún momento del día:

- Desconecta por un momento el móvil.
- Camina sin prisas.
- Observa los árboles que te rodean.
- Respira profundamente y llena tus pulmones con el aire fresco del parque.
- Acércate a alguno de los árboles y pon tu mano sobre su corteza. Siente en tus dedos la rugosidad de su superficie.
- Mira el cielo y observa su color y las nubes que se encuentran en él.
- Escucha con atención. ¿Qué oyes?, ¿eres capaz de distinguir el canto de algún pájaro?
- Siéntate en el lugar que te apetezca: un banco, el césped, bajo la copa de un árbol que ha llamado poderosamente tu atención, donde quieras. Prueba a tumbarte si tu cuerpo te lo pide.
- Déjate llevar por la paz y tranquilidad y siéntela en tu interior.
- Escucha a tu cuerpo. ¿Qué te dice?, ¿qué sientes?

Incorpora esta rutina en tu agenda. Dedicar un tiempo cada día te ayudará a desconectar por un rato de las urgencias y el estrés diario y te permitirá conectar con tu calma interior. No olvides cerrar los ojos, respirar profundamente y sentir la fuerza que te rodea. Al principio te parecerá que estás perdiendo el tiempo, que estás restando minutos a tu día y que eso te impedirá resolver a tiempo todas las urgencias cotidianas, pero, poco a poco, irás descubriendo que, lejos de abandonar tus «obligaciones», llegas a ellas con más energía, disposición y buen ánimo y eres capaz de afrontarlas de una manera más eficaz.

Una vez que ya hayas incorporado tu visita al parque como un primer paso de conexión con la naturaleza, ha llegado el momento de que empieces a disfrutar de todos tus sentidos con los cambios de estación, escuches los mensajes que la naturaleza te envía y observes las diferentes emociones que despiertan en ti.

RESPIRA LA PRIMAVERA

En primavera los días comienzan a ser más largos, la luz brilla con otra tonalidad, los rayos de sol inundan el cielo y consiguen que el aire adquiera una temperatura muy agradable. La naturaleza empieza a recuperar su tono vital, ha comenzado a brotar. Ha llegado la hora de dar tu paseo por el parque:

- Si puedes ir a primera hora de la mañana para ver **amanecer**, descubrirás un espectáculo único. Observa cómo el sol va saliendo lentamente por el horizonte y cómo la luz va subiendo de intensidad. Siente esos primeros rayos primaverales sobre tu piel y escucha el piar intenso de las aves mientras reciben ese nuevo día.
- **Respira** profundamente. El bosque está en pleno apogeo y esplendor y sus aromas son intensos. Llena completamente tus pulmones de bienestar y salud.
- **Observa** cómo las ramas van creciendo y brotan las hojas de los árboles con gran rapidez. El bosque va adquiriendo gradualmente un color verde intenso. Pronto florecerá y los aromas serán cada vez más intensos.
- **Descálzate** y pon tus pies sobre el césped durante un rato. Siente su humedad y su textura. Conecta con la tierra.
- El **atardecer** es mágico también. Observa cómo cambia la luz, con qué fuerza se despide, las aves también se recogen en las copas de los árboles. Siente toda ese energía y alegría.

195

SIENTE EL CALOR DEL VERANO

Con la llegada del verano los días son largos y la temperatura sube mucho. Hay muchas horas de luz y las noches en la ciudad a veces se hacen excesivamente calurosas. Si tienes que pasar el verano en la urbe, el parque seguirá siendo tu aliado. Aprovecha para disfrutar de él en esta época, especialmente en los extremos del día:

- Acude a primera hora de la mañana para **recibir al nuevo día**. Observa cómo el sol sale lentamente y promete calentar la tierra con sus rayos.
- Cierra los ojos, **siente la brisa de la mañana** y respira. Es el momento de refrescar un poco tu cuerpo.
- Si hay alguna fuente cercana, acércate y **escucha el sonido del agua**. ¿Qué te sugiere esta melodía?
- **Toma en tus manos un puñado de tierra seca** y deshazlo entre tus dedos. Nota su textura.
- **Observa el color de los árboles** y cómo, poco a poco, su verdor pierde fuerza. Mira también cómo la luz se filtra a través de la frondosidad de sus copas.
- **Toca la corteza de un árbol** para percibir su temperatura. Acaricia su superficie y acerca después tu oído. Trata de escuchar el mensaje que quiere transmitirte.
- **Pasea por el parque cuando el sol se vaya a poner**. Observa el cambio de luz, siente la temperatura del aire, respira profundo y llénate de energía. El sol se oculta por un espacio de tiempo breve y te invita a esperar el nuevo día. La luna te acompañará en esa espera.

OBSERVA LA LUZ DEL OTOÑO

Con la llegada del otoño la luz se modifica de manera drástica. Los días son más cortos, la temperatura desciende y, si todo va bien, el clima se vuelve más lluvioso. En las ciudades parece que todo se vuelve gris… ¿gris? Ve de nuevo a tu parque más cercano y sigue disfrutando de la belleza de la naturaleza:

- **Observa** cómo los árboles se transforman en esta estación. Algunos pierden sus hojas y en otros estas cambian de color. Fíjate en todos los tonos ocres, rojizos y amarillos. No hay estación con tal **riqueza de colorido**.
- Acércate a un árbol, **pon tus manos sobre el tronco** y observa su corteza, ¿cómo son las grietas que se abren sobre él?. ¿Hay musgo en su superficie?, ¿hay líquenes?
- **Pasea sobre la alfombra de hojas** depositadas en el suelo. Camina lentamente, sin prisas, y escucha con atención cómo es el sonido de tus pisadas sobre ella.
- **Toma en tus manos un puñado de hojas** y lánzalas al aire. Recoge en su caída alguna de ellas al azar y obsérvala. Contempla su color, su textura y la forma de su nervadura.
- Anímate a **tumbarte sobre el colchón de hojas** bajo la copa de un árbol. Cierra los ojos, siente el aire en tu cara y respira profundamente. Aleja de tu mente las preocupaciones y ocúpate solo de vivir el momento presente. ¿Qué sientes?
- Si acudes un día de lluvia **escucha el sonido de las gotas de agua** cayendo sobre los árboles y golpeando en el suelo. Déjate llevar por el ritmo que marca ese goteo. ¿Cómo es esa melodía?, ¿qué sentimientos despiertan en ti?
- **Toma un puñado de tierra**. No temas ensuciarte por el barro. Nota cómo es la textura y acércalo a tu nariz. ¿Cómo es ese olor?, ¿qué recuerdos vienen a tu mente?
- **Dirige tus ojos al cielo**. Observa las nubes y sus formas. ¿Cuántas tonalidades de color puedes encontrar?, ¿cómo cambia ese color cuando un rayo de sol logra filtrarse entre ellas?, ¿qué te sugieren sus composiciones?
- **Prepara un termo con una infusión natural** y llévalo al parque. Busca un lugar que te resulte confortable para sentarte, saca tu termo, ábrelo y saborea con tranquilidad la bebida. Siente la temperatura al entrar en contacto con tu boca, sé consciente de su sabor y nota cómo desciende por tu garganta. Disfruta del momento y de la calma asociada al mismo.

ESCUCHA LOS MENSAJES DEL INVIERNO

El invierno en la ciudad se vive principalmente de puertas para dentro, al abrigo de la calefacción y tratando de protegerse del frío del exterior. Los días son cortos, gélidos y da más pereza pasar tiempo en la calle. Aún así, el parque sigue estando ahí y te ofrece su compañía. Abrígate bien, ponte un buen calzado y no renuncies a tu paseo:

- Aprovecha las horas centrales del día para acudir al parque. **Observa cómo ha cambiado la fisonomía del paisaje**. Los árboles han modificado su aspecto y no podrás descubrir brotes en sus ramas que, en muchos casos, se encuentran libres de hojas.
- Acércate a uno y pon tu mano sobre la corteza. **Acaricia sus grietas** y siente la consistencia de su tronco.
- **Dirige tu vista hacia las raíces**. Observa la fuerza con la que mantienen toda su estructura en pie y lo sostiene frente a los fuertes vientos invernales. Pon tus pies ligeramente separados y siente como si unas raíces te anclaran a la tierra. Sé consciente de la fuerza y el arraigo de la naturaleza que te sostiene frente a las inclemencias del tiempo. Respira profundamente.
- Si hay algún estanque cercano, o incluso si solo hay algún pequeño charco, acércate y observa cómo **el agua ha cambiado de estado**. Contempla los pequeños cristales que se forman en su superficie.
- Cuando **nieve en el parque**, deja que algunos copos caigan en tu cara y extiende una mano para observar cómo es la estructura de los mismos. Si hay nieve en la copa de los árboles, observa cómo se dispone sobre sus ramas. Toma un puñado del suelo y disuélvelo entre tus dedos. Siente la temperatura y su textura.
- **Escucha el silencio invernal**. Aprovecha para conectar con tu interior y sentir la fuerza que albergas y que te mantiene frente a todas las circunstancias.

Cuando no puedas disfrutar del bosque, el parque cercano te ayudará a aprender de la sabiduría de la naturaleza, podrás observar cómo cambia y se adapta a la vez que te brinda un espacio para que, cuando sientas ganas, acudas allí y entrenes todos tus sentidos a la vez que dedicas algo de tiempo a recargar tus baterías, las físicas y las mentales. Una buena manera de no perder la tan necesaria conexión con la naturaleza mientras te regalas un pequeño respiro en medio de tus rutinas.

Si vives cerca de algún jardín botánico prueba a visitarlo en alguna ocasión. Conocer un poco más de algunas especies despertará tu curiosidad por los espacios naturales y te hará amarlos un poco más.

COLOCA PLANTAS EN TU ENTORNO

Hemos visto los beneficios que recibimos en los baños de bosque gracias a respirar las fitoncidas de los árboles, a la presencia de iones negativos y a determinadas bacterias que hay en la tierra. La naturaleza nos permite respirar mejor y un aire más puro, libre de sustancias tóxicas.

Si no vives en un bosque, quizá sea bueno que prepares tu entorno para crear un ambiente más saludable utilizando los recursos naturales a tu alcance. Puedes empezar por el interior de tu hogar. Tener plantas dentro de la casa te ayudará a purificar el aire y contrarrestar el ambiente contaminado por sustancias tóxicas que respiramos normalmente en el entorno en el que nos movemos. Si además dispones de algún espacio exterior, quizá te animes a diseñar un pequeño huerto o incluso a plantar árboles «saludables» si tienes un jardín que te lo permita.

CUIDA EL ESPACIO INTERIOR DE TU VIVIENDA

La construcción sintética de algunos materiales hace que estos emitan al aire ciertos compuestos orgánicos que son perjudiciales para la salud. El mobiliario que incorporamos en casas y oficinas, así como parte de los equipamientos textiles que utilizamos en su decoración, pueden afectar a la salud de las personas debido a los materiales que se emplean en su fabricación y diseño. Si a esto le añadimos espacios mal ventilados, en los que las personas también contribuimos a «cargar» este ambiente, nos encontramos con una suma de factores que constituye lo que se conoce como el «síndrome del edifico enfermo».

Los **contaminantes** más habituales que encontramos en el aire son:

- **Tricloroetileno**. Está presente en lacas, barnices, adhesivos, pinturas y tintas de impresión. La exposición a esta sustancia puede provocar mareos, dolores de cabeza e incluso náuseas.
- **Benceno**. Empleado en la fabricación de plásticos, resinas y fibras sintéticas, tintes, detergentes, medicamentos y pesticidas. También está presente en el humo del tabaco. Estar en contacto con este producto puede producir irritación en los ojos, somnolencia y dolores de cabeza.
- **Xileno**. Se utiliza en industrias de impresión, caucho, cuero y humo del tabaco. Provoca irritaciones en la boca y la garganta, así como mareos y dolores de cabeza.
- **Formaldehído**. Se desprende de bolsas, servilletas y toallas de papel, así como de paneles de madera contrachapada y telas sintéticas. Produce irritación de nariz, boca y garganta. Es especialmente perjudicial para las personas que padecen asma.
- **Amoniaco**. Presente en muchos de los productos fabricados para limpiar cristales o suelos, en cera para maderas y fertilizantes. Estar expuestos a esta sustancia puede provocar tos, irritación ocular y dolor de garganta.

Las plantas durante el día absorben el dióxido de carbono del aire y lo transforman en oxígeno que se incorpora a la estancia de la casa en la que estén situadas. Eliminan además sustancias nocivas del aire como restos tóxicos procedentes de pinturas, fibras sintéticas, cigarrillos, muebles de maderas aglomeradas, barnices, disolventes, plásticos, cocinas de gas, impresoras o productos de limpieza. Un equipo de investigadores de la NASA señaló que la contaminación interior de los edificios puede contrarrestarse en gran medida con la introducción de plantas. Parte del estudio que realizaron, que duró unos dos años, consistió en colocar una serie de plantas en una cámara de aire sellada y exponerlas a una alta concentración de las sustancias químicas anteriormente expuestas. Los científicos constataron el porcentaje en que los productos químicos eran eliminados del aire en un periodo de veinticuatro horas para ver cuáles eran más efectivas en este efecto purificador y elaboraron un listado.

Hay quien cuestiona que estos resultados sean tan efectivos en el interior de una vivienda, aunque una **buena ventilación de los espacios y el uso de plantas** siempre contribuirán a mejorar la calidad del aire y nos ayudarán a conectar con la naturaleza.

Si pones entre tres y cinco plantas por habitación harán de tu casa un lugar más oxigenado, ayudarán a regular la humedad, purificarán el aire y te permitirán que respires e incluso duermas mejor. En resumen, vivirás en un espacio más saludable.

Vamos a ver algunos ejemplos de **plantas que puedes poner en tu hogar** y que te aportarán beneficios para tu salud:

- **Sansevieria**. También conocida por los nombres de «lengua de tigre», «espada de San Jorge» o «lengua de suegra». Sus hojas son afiladas y acabadas en punta. Participa activamente en la eliminación de restos tóxicos volátiles que desprenden pinturas, textiles o servilletas de celulosa. Es la filtradora más completa, pues elimina restos de benceno, formaldehído, tricloroetileno, xileno y tolueno. Puede sobrevivir en espacios con poca presencia de luz, así que cualquier lugar de la casa alejado del sol que elijas será óptimo para su colocación.
- **Poto**. Elimina del aire restos de benceno, xileno y formaldehído, evitando así irritaciones en los ojos, la garganta y la piel. Puedes ponerla tanto en cocinas como dormitorios, salones o despachos. Es una especie muy resistente. Según como la coloques, puede crecer como trepadora o como colgante.
- **Espatifilo**. También conocida como «flor de la paz», «vela del viento» o «flor de muerto». Además de resultar una especie muy decorativa, ya que sus flores blancas florecen en cualquier época del año, tiene la virtud de absorber el exceso de humedad de una

habitación, evitando que aparezca moho en las paredes. También tiene la capacidad de eliminar prácticamente todas las sustancias nocivas del aire, especialmente las procedentes de pinturas y barnices. Le gusta el calor, aunque no la luz directa del sol, y no soporta las corrientes de aire. Busca un espacio luminoso y protegido en el interior de tu casa para colocar algún ejemplar.

• **Ficus**. Ayuda a amortiguar los ruidos y es una de las plantas más purificadoras de aire. Filtra sustancias volátiles de los productos adhesivos y de limpieza que causan alergias y dolores de cabeza. También elimina el formaldehído del ambiente que liberan algunas maderas de los muebles, tejidos y ropa de cama. Soporta temperaturas altas, pero no cambios bruscos de la misma, así que busca un espacio adecuado para que pueda mantenerse bien.

• **Palmera china**. Tiene la capacidad de limpiar prácticamente todos los tóxicos del aire, especialmente los responsables de afecciones respiratorias en bronquios, pulmones y mucosas. No es especialmente exigente con la cantidad de luz que necesita para vivir y tampoco necesita mucha agua. Puedes colocarla en el baño o en el dormitorio, donde te ayudará a respirar y dormir mejor.

• **Areca**. La capacidad purificadora de esta planta está en relación a su tamaño, así que cuanto más grande sea mayor será el volumen de aire que puede limpiar. Combina muy bien con filodendros y helechos. Si la sitúas junto a una ventana para que reciba la luz, obtendrás mejores resultados.

• **Filodendro**. Ya hemos visto que un tóxico muy abundante en interiores de edificios es el formaldehído. Una exposición prolongada al mismo provoca dolores de cabeza, cansancio y alteraciones cutáneas. Esta especie contribuye a eliminar esta sustancia tóxica del aire.

• **Helecho**. Ayuda a mantener la piel, la garganta y las mucosas hidratadas gracias a la humedad que aporta al ambiente. Elimina también restos de formaldehído, especialmente perjudicial para los asmáticos. Ponlo en alguna zona luminosa, pero sin que reciba los rayos directos del sol.

- **Hiedra común**. Tiene la capacidad de eliminar parte del benceno que desprenden al aire los plásticos, las resinas o las fibras sintéticas y también partículas de formaldehído. Es muy beneficiosa para personas que padecen asma o alergias a partículas que se encuentran en el aire. Es una planta que agradece la humedad.
- **Cactus**. Hay estudios que demuestran que tener uno cerca aumenta la concentración y por tanto la productividad. Ponlo cerca de tu lugar de estudio o trabajo para acabar cuanto antes tus tareas.
- **Agalonema**. Es muy útil para purificar el aire de contaminantes procedentes de los productos de limpieza y que respiramos cada día. Puede vivir en espacios que tengan mucha luz artificial siempre y cuando la coloques completamente alejada de aires acondicionados y de calefacciones.
- **Drácena**. Elimina compuestos tóxicos que emiten los cigarrillos y además capta hasta un 20 por ciento del polvo en el aire. Si acabas de pintar o poner muebles nuevos, su presencia ayudará a eliminar restos tóxicos. Si la combinas con la sansevieria el aire puro está prácticamente garantizado. Colocada en las habitaciones favorece el descanso.
- **Orquídea**. Las pintura, pegamentos y barnices desprenden xileno al ambiente, una sustancia dañina para la salud. La orquídea ayuda a eliminar este tóxico además de absorber sustancias químicas de bolsas de plástico y tapizados. La puedes poner en tu escritorio para eliminar dolores de cabeza o en tu dormitorio para favorecer la calidad de tu sueño.
- **Gerbera**. También conocida como «margarita africana». Se suele utilizar como elemento decorativo, aunque tiene la capacidad de producir altos niveles de oxígeno y de eliminar sustancias dañinas como el benceno y el tricloroetileno. Es recomendable para los que poseen apnea del sueño o trastornos respiratorios. Colócala sobre la mesilla de noche para dormir mejor.
- **Tronco de Brasil**. Ayuda a reducir la ansiedad y la fatiga crónica. Elimina restos contaminantes de tricloroetileno, formaldehído y benceno. Colócala a media sombra y donde le llegue la luz de manera indirecta.

- **Cinta o planta araña**. Sus hojas y raíces trabajan de manera conjunta para eliminar eficazmente el monóxido de carbono de una habitación. Renueva también el aire en espacios con elevada presencia de tóxicos comunes. Puedes colocarla en lugares donde se reúna mucha gente o en cocinas donde se utilice gas.
- **Anturio**. Es una planta tropical muy decorativa. Ayuda a limpiar el aire de la casa ya que absorbe varias sustancias tóxicas como formaldehído, amoniaco y xileno, además del humo del tabaco. Requiere de mucha iluminación y de ambiente húmedo, pero no resiste la luz directa del sol. El salón es un buen lugar para colocar ejemplares.
- **Siempreviva**. Posee propiedades antiinflamatorias y ayuda a sanar enfermedades de la piel, además de purificar el aire. Puedes colocarla en el salón.
- **Aloe vera**. Entre las múltiples propiedades de esta especie está la de eliminar toxinas que se encuentran en barnices, limpiadores de suelos y detergentes. Colócala en una ventana en un lugar soleado.
- **Planta del dinero**. Es perfecta para eliminar casi todos los productos y sustancias contaminantes del aire, aunque ten cuidado con ella pues sus hojas son altamente tóxicas para niños pequeños y mascotas que haya en la casa.

Aquí tienes unas cuantas especies que podrás combinar para diseñar el interior de las estancias de tu hogar. Cuídalas, préstales atención y observa si crecen bien y si precisan de algo para seguir desarrollándose correctamente. Además de las diferentes propiedades que puedan aportar cada una de ellas, es innegable la **sensación de calma, paz y belleza** que aportarán en tu día a día. Una pincelada de naturaleza en tu entorno.

RECREA LA NATURALEZA EN TU HOGAR
La imitación de la naturaleza en el entorno de nuestra vida cotidiana se conoce con el nombre de «naturaleza secundaria» y es algo muy característico de la cultura japonesa. Ya hemos visto cómo la vida en Japón está fuertemente vinculada con la naturaleza, así que a continuación vamos

a ver algunas de sus **prácticas** por si te sirven de inspiración en el **diseño de tu entorno** y te ayudan a crear momentos de reflexión y relajación:

- **Crea tu kokedama**. Kokedama significa «bola de musgo» y hace referencia a una técnica centenaria originaria de Japón que consiste en colocar una planta sobre una maceta natural elaborada con una **bola de musgo**. Surgió hace unos 500 años, como disciplina derivada de la técnica del bonsái y por la necesidad de llevar una muestra de la naturaleza al hogar. El musgo aporta unas condiciones idóneas para el crecimiento de la planta escogida ya que:

  - Constituye el sustrato y sustituye así a las macetas tradicionales.
  - Retiene la humedad, con lo que las necesidades de riego disminuyen.
  - Aporta un diseño original a la vez que funcional.

Para hacer un kokedama, la planta escogida se coloca en el centro y se hace una mezcla de turba, akadama y algo de arena de río para preparar el sustrato. Se moldea una esfera con esta tierra, de modo que se tapen las raíces de la planta, y se recubre la bola con una capa de musgo. El **sustrato queda así al aire libre** y cuando sea necesario regarlo se sumerge directamente la bola en el agua de riego para que el musgo la absorba. Posteriormente se saca del líquido y se deja escurrir. Además del riego es aconsejable pulverizar el sustrato frecuentemente para mantener la humedad.

Antes de elegir la planta de tu kokedama piensa dónde lo vas a colocar. El lugar debe ser luminoso, pero sin recibir los rayos directos del sol. Huye de fuentes directas de calor como radiadores. Puedes ponerlo sobre una bandeja de arcilla o piedra.

Además del componente estético y purificador según la planta escogida, otra de las características que hace tan especial al kokedama es que **se puede tocar**. Pon la base en tus manos, acaricia su textura y siente la tranquilidad que transmite este acto. Este contacto establece un vínculo muy especial entre tu kokedama y tú, que hará que lo cuides y estés pendiente de su estado, como ser vivo que es.

- **Practica el arte del ikebana**. El ikebana o «camino de las flores» es algo más que un arreglo floral. Es un arte que refleja el **profundo respeto a la naturaleza**, una forma de **vivir en comunicación con ella** y que está muy arraigado en la cultura japonesa. Se trata de hacer composiciones con flores, ramas, hojas, frutos o semillas que buscan no solo lo estético, sino una conexión con el paso de las estaciones y con los ciclos de la vida. Es un arte reconocido actualmente en todo el mundo por su **simbología estética** y su **belleza natural**. Si te animas a practicar el ikebana trata de respetar los siguientes principios:

  - Prepara una composición de **tres elementos naturales**, de origen exclusivamente orgánico, que se sitúen a diferentes alturas. Representarán el cielo (*Zen*), el hombre (*Chi*) y la tierra (*Tchi*).
  - En el conjunto final debe primar la **armonía y la simplicidad**. Realiza composiciones minimalistas.
  - **Color, formas, texturas y líneas** son los elementos fundamentales que hay que tener en cuenta en el diseño. La selección de ramas, hojas, flores o frutos debe presentar una combinación armoniosa de colores y texturas. La disposición de todos ellos marcará la línea del conjunto final.

– La composición da como resultado un elemento único y de **carácter efímero**, lo que convierte este arte en un acto de reflexión sobre el paso del tiempo.

– **Refleja la estación del año** en la que te encuentres para que se integre perfectamente en el entorno. La preparación y su contemplación te ofrecerá un momento de relajación de mente, cuerpo y alma.

• **Haz tu propio jardín zen**. El jardín ornamental japonés es un arte de tradición milenaria. Ha estado sometido a múltiples influencias culturales y religiosas, pero todos ellos, desde los diseñados para las viviendas de la antigua nobleza japonesa como los de los templos o monasterios o los de los parques urbanos modernos, tienen una característica que los define y es que integran islas, colinas, árboles, puentes y estanques artificiales de una manera armoniosa en el jardín y **recrean un paisaje en miniatura**. Son una demostración de que se puede **vivir en armonía y conexión con la naturaleza**.

Un estilo dentro del jardín japonés es el jardín zen. Según los monjes zen un jardín minimalista invita a la contemplación y a la meditación. Si tienes un patio de baldosas, y te parece lo más alejado de una decoración próxima a la naturaleza, el diseño de un jardín zen puede ser un motivo de inspiración. Este se define por su sencillez y **huye de cualquier tipo de exceso**. Su objetivo es recrear de algún modo la esencia del paisaje japonés. Está compuesto de grava y arena sobre la que se colocan piedras dispuestas de modo que representan formas naturales como islas, montañas y cascadas. **No tiene que ocupar un gran espacio**, pues no es una zona de paseo, y lo que prima es la **imaginación y la contemplación**.

Si quieres dedicar una pequeña zona de tu terraza o balcón para decorar con la estética del jardín zen, puedes seguir estos prácticos consejos:

- **Delimita la superficie** con pequeños listones de madera o con piedras.
- **Pon una pequeña capa de grava** de distintos grosores y coloca rocas sobre ella en agrupaciones de número impar y huyendo de la simetría. Las piedras representan formas naturales como montañas o islas y la grava son los ríos y mares. Usa tu imaginación para recrear la armonía del paisaje que está en tu cabeza.
- **Rastrilla** creando ondulaciones y curvas sinuosas alrededor de las rocas que simulen las corrientes de agua y en el resto del jardín hazlo en paralelo a la plataforma. Realízalo con cuidado y no olvides que estás recreando un espacio natural donde la energía de la naturaleza fluye.

Calma, serenidad, paz y relax son algunas de las sensaciones que puedes experimentar al contemplar tu pequeño jardín zen.

La cultura japonesa es una fuente de inspiración para acercarse en lo cotidiano a la naturaleza y no perder su esencia ni nuestra conexión con ella. Elige las prácticas que te resulten más atractivas y que te puedan proporcionar momentos de relajación, calma y meditación.

CULTIVA TU PROPIO HUERTO O JARDÍN

Hay estudios que demuestran que practicar la jardinería tiene **efectos beneficiosos** en nuestra salud: aumenta la energía y la actitud positiva ante la vida, da tranquilidad y despeja la mente. A veces se emplea como un recurso efectivo en casos de depresión y otras enfermedades mentales.

Si tienes oportunidad, dedica todas las semanas media hora a esta actividad. Si además dispones de una pequeña terraza, balcón o patio, esta es la ocasión de que pongas a prueba tus habilidades con la jardinería:

- **Elige dónde vas a ubicar tu huerto**. Si tienes una terraza, ese será un sitio perfecto para que empieces a cultivar tu huerto urbano desde cero. Si no, un pequeño balcón o incluso en el interior de tu casa, cerca de una zona iluminada correctamente, con la ventilación adecuada y donde puedas practicar el riego, puede resultar una buena localización.

- **Escoge recipientes adecuados para preparar los cultivos**. Hay recipientes diseñados para plantar especies en huertos que puedes comprar en tiendas. Además de las macetas clásicas existen mesas de cultivo, jardineras de madera o macetas textiles que son especialmente ligeras. También puedes reutilizar algunos envases de comida a los que puedes dar una segunda vida y reintegrarlos en la naturaleza. Los recipientes deben tener un buen drenaje para que permitan que el exceso de agua pueda salir. Busca tamaños que puedan acoger la mayor cantidad de sustrato posible.

- **Selecciona el sustrato**. Si vas a cultivar algún tipo de fruta o verdura, necesitarás una tierra fértil y rica en nutrientes. No puedes emplear la misma que utilizarías para cultivar otras plantas de interior. Emplea sustratos orgánicos que sean ligeros, porosos y que permitan retener los nutrientes esenciales. Una mezcla del compost o vermicompost con fibra de coco es la opción idónea.

- **Piensa en la forma de riego**. En un huerto pequeño es posible que una regadera sea suficiente para que atiendas sus necesidades. También puedes plantearte un sistema de riego por goteo. Si plantas las frutas y hortalizas en recipientes van a necesitar más agua que si lo haces directamente sobre la tierra. Ten todo esto en cuenta a la hora de plantearte cómo quieres regar tu huerto.

- **Selecciona lo que vas a cultivar**. Hay cultivos para cada estación. Investiga primero cuál es el calendario adecuado de siembra. También los hay que requieren más cuidados y otros que son más sencillos de mantener. En el huerto puedes plantar verduras, hortalizas, frutas, legumbres, plantas aromáticas o hierbas medicinales. Si eres principiante empieza cultivando plantones y deja las semillas para cuando tengas un poco más de experiencia. Lechugas, acelgas, ajos y cebollas son cultivos muy agradecidos para comenzar un huerto urbano, pues son de ciclo corto y relativamente fáciles de cuidar.

Si dispones de un **jardín**, y tienes la posibilidad de plantar algunos árboles, escoge una **combinación de ejemplares** de hoja caduca y de hoja perenne ya que darán a tu espacio natural un equilibrio perfecto. Las especies de hoja caduca te permitirán disfrutar de su sombra en las épocas veraniegas, y con la caída de sus hojas en otoño e invierno dejarán pasar más fácilmente los rayos de sol y estos te brindarán su calor. Tendrás, además, un paisaje rico en tonalidades gracias a los cambios de color de sus hojas. Con los ejemplares de hoja perenne, que pierden solo algunas de sus hojas por lo que su copa nunca estará desnuda, conseguirás que durante todo el año siempre haya algo de verde en tu jardín y podrás cubrir zonas que no quieras que queden al descubierto en ningún momento. Diseñar tu jardín, además de potenciar tu creatividad y tranquilidad, te permitirá elegir lo que quieres ver, oler, saborear y tocar en tu rincón de naturaleza. Un paisaje diseñado para disfrutar con todos los sentidos y que te aportará beneficios para tu salud.

RESPIRA LAS FRAGANCIAS DEL BOSQUE

Una de las sensaciones que más nos atrae en los baños de bosque es la de sentir la riqueza de sus olores, sobre todo cuando cerramos los ojos y respiramos profundamente. Cuando no tengas la oportunidad de salir directamente a la naturaleza, una de las maneras que tienes de no perder parte de su esencia es poner en tu hogar trozos de madera que desprendan su fragancia y disfrutar de los beneficios de la aromaterapia usando también aceites esenciales en difusores o como componentes de velas naturales. Los **olores de la naturaleza** tienen un efecto muy tranquilizante y conseguirán proporcionarte **momentos de paz y bienestar.**

EL OLOR DE LA MADERA

El universo sensorial asociado al olor de la madera es muy amplio. No hace falta más que detenerse y dejar que su aroma nos envuelva, bien como un árbol en medio del bosque, como madera recién cortada, como fragancia de los aceites esenciales o como ambientador natural. El olor a madera ofrece experiencias placenteras y enriquecedoras, pues lo orgánico y natural son siempre buenos acompañantes y producen bienestar en nuestro cuerpo. Prueba a utilizar la **madera en tu hogar** para recordar la fragancia del bosque. A continuación, tienes unos ejemplos que puedes incorporar en espacios interiores:

• **Cedro**. Tiene un olor intenso y relajante que impregnará tu casa con el aroma de los bosques. La madera de cedro del Líbano fue utilizada como material de construcción en el antiguo Egipto y tiene la propiedad de ahuyentar insectos y gusanos. Se fabrican con ella instrumentos musicales como guitarras y se confeccionan también cofres y joyeros artesanos.

Respirar el aroma procedente de esta madera tiene múltiples **beneficios,** ya que entre sus propiedades se encuentran:

– Es un relajante natural.
– Elimina la ansiedad.
– Favorece la concentración.
– Alivia la congestión nasal.
– Ayuda a dormir.
– Ahuyenta a las polillas y otros insectos.

Para **utilizar** la madera de cedro en tu hogar:

– Guarda astillas de su madera en saquitos y colócalas en el interior de los armarios para que den olor y protejan la ropa.
– Pon también un cuenco con astillas a la entrada de tu hogar y así, nada más llegar a casa, disfrutarás del olor a bosque.

- **Sándalo**. Tiene un aroma profundo, intenso, dulce, acogedor y muy persistente. Es un árbol procedente de las zonas semiáridas de la India, donde se considera un árbol sagrado. Allí solo se permite su tala cuando tiene más de treinta años de edad y ya empieza a perder su fuerza. Con su madera se realizan cajas, peines, marcos y objetos pequeños tallados que tienen un olor particular que perdura con el tiempo y cuya fragancia se percibe en la estancia donde se colocan estos objetos.

  Respirar el aroma de sándalo tiene **beneficios** como:

    – Favorece la relajación.
    – Tiene un poder calmante.
    – Es bueno contra el insomnio.
    – Disminuye los estados de estrés y ansiedad.
    – Causa alivio en procesos de bronquitis.
    – Estimula los estados mentales de alerta y claridad mental.

  El poder de su fragancia hace que al olerlo se realice un viaje mental hacia tierras lejanas. Su aroma alcanza los niveles más profundos del subconsciente y transmite mensajes a las partes del cerebro implicadas en el control de las emociones, causando un estado de bienestar y confianza. Por ese motivo se utiliza cada vez más en centros comerciales, cadenas hoteleras e incluso en despachos y oficinas en los que se cierran acuerdos comerciales.

  Si quemas palos de sándalo obtendrás un olor intenso en la estancia y además te permitirá alejar a las polillas y otros insectos. Respirar su aroma te provocará un estado de relajación y te ayudará a abrir y depurar tus vías respiratorias.

- **Palo santo**. Las propiedades saludables de su madera, que posee un olor muy característico, agradable, intenso y aromático, ya eran conocidas por las civilizaciones inca y azteca. Se considera una madera sagrada y se cree que los máximos beneficios se obtienen de los árboles que caen de manera natural y no han sido cortados por mano humana. Es un árbol que crece sobre todo en los bosques secos de América del Sur.

Entre sus **efectos beneficiosos** podemos encontrar:

– **Favorece la relajación y el bienestar**. Si enciendes una madera de palo santo, verás que desprende un humo blanco que genera un ambiente de relajación a la vez que ayuda a eliminar el estrés, el nerviosismo y la ansiedad. Se utiliza mucho en clases de yoga y meditación.
– **Ayuda a combatir el dolor**. La relajación que provoca en el cuerpo puede favorecer la disminución de dolores musculares o de articulaciones.
– **Actúa como repelente de insectos**. Además del bienestar que produce en el cuerpo, es un recurso excelente para ahuyentar moscas y mosquitos del ambiente. Encender una madera de palo santo en los días más calurosos del año te permitirá aprovechar esta ventaja y abrir con más tranquilidad las ventanas de tu hogar.

Si quieres disfrutar de estos beneficios puedes **utilizar esta madera** en tu hogar:

– Coloca algunas varas pequeñas de la corteza de este árbol en diferentes lugares de tu casa como la entrada, el salón o los dormitorios para contribuir a un ambiente de relajación en tu hogar. Puedes incluso guardar un pequeño trozo en uno de tus bolsillos y llevarlo siempre contigo.
– Otra manera en la que puedes utilizar esta madera es encendiéndola con cuidado y dejando que el humo blanco se expanda por la estancia. Lo ideal es que muevas un poco el palo por toda la habitación para facilitar que su aroma impregne el ambiente.

Un monje zen del siglo XVI recopiló las **virtudes del incienso**:

1. Facilita la comunicación con lo trascendente.
2. Purifica el cuerpo y la mente.
3. Elimina pensamientos obsesivos.
4. Mantiene la mente alerta.
5. Acompaña en la soledad.
6. Trae paz en el ajetreo diario y serena el espíritu.
7. Incluso cuando abunda, no cansa.
8. Aunque sea escaso, en pequeñas cantidades también satisface.
9. Aún almacenado mucho tiempo mantiene sus propiedades.
10. Usarlo diariamente no hace daño.

EL AROMA DE LOS ACEITES ESENCIALES

El olor del bosque puede entrar en tu hogar también gracias a los aceites esenciales que se extraen de determinadas especies. Una de sus utilizaciones está relacionada con la **aromaterapia**, aunque también se usan como limpiadores, para tratamientos ectópicos, en infusiones e incluso para cocinar. Lo iremos viendo a lo largo de este capítulo.

Prueba a recibir los **aromas del bosque en tu casa**. El sentido del olfato es poderoso y está muy relacionado con los recuerdos que se almacenan en nuestra memoria. Si cierras tus ojos y pones bajo tu nariz un bote de aceite esencial de pino, cedro o eucalipto, por ejemplo, podrás recordar algún paseo e incluso una acampada que hayas realizado en plena naturaleza. Si el bote es de canela, los postres o bebidas invernales puede que vuelvan a tu mente y, si es de naranja, es posible que tus recuerdos te trasladen hasta sumergirte en una atmósfera veraniega. Cada experiencia es única, diferente para cada uno, y la **memoria de los olores** no podía ser menos.

Una de las maneras más sencillas para **usar los aceites esenciales** en casa es utilizar un difusor eléctrico o varitas difusoras. En el **difusor** solo hace falta que pongas agua y añadas unas gotas del aceite esencial que quieras emplear. Los aceites conservan su composición original y sus partículas se mantienen durante unas horas en el aire. Puedes combinar varios aceites esenciales y reproducir el olor que estés necesitando respirar. Si quieres imitar una experiencia de *shinrin–yoku* recreando el estilo japonés y respirar el aroma de sus bosques, puedes poner en el difusor aceites esenciales de ciprés blanco, romero, cedro, eucalipto, pino y esencia de hojas de hinoki. Si prefieres recordar alguno de tus bosques preferidos, busca qué especies predominan en esa zona específica para componer esa fragancia a madera y aire fresco que traerán a tu memoria esos recuerdos que son únicos para ti.

Para un perfecto uso del difusor solo debes **tener en cuenta**:

- La **cantidad de aceite esencial** que debes emplear va a depender del tamaño de la estancia y del movimiento de aire que haya en la misma. Empieza poniendo poca cantidad, unas cuatro gotas, y ve subiendo si ves que es necesario.
- **No debes colocar el difusor bajo los rayos del sol** o cerca de una fuente de calor. Las altas temperaturas alteran la composición de los aceites esenciales y estos pierden su efectividad.
- **Limpia el difusor regularmente**, por lo menos una vez al mes, siguiendo las indicaciones que marque su fabricante, y evita utilizar cualquier producto químico que pueda estropear el difusor o hacer que la difusión sea menos efectiva. Utiliza preferentemente agua y limpiadores naturales.

Otro modo de conseguir que el aire se llene del olor del bosque es utilizar **varitas difusoras**. El aceite las empapa, asciende por ellas y libera en el ambiente el aroma del aceite esencial. Es un buen método para dejar que las estancias no abandonen la esencia de los bosques que quieres traer a tu hogar.

Si quieres **preparar tu propio difusor de varita**s para llenar tu casa con los aromas de los aceites esenciales que escojas solo **necesitas**:

215

- Unas **varillas** de ratán específicas para difundir el aceite. Su altura debe ser aproximadamente el doble de la altura del frasco que elijas como contenedor.
- Un **frasco** de vidrio o de cerámica no muy alto, de unos 20 centímetros, y con una abertura estrecha en la parte superior. Si la abertura es muy ancha, el aroma se evaporará rápidamente.
- Un **aceite neutro** para utilizarlo como base. Puede ser un aceite vegetal ligero, como el de almendra dulce, para que ascienda fácilmente por la varita.
- Un poco de **agua**.
- **Alcohol** claro.
- **Aceite esencial** de tu elección.

Sigue los **pasos** que se indican a continuación:

1. Vierte en un tazón unos 60 mililitros de aceite neutro, otros 60 mililitros de agua y unos 3 mililitros de alcohol.
2. Agrega 30 gotas del aceite esencial seleccionado. Si quieres mezclar varios aceites, divide la cantidad de gotas entre ellos para no exceder la cantidad necesaria.
3. Revuelve bien con un palillo agitador para mezclar bien todos los componentes.
4. Pon la mezcla en el frasco contenedor y coloca unas ocho varillas extendidas en forma de abanico. Según el número que coloques, el olor será más o menos intenso.
5. Deja reposar aproximadamente una hora para que el líquido vaya empapando las varillas y luego dales la vuelta.
6. Cada cinco o seis días se recomienda dar la vuelta a las varillas de ratán para que el aroma del bosque se extienda por la estancia.
7. Cuando notes que el aroma se va perdiendo, puedes sustituir la mezcla o añadir unas cuantas gotas más y remover. Al cabo de un mes, sustituye también las varillas para que el aceite pueda ascender mejor por ellas y difundir su olor.

Aquí tienes algunas **recomendaciones prácticas** para que saques el máximo partido a disfrutar en el día a día de los aromas de los aceites esenciales y te puedas sentir más cerca del bosque:

- Practica para preparar **combinaciones de diferentes aceites**, usando dos o tres gotas de cada uno, para crear el aroma que traiga a tu mente los recuerdos más agradables relacionados con la naturaleza y con el bosque.
- Para empezar **por la mañana** con fuerza y **estimular tu cuerpo,** utiliza aceites esenciales como eucalipto, menta o cualquier cítrico.
- Si quieres que algún aroma de la naturaleza te acompañe durante todo el día, mezcla en un espray dos o tres gotas del aceite esencial con agua y pulveriza la mezcla **sobre tu ropa**.
- **El coche** es un buen lugar para que los efectos relajantes del bosque te puedan acompañar y aliviar así las tensiones del tráfico diario. Puedes impregnar unas bolas pequeñas de algodón con la mezcla de agua y aceite esencial y ponerlas en una bolsita. Sitúala en alguna bandeja delantera, al lado de la caja de cambio.
- **Antes de ir a dormir**, coloca en tu mesilla un difusor con aceite esencial de lavanda. Cierra los ojos e imagínate paseando por el campo mientras respiras profundamente. Te ayudará a **relajarte** y te facilitará el sueño.

A medida que vayas teniendo práctica en el uso de los aceites esenciales, conseguirás llevar a tu casa algunos de los aromas y recuerdos del bosque.

VELAS NATURALES

En el mundo de la aromaterapia también el uso de velas te ayudará a disfrutar de los placeres y beneficios que aportan los olores de la naturaleza. Un buen aroma puede transportarte mentalmente y **mejorar tu estado de ánimo** y tu salud mental y física. Puedes fabricar tus propias velas seleccionando los aceites esenciales más apropiados para el efecto que quieras conseguir de modo que te proporcionen el bienestar que necesitas. Dependiendo de si quieres relajar tu cuerpo y mente, estimular o activar parte de tu organismo o limpiar y purificar el ambiente podrás escoger unos u otros. Igual que el bosque ayuda a relajarte, activa el funcionamiento de tu organismo y te proporciona aire puro, del mismo modo puedes escoger tú los aceites esenciales para realizar velas relajantes, estimulantes o purificantes.

- **Velas relajantes**. Si lo que necesitas es **relajarte física y mentalmente**, los aceites esenciales que deberías incorporar en las velas son, por ejemplo, los de lavanda, cedro, naranja, manzanilla y mejorana. La lavanda te ayudará a frenar el estrés y conciliar mejor el sueño, con el cedro obtendrás efectos calmantes, la naranja actúa bien atenuando la tristeza y la angustia, la manzanilla combate el nerviosismo y el insomnio y la mejorana es perfecta para casos de estrés y agotamiento físico y mental.

  Si las enciendes por la noche, antes de irte a dormir, y pones además una luz tenue y música relajante, por ejemplo, con ruido del agua o cantos de pájaros, te sentirás más cerca de la naturaleza y con una calma similar a la del baño de bosque.

- **Velas estimulantes**. En el caso de que quieras **activar partes de tu organismo**, como la circulación sanguínea, puedes utilizar el aceite esencial de la canela. También es muy eficaz el aceite esencial de jengibre, que además de estimular la circulación sanguínea ayuda a aliviar la fatiga muscular y fortaleza las defensas cuando no te sientes bien del todo. Con la menta mejorarás tu estado de ánimo además de disminuir tu sensación de fatiga. Los aceites esenciales de cítricos obtenidos a partir de las cáscaras de frutas como el pomelo, el limón o la naranja te ayudarán a **fortalecer tu sistema inmunológico**. Son solo algunos ejemplos. La variedad de aceites esenciales es tan grande que podrás ir probando e investigando cuáles son los que más beneficios te aportan en tu día a día y encajan mejor con tus necesidades.

- **Velas purificantes**. Con las velas también puedes aprovechar para **purificar el ambiente** y crear un aire más puro que mejorará tu respiración. Para ello emplea aceites esenciales de eucalipto, árbol de té, pino, romero, tomillo y lima, por ejemplo. Puedes encender estas velas cuando hagas una limpieza de la casa o cuando quieras respirar aire puro.

Solo necesitas cuatro elementos para **hacer una vela:** un recipiente de cristal, la cera, el aceite esencial escogido y una mecha.

- **Selecciona la cera que vas a emplear**. Las que más se han utilizado, ya que dan muy buen resultado, son las parafinas, de origen mineral, aunque si quieres que en su combustión estén completamente libres de tóxicos emplea ceras vegetales, que van ganando terreno por ser más ecológicas. Son un poco mas caras y tienen un punto de fusión más bajo, pero tendrás así una vela completamente vegana. Con unos 80–100 gramos de cera por vela es suficiente.
- **Derrite la cera**. Utiliza una cazuela para colocarla en el fuego, a una temperatura no muy alta, y pon la cera en su interior hasta que se derrita completamente.
- **Añade un aditivo** (opcional). Puedes añadir a tus velas algún aditivo para darles un acabado más profesional, aunque son totalmente opcionales. Por ejemplo, el GV–505 ayuda a que la vela se consuma más lentamente y el GV–503 mejora la fijación de la fragancia. Aunque no los utilices, tu vela cumplirá perfectamente su función.
- **Prepara las mechas**. Para que sean más naturales puedes hacerlas con hilo de algodón. Prepara un trozo de unos 10–12 centímetros y encéralo primero sumergiéndolo en la cera fundida para que su combustión posterior sea mejor. Deja que la cera se seque. Otra opción es utilizar mechas de madera que también deberás sumergir primero en parafina y dejar secar.
- **Vierte las gotas del aceite esencial**. Una vez fundida la cera, y después de que se enfríe un poco si el punto de fusión es muy alto, añade las gotas del aceite esencial escogido. Ten cuidado porque,

si la cera está muy caliente, el aceite puede perder sus propiedades. La cantidad que debes echar depende de si te gustan los olores con mayor o menor intensidad. Entre seis y diez gotas suele ser suficiente, pero con el tiempo irás encontrando cuál es el punto óptimo para ti. Ten en cuenta que cuando la cera está caliente el olor es siempre mucho más intenso que cuando se enfría.

- **Rellena los recipientes de cristal**. Ten mucho cuidado con la cera caliente para no quemarte. Tienes que esperar a que se haya enfriado un poco para verterla en los vasos. Si estos están muy fríos, caliéntalos primero un poco en el microondas para que el contraste de temperaturas no sea grande y estallen. En el caso de las ceras vegetales su punto de fusión no suele superar los 54 °C, así que no tendrás que dejar pasar mucho tiempo.
- **Coloca las mechas**. Introduce la mecha en el interior de la vela antes de que se enfríe. Para que no se caiga puedes sujetar la parte superior con una pinza en horizontal que se apoye en los extremos del vaso. Otra opción es enrollar la parte superior en un palito que debes situar horizontalmente sobre el recipiente de la vela.
- **Deja que se enfríe**. Puedes dejar que se enfríe a temperatura ambiente o meterla en la nevera para que lo haga más rápido.
- **Corta la mecha**. Una vez terminada la vela, corta la mecha a la altura apropiada para el tamaño de la vela.

Ya has visto cómo es posible activar tu olfato y acercarte un poco a los olores del bosque y a los beneficios que estos proporcionan. Pero no solo tu nariz te acercará a la naturaleza, vamos a procurar escuchar también su sonido, aunque estemos lejos de ella.

ESCUCHA LOS SONIDOS DEL BOSQUE

En la vida cotidiana es difícil apartarse de la presión y estrés que provoca el trabajo, de las prisas, de los ruidos, de los atascos y de posibles tensiones personales. Todos estos factores hacen que aparezcan cuadros de estrés que pueden acarrear sentimientos de angustia, miedo, o problemas de ansiedad acompañados de dificultades respiratorias.

Si algo tienen los **sonidos del bosque** es que **proporcionan calma** y nos ayudan a **alejarnos del estrés** de la vida cotidiana. Cuando nuestra mente y nuestro cuerpo están calmados sentimos bienestar. Sin embargo, en las grandes ciudades es difícil ver aves y poder escuchar su canto al amanecer, cuando cruzan el cielo en bandadas o cantan desde las copas de los árboles. Varios estudios habían detectado ya que el canto de las aves disminuía nuestro nivel de estrés y ahora una investigación reciente, realizada por el Instituto Max Planck para el Desarrollo Humano de Berlín y la Universidad de Hamburgo, ha demostrado que escuchar cantos de aves, independientemente de la variedad, mejora el estado de ánimo, la paranoia y la cognición, y ha llegado a la conclusión de que tiene efectos beneficiosos también para **la salud mental**.

En general, los sonidos nos afectan en cuatro **dimensiones**:

- **Física**. Ante los ruidos repentinos y estridentes nuestro organismo envía señales al cerebro para que prepare el cuerpo para la huida, mientras que los sonidos que nos aportan tranquilidad disminuyen en nosotros la producción de la hormona del estrés y nos permite mantenernos en un estado de calma.
- **Psicológica**. Los sonidos afectan a nuestro estado de ánimo. El hecho de que los cantos de los pájaros nos den tranquilidad y seguridad es porque nuestro cerebro asocia esta circunstancia con un entorno natural en calma, sin amenazas. Cuando en el bosque no se oye a los pájaros es porque han huido ante un peligro inminente.
- **Cognitiva**. Una mezcla de sonidos estridentes dificulta nuestra capacidad de concentración y respuesta. Escuchar el canto de las aves favorece nuestra capacidad de concentración en la tarea que queramos realizar.
- **Conductual**. Los sonidos que escuchamos influyen en nuestro comportamiento. No tienes más que fijarte cómo se emplean en las bandas sonoras de las películas para observar cómo potencian cada vivencia emocional. También en los centros comerciales se utilizan para influir en nuestro comportamiento e incentivar la compra. Los

sonidos estridentes alteran nuestro sistema nervioso y nos hacen ser más agresivos, mientras que sonidos como el de la naturaleza nos ayudan a conectar con nuestro mundo interior y disminuyen nuestro nivel de estrés y agresividad; nos hacen sentir mejor y nuestra conducta es más amable.

Además del canto de aves, escuchar el sonido del agua fluyendo tranquilamente en el curso de un río o en forma de gotas de lluvia cayendo sobre los árboles, son sonidos que también nos trasladan a la tranquilidad del bosque. Lo mejor es que disfrutes de ellos en plena naturaleza, pero cuando esto no sea posible, es bueno que no pierdas esa conexión.

EL SONIDO DE LA NATURALEZA EN TU RUTINA DIARIA
Si vives en una **zona no muy ruidosa** y cercana a parques y jardines, aprovecha para realizar estas **actividades**:

- Abre la ventana por las mañanas al levantarte y dedica unos minutos a **escuchar el canto matutino** de los pájaros. Concéntrate en esos sonidos y recibe la energía que transmiten en el momento del amanecer.
- Al atardecer, escucha cómo son esos cantos que emiten desde las copas de los árboles. Capta los diferentes **matices que ofrecen esos sonidos.**
- **Siente la calma** que te aporta cada uno de esos momentos.
- En los días lluviosos, abre también la ventana. Escucha el **sonido de las gotas de lluvia** cuando caen al suelo o cuando golpean el tejado, la barandilla de tu balcón o los cristales de tus ventanas. Quédate así, en silencio, por lo menos cuatro minutos.
- Aprovecha para **conectar con tu interior**, con las emociones que sientes, con los sentimientos que se despiertan en ti.

Si vives en un **espacio altamente urbanizado**, realizar las actividades anteriores no te va a resultar sencillo. En este caso, la mejor opción es que busques en Internet **grabaciones con sonidos de la naturaleza**:

- Por la mañana, mientras desayunas o te preparas para salir a tu lugar de trabajo o estudio, escucha entre cinco y diez minutos una grabación en la que se escuchen cantos de aves durante el **amanecer en un bosque**.
- Si te pones esta grabación **mientras vas en cualquier tipo de transporte**, te ayudará a que el estrés de la ciudad no te llegue tan fácilmente.
- Los sonidos del bosque no impiden trabajar o estudiar. Prueba a poner una grabación con el canto de las aves como **sonido de fondo de tu ordenador**. Tu concentración mejorará y aportará calma al ejercicio de tu actividad.
- Por la tarde, cuando regreses a casa, si has tenido un día de mucha actividad, escucha grabaciones donde puedas oír también el **sonido del agua**. Prepárate una infusión y, con los ojos cerrados, disfruta de esa tranquila melodía.
- Cuando no salgas de casa, o si realizas tu actividad cotidiana en su interior, prueba a dejar el sonido de estas grabaciones en una o varias estancias de tu hogar por las que te muevas habitualmente. **Sumerge tu vivienda en la magia del bosque**. Puedes conectar un altavoz a cualquiera de tus dispositivos y dejar que estos sonidos te rodeen.
- Si tu televisión tiene conexión a Internet, busca alguno de los múltiples **vídeos** que hay con imágenes de la naturaleza y que reflejan solo sus sonidos y ponlo como si fuera un cuadro de fondo. Cada vez que pases por delante sentirás la cercanía del mundo natural y te ayudará a sentir esa **fuerza y serenidad** que solo la naturaleza te puede brindar.

El incorporar los sonidos de la naturaleza en nuestra rutina aporta múltiples **beneficios**. Entre otros, destacan los siguientes:

- Reduce el estrés, la ansiedad y proporciona calma interior.
- Favorece la conexión interior y la toma de conciencia del aquí y ahora.

- Produce bienestar psicológico.
- Favorece la concentración.
- Nos hace ser más amables.
- Nos ayuda a conectar con la naturaleza.

Haz una prueba. ¿Qué estás escuchando en este preciso momento mientras lees estas páginas?, ¿es un sonido relajante?, ¿qué sientes? Ahora busca una grabación en Internet con sonidos de la naturaleza, ponla de fondo y sigue leyendo durante unos minutos más. Fíjate después en cómo te sientes y si ha variado en algo tu concentración y estado emocional.

CUIDA TU ALIMENTACIÓN

Una dieta sana ayuda a prevenir la aparición de enfermedades y constituye un pilar muy importante de nuestra salud. Sin embargo, por las prisas de la vida cotidiana, o por falta de costumbre, llenamos nuestros carros de la compra de muchos productos de los que desconocemos el origen y qué contienen. Hay **cuatro claves** que pueden ayudar a reorientar un poco nuestros hábitos alimentarios: consumir **alimentos frescos** y no procesados, **huir de los conservantes artificiales**, adaptar lo máximo posible la dieta a los **productos** de la región y sobre todo **de temporada** y **beber mucho líquido** que no contenga azúcar o alcohol. Puedes también incorporar los beneficios que te brinda la naturaleza a través de la alimentación y acercar la esencia del bosque a tu mesa.

INFUSIONES DE BOSQUE

La ceremonia japonesa del té (*chanoyu*) es una forma ritual de preparación del té verde cargada de significado. En las universidades japonesas se ofrece la enseñanza de esta ceremonia con unos objetivos muy claros: hacer la vida cotidiana más agradable, vivir en armonía con los cambios de las estaciones, llegar a ser una persona de gusto refinado, honesta y sin miedo, crear mejores relaciones humanas y tener buenos modales. Se trata de una práctica que fue evolucionando y comenzó a desarrollar su propia estética. Introdujo también el concepto de *ichi–go ichi–e* («un encuentro, una oportunidad»), una creencia de que cada encuentro debería ser atesorado ya que no podría volver a repetirse.

Con este espíritu que invita a disfrutar de cada sorbo, de cada instante, puedes animarte a poner una hoja de bosque en tu taza y saborear una deliciosa infusión que acercará la naturaleza a tu boca.

A continuación, tienes algunos **ejemplos de infusiones** que puedes prepararte con **hojas** de algunos árboles y que te aportarán beneficios muy saludables para tu cuerpo y mente.

- **Infusión de hojas de pino**. Descongestiona las vías respiratorias de modo que puede aliviar la congestión pulmonar causada por bronquitis y asma, así como la rinitis alérgica. Es también útil para fumadores, pues ayuda a eliminar flemas. Posee vitamina C y ayuda a fortalecer el sistema inmune.
- **Infusión de hojas de eucalipto**. El aceite esencial que contiene ayuda a eliminar la mucosidad y alivia la inflamación de garganta. Puedes tomar hasta tres infusiones al día, pero no lo hagas si padeces úlcera péptica o gastritis.
- **Infusión de hojas de llantén**. Es rico en mucílagos que calman, suavizan e hidratan la mucosa respiratoria, por lo que es muy útil en casos de bronquitis.
- **Infusión de hojas de guayabo**. Las hojas de guayabo son ricas en flavonoides, que reducen el riesgo de enfermedades cardiovasculares. La infusión ayuda es casos de gastroenteritis, ya que reduce el movimiento de los intestinos. También disminuye los niveles de glucosa en sangre y es capaz de combatir bacterias como los estafilococos, la salmonela y la *Escherichia coli*.
- **Infusión de hojas de capulín**. Se utiliza como remedio natural para la tos, la diarrea y los dolores abdominales.
- **Infusión de hojas de níspero**. Es rica en vitamina C, potasio, hierro, calcio y fósforo. Favorecen el funcionamiento de los riñones, el hígado y el páncreas.

Importante: nunca utilices las infusiones como tratamientos médicos sin consultar con un especialista. Si estás tomando ya alguna medicación o estás embarazada pregunta a tu médico antes de consumirlas.

PLANTAS SILVESTRES COMESTIBLES

Las plantas silvestres crecen de manera natural en el bosque sin necesidad de que nadie las plante o las cultive. Muchas de ellas son comestibles y te pueden proporcionar nutrientes naturales y otra manera de disfrutar de los sabores del bosque en tu alimentación. Hay diferentes especies de las que se pueden comer sus raíces, tallos, hojas, flores, frutos o semillas. Aprender cuáles se pueden recolectar en tu zona, cómo hacerlo y utilizarlas en tus recetas es un aprendizaje que va a favorecer tu conexión con la naturaleza. No es una tarea que puedas poner en práctica de un día para otro, pero conocer algunos de sus secretos puede que despierte en ti la curiosidad de ir incorporando este hábito en tu vida.

Es importante que cuando recolectes plantas directamente del bosque solo lo hagas con aquellas que tengas la seguridad de que se pueden ingerir. Si tienes la menor duda, sigue los pasos que se indican a continuación para **saber si la planta es comestible** y asegurarte de que puedes utilizarla en tu alimentación y no te va a provocar ningún tipo de reacción alérgica o efecto secundario:

- **Separa las diferentes partes de la planta**. Que una parte de la planta sea comestible no implica que las otras lo sean, así que empieza por separar raíces, tallos, hojas, flores y frutos del ejemplar que has recolectado.
- **Limpia las partes separadas**. Las plantas que se encuentran en la naturaleza pueden albergar parásitos o insectos, así que una de las primeras cosas que debes hacer es limpiar bien para eliminarlos. Si encuentras que estos han invadido el interior, tírala.
- **Frota en tu piel**. Utiliza tu muñeca o codo para frotar en ellos la parte que quieras utilizar y asegúrate de que no te produce ninguna reacción alérgica.

- **Tritúrala**. Si en el paso anterior has comprobado que no te ha dado ninguna reacción, prueba ahora a triturarla para que salgan al exterior todos sus componentes y coloca el producto triturado sobre tu piel durante unos quince minutos. Retíralo pasado ese tiempo y espera para ver cómo esa zona cutánea reacciona en las ocho horas siguientes y si produce alguna reacción alérgica.
- **Cuece o hierve la planta**. Sujeta una muestra pequeña en tus labios durante unos tres minutos y observa si te causa algún tipo de ardor o reacción. Después prueba una muestra sobre tu lengua sin masticar por unos 15 minutos.
- **Ingiere una pequeña muestra**. Si todos los pasos anteriores no te han causado ninguna reacción, es necesario hacer todavía una comprobación más. Traga una pequeña muestra y espera ocho horas. Si notas que no te está cayendo bien, no lo dudes y vomita.

A continuación, vamos a ver algunos **ejemplos de plantas silvestres comestibles**, y de las partes que se pueden ingerir, que acercarán el sabor de la naturaleza a tu paladar. Esta lista es solo una muestra que podrás ir completando con las especies propias de tu zona. Es posible que cuando investigues te sorprenda la variedad de especies que se pueden emplear en la comida:

- **Diente de león** (*Traxacum officinale*). Es originaria de Europa y Asia, aunque actualmente se extiende por todo el mundo. Se encuentra en prados y pastizales. Las raíces se secan y tuestan y se puede hacer una infusión con ellas. Las hojas tiernas y tallos con flor se consumen en crudo y las cabezuelas de las flores se comen fritas o en vinagre. Es una planta cuyo uso medicinal está documentado desde principios del siglo XI. Estimula la producción de bilis y orina, por lo que se considera un planta depurativa y digestiva.
- **Capuchina** (*Tropaeolum majus*). También conocida como «taco de reina», «espuela de galán» o «flor de la sangre» por sus llamativas flores rojas, amarillas o naranjas, se consume a la plancha, como condimento en ensaladas o en zumos e infusiones. Tiene un sabor

picante que recuerda al berro. Es originaria de la zona de los Andes y tanto las flores como las hojas y las semillas se pueden aprovechar. Tiene propiedades antioxidantes, diuréticas, estimula la circulación sanguínea periférica, favorece la vasodilatación, es un expectorante natural y ayuda a desinfectar heridas superficiales. En infusiones evita la caída del cabello.

- **Violeta** (*Viola odorata*). Se encuentra tanto en Europa como en Asia y América. Sus flores tienen un delicado sabor y un color llamativo que hacen de ellas un complemento perfecto para ensaladas y postres, donde se emplean los pétalos caramelizados. Se utilizan en la preparación de té, licor y jarabes y para uso medicinal en casos de afecciones respiratorias y del aparato digestivo. Las hojas se emplean para dar sabor a sopas, sorbetes y zumos y en algunos lugares se comen fritas.

- **Zarzaparilla** (*Smilax aspera*). Se localiza en tierras bajas en muchos tipos de bosques, matorrales y zarzales. Con sus raíces se elabora una bebida refrescante muy popular. Su uso es muy común en el continente americano y en España. Se utiliza en casos de reumatismo y enfermedades de la piel. También en casos de gripe, anorexia y gota. Favorece la circulación y tiene efectos diuréticos.

- **Bledo** (*Amaranthus blitum*). Es una planta propia del Mediterráneo y del noroeste de América. Conocida por sus propiedades medicinales, se usa a menudo para disminuir la fiebre y en caso de intoxicaciones de estómago. Se come cruda, cocida e incluso en infusiones.

- **Ortiga** (*Urtica dioica*). Su crecimiento está asociado a terrenos nitrogenados y también se encuentra con frecuencia en zonas de ribera y claros de umbría con cierta humedad. Se encuentra por todo el mundo y es un alimento muy nutritivo rico en vitaminas y minerales. Tiene además propiedades diuréticas, antisépticas y antiinflamatorias. Las hojas y los brotes se lavan y se hierven durante 15 minutos y se pueden usar para ensaladas, cremas y tortillas. Para su recolección es necesario utilizar guantes debido a su alto poder urticante.

- **Verdolaga común** (*Portulaca oleracea*). Es de origen indio, aunque actualmente está extendida por todo el mundo. Sus hojas y tallos tienen sabor ácido y un poco salado, y se pueden comer crudos o cocidos en ensaladas, sopas y salsas. En Australia se utilizan sus semillas para elaborar su pan tradicional. Contiene más ácido omega 3 que cualquier otra verdura y posee múltiples vitaminas y minerales. Presenta dos tipos de pigmentos que son potentes antioxidantes. En su uso medicinal se emplea como remedio para el estreñimiento y para la inflamación del sistema urinario.

- **Hinojo** (*Foeniculum vulgare*). Se encuentra en las zonas templadas de todo el mundo. Los tallos y las hojas son muy aromáticos y se emplean en guisos y con legumbres porque los hace más digestivos. También se usa en asados y barbacoas para acompañar a la carne o al pescado y hacerlo más sabroso. El bulbo se utiliza como hortaliza cruda o cocida y con las semillas se realizan pan y postres. Dan un gusto anisado a las comidas. El carácter aromático de los frutos de hinojo deriva de los aceites volátiles que contiene.

- **Rúcula silvestre** (*Eruca vesicaria*). Su sabor es amargo, picante e intenso y su textura crujiente. Suele florecer en primavera y sus hojas se pueden consumir. Es una planta que se ingiere desde la época del Imperio romano donde se consideraba un afrodisíaco. Es rica en vitamina C y en hierro.

- **Acedera** (*Rumex acetosa*). Se encuentra en terrenos húmedos de bosques y en zonas umbrías cercanas a cursos de agua. Sus hojas basales se consumen crudas en ensaladas. Se puede usar en guisos a los que añade un sabor ácido parecido al del vinagre. También se toma cocida y en sopas. Produce un sabor refrescante en la boca. Tiene alto contenido en vitamina C y se considera diurética.

- **Caléndula** (*Calendula officinalis*). Se conoce popularmente como «botón de oro» y se usa en la cocina como sustituto del azafrán, ya que aporta sabor y color. También se puede comer cruda en ensaladas. En infusión alivia las inflamaciones del sistema digestivo.

- **Bambú** (*Bambusa vulgaris*). El bambú crece en climas muy diversos, desde el más lluvioso al más soleado, y puede alcanzar bastante altura. De los tallos, brotes y hojas se obtiene el **extracto de bambú**, muy rico en silicio, elemento que forma parte de la piel, ligamentos, musculatura y huesos. Su utilización mejora la elasticidad de las arterias y venas, la calidad de la piel y de los huesos. Los **brotes de bambú** son además muy ricos en otros minerales. Es un alimento que contiene un gran número de nutrientes y es bajo en calorías porque tiene poco contenido graso. Entre los beneficios saludables que aporta este alimento están: ayuda a disminuir el colesterol, mejora la salud cardiovascular, regula el tránsito intestinal, mejora el sistema inmune, protege frente a resfriados y gripe, y tiene poder antiinflamatorio. Se pueden tomar hervidos o al vapor en ensaladas o acompañando platos de pasta.

EMPLEO DE ACEITES ESENCIALES EN COCINA

El uso de aceites esenciales está ya muy extendido en la práctica de la aromaterapia y ahora, poco a poco, se están empezando a utilizar en gastronomía. Añaden a las comidas aroma y sabor y además tienen beneficios para la salud. Se pueden incorporar en ensaladas, salsas, sopas, té, chocolate, yogur, galletas, postres, etc. **No todos son comestibles**, y esto es algo que debes tener muy en cuenta antes de lanzarte a la aventura de innovar en tus platos.

Algunos de los aceites esenciales que puedes **utilizar en la cocina** son:

- **Aceite esencial de limón**. Se extrae de las cáscaras del limón, tiene propiedades antioxidantes y se puede utilizar perfectamente para preparar bebidas y platos a base de pescados y mariscos.
- **Aceite esencial de lima**. Rico también en antioxidantes. Se puede emplear en lugar del limón.
- **Aceite esencial de naranja**. Es muy saludable en nuestra dieta diaria porque posee propiedades antioxidantes y antibacterianas. Añade vitalidad y ayuda a combatir el frío. Es perfecto para ensaladas, mariscos, bebidas y postres.
- **Aceite esencial de menta**. Es el aceite idóneo para los postres.

- **Aceite esencial de orégano**. Presenta un sabor aromático y picante. Combina muy bien con ensaladas, quesos, verduras, pastas, arroces, huevos, carnes y pescados.
- **Aceite esencial de jengibre**. Tiene un sabor fuerte, ligeramente dulce, y favorece el funcionamiento del aparato digestivo. Se puede añadir en infusiones, batidos, sopas, salsas y cremas.
- **Aceite esencial de canela**. Es perfecto para añadir a bebidas, postres y guisos de ternera.

Por supuesto la lista no se acaba aquí. Los aceites esenciales de romero, mostaza, tomillo o cilantro son también una buena opción para incorporar en las recetas. De todos modos, antes de cocinar con aceites esenciales debes conocer algunos de sus secretos y tener en cuenta las siguientes **indicaciones** para que el resultado de tu preparación culinaria sea satisfactorio:

- Los aceites esenciales **proporcionan el sabor necesario** a tus platos y al cocinar con ellos se reduce la necesidad de tener que agregar otro tipo de condimentos o potenciadores del sabor que, en ocasiones, pueden resultar perjudiciales para la salud, como por ejemplo la sal de mesa.
- Son **bajos en calorías,** tienen un sabor intenso y exuberante y generarán una sensación de saciedad en tus ensaladas, sopas y guisos.
- Son **liposolubles**, es decir, no se mezclan con agua por lo que debes añadirlos al aceite de oliva o al componente graso que estés utilizando para cocinar.
- **A altas temperaturas pierden sus propiedades**, por eso debes añadirlos al finalizar la cocción de los diferentes ingredientes.
- Son **altamente volátiles**, así que ten cuidado con cerrar la botella de aceite esencial una vez que ya hayas utilizado el contenido necesario.
- Proporcionan mucho sabor, y normalmente con **una gota es suficiente**. De todos modos, para platos pequeños como una ensalada, **empieza probando a usar un palillo**. Mójalo en el aceite esencial

y luego mézclalo con el aceite en el plato. Así irás comprobando cuánto sabor aporta y si es de tu gusto. Solo en casos muy excepcionales, cuando la cantidad de comida preparada sea muy grande, se pueden llegar a necesitar dos gotas, pero prueba primero los pasos anteriores antes de lanzarte a incrementar la cantidad de aceite esencial que uses, si no, puedes llegar a arruinar tu plato. Dado que las dosis necesarias para condimentar son muy pequeñas, el contenido de un bote cunde mucho.

- **Muy importante**: algunos aceites esenciales **pueden resultar tóxicos** para la alimentación. **Fíjate bien en la etiqueta** para asegurarte de que son cien por cien puros, que indique la especie de la que proceden, que marque claramente que son aptos para su consumo y, a ser posible, que provengan de la agricultura ecológica certificada. Antes de empezar a cocinar con ellos debes **documentarte muy bien** o realizar un curso que te introduzca en los secretos de estos aceites y su uso en la cocina.

Si disfrutas innovado en la cocina, anímate con alguna de las propuestas que se han enumerado. De este modo, acercas el bosque a tu alimentación a la vez que aprovechas los beneficios que una dieta natural puede aportar a tu vida.

UN BOTIQUÍN HECHO DE BOSQUE

Nuestro cuerpo sufre a menudo una serie de alteraciones debido a los cambios de temperatura, a la alimentación o al estrés que debilitan nuestro sistema inmunitario y nos dejan más expuestos a posibles infecciones. Las **plantas medicinales** son un perfecto **método preventivo** de algunas enfermedades y pueden ayudar a **aliviar muchos de los síntomas** de algunas afecciones. No todos los cuerpos reaccionan igual, así que lo idóneo es que **consultes con algún profesional** sanitario antes de aplicar ningún tratamiento.

A continuación, aunque sea solo a título orientativo, mostramos algunos ejemplos de plantas que son perfectas para tu botiquín:

- **Eucalipto**. Ayuda a expulsar las flemas acumuladas en el aparato respiratorio. Es eficaz tanto en infusiones de sus hojas como inhalando sus vapores.
- **Cúrcuma**. Es una raíz que tiene propiedades antioxidantes, antibacterianas, antiinflamatorias y calmantes gracias al efecto de la curcumina. Ayuda a regenerar las células, aumenta el número de glóbulos blancos en el torrente sanguíneo y es un buen remedio para disminuir la inflamación de los bronquios. Se puede incorporar a la dieta como especia, en infusiones o rallando su raíz sobre las comidas.
- **Equinácea**. Es un antibiótico natural que favorece la producción de glóbulos blancos –aumentando así las defensas– y alivia dolores e infecciones. Tiene propiedades antivíricas, antiinflamatorias y antipiréticas y se utiliza en infusiones como tratamiento en infecciones de las vías respiratorias, de la boca o garganta y para resfriados comunes que pueden ir acompañados o no de fiebre.
- **Menta**. Posee propiedades expectorantes y alivia la pesadez de estómago. Al igual que la manzanilla viene muy bien para utilizar en casos de náuseas y vómitos.
- **Ajo**. Es un remedio muy potente que aumenta nuestras defensas y tiene propiedades antibióticas, antiinflamatorias y expectorantes.
- **Genciana**. Favorece la producción de glóbulos rojos y aumenta las defensas. Sirve como prevención de muchas enfermedades del aparato respiratorio.
- **Jengibre**. Pertenece a la misma familia que la cúrcuma. Su raíz tiene un potente sabor picante y a la vez refrescante. Tiene propiedades antiinflamatorias, antisépticas, expectorantes y digestivas. Se consume en infusiones, en batidos y en algunas cremas. Para fortalecer las defensas y aliviar los síntomas del resfriado común lo mejor es combinar la infusión de jengibre con zumo de limón exprimido.
- **Astrágalo chino**. Aumenta las defensas y ayuda en procesos digestivos calmando la acidez estomacal y favoreciendo la depuración del organismo. Se utiliza también para tratar bronquitis, resfriados comunes, gripes, anemias, astenias primaverales, estrés y ansie-

dad, con lo que contribuye a mejorar el estado anímico y nervioso. Se consume en infusiones hechas con su raíz.

- **Regaliz**. Es un potente antitusivo y antiinflamatorio. Además, las infusiones de regaliz ayudan a mejorar el tránsito digestivo. Calma el ardor de estómago y la sensación de pesadez tras las comidas abundantes. Tiene también un ligero efecto laxante.
- **Tomillo**. Posee capacidades antibióticas. Tiene un efecto expectorante y antiséptico que ayuda a combatir las infecciones respiratorias y a expulsar la mucosidad. Es un buen calmante para la tos y reduce la congestión nasal.

Como podrás comprobar, son muchas las plantas que tienen propiedades medicinales. Aquí tienes solo una pequeña muestra para que empieces a crear tu botiquín «verde».

CREA TU ESPACIO DE ENERGÍA

Vida saludable, vida sin estrés, tenemos este objetivo en nuestra mente de manera continuada. Buscamos fórmulas y remedios milagrosos que nos liberen de las tensiones y nos aporten salud, y a veces olvidamos algo que está en nuestra mano, lo que tenemos más cerca y que es fundamental para nuestra vida: **dedicarnos un tiempo a nosotros mismos** para encontrar esa serenidad interior que tanta falta nos hace, recargar nuestras pilas y disfrutar de ese momento de plenitud.

Seguramente tu día a día está dominado por las prisas y en muchas ocasiones piensas que no tienes tiempo para nada, posiblemente hagas esta afirmación en voz alta más veces de las que crees. Lo fundamental es que seas consciente de que el día tiene 24 horas para todo el mundo, que «mucho tiempo» o «poco tiempo» son conceptos relativos fruto de tu pensamiento. Trata de priorizar las cosas que quieres hacer y regálate tiempo para ti. Empieza por **crear un espacio de energía en tu casa** al que acudir cuando sientas que el ritmo acelerado del día te está arrastrando consigo y que te ayude a mantener tu serenidad interior. Libérate de la tiranía del tiempo que te arrastra. Para ello:

- **Busca un espacio** en tu casa que te resulte confortable, en el que puedas sentir tranquilidad y encontrar **silencio**.
- **Resérvate un tiempo**, por lo menos un día por semana, para relajarte en **soledad** en ese espacio.
- **Retira los objetos innecesarios** que pueda haber a tu alrededor para que no te causen agobio. Si el espacio es luminoso y te rodeas de colores claros o verdes sentirás más tranquilidad. Puedes poner también un **sonido suave** de fondo que te sumerja en el **mundo natural**: música de agua en arroyos, en forma de lluvia o de un ligero oleaje, o ponte una melodía con cantos de pájaros, lo que te apetezca en cada momento.
- **Cuida también la fragancia** que inunda el espacio. Utiliza el aroma de aceites esenciales o enciende incienso.
- **Colócate en una posición cómoda y cierra los ojos**. Inspira y expira lentamente tres veces. Realiza un escaneo mental de tu cuerpo de abajo hacia arriba para percibir las sensaciones de cada parte y sé consciente dónde hay tensión o dolor que hay que aliviar.
- **Deja a tu mente disfrutar del momento presente**, de los sonidos, del aroma que poco a poco va relajando tu cuerpo y sumérgete en esa paz que la naturaleza te transmite. Disfruta de tu tiempo, del valor de ese momento único.
- Si te apetece, acaba tu pequeño retiro bebiendo una **infusión natural relajante**.

Cuando no puedas acudir a un rincón natural, procura no perder la conexión con la naturaleza y reserva una parte de tu tiempo para el silencio, la «no acción» y las cosas que realmente sean importantes para tu vida.

VUELVE A ESOS MOMENTOS DE PLENITUD

Seguramente **recuerdas** algún momento especialmente agradable que hayas vivido en **una excursión por la naturaleza**. Puede que esté relacionado con tu infancia y tu familia, una salida con amigos o una jornada de vacaciones. Si se ha quedado grabado en tu mente es porque **alguna emoción gratificante se activó** en ese instante. **Recrea ese momento** para sentir nuevamente esa plenitud y emoción que te pueden transmitir un gran bienestar. Sigue los **pasos** que se indican a continuación:

- Cierra los ojos y piensa cuál fue ese momento que recuerdas con tanto agrado. ¿Qué sucedía?, ¿quiénes estaban?, ¿qué estación del año era?
- Empieza a visualizar el paisaje. Fíjate en los colores, en los contrastes de luces y sombras que se crean, en la intensidad de la luz, en los contornos. Cuantos más matices seas capaz de recrear, mejor. Tómate tu tiempo, no tengas prisa.
- ¿Qué temperatura hacía?, ¿había brisa o viento?, ¿recuerdas qué ropa llevabas puesta o cómo era el contacto de ese tejido en tu cuerpo? Repasa una a una todas las sensaciones que tu piel percibió ese día.
- Recuerda ahora los olores. ¿Había alguno especial que acuda a tu mente?, ¿era olor a madera, a suelo mojado, a salitre o a flores?, ¿qué sientes al recordarlos?
- Pon atención ahora a los sonidos. ¿Qué se escuchaba en ese momento?, ¿era un canto de pájaros, gotas de lluvia al caer, un arroyo, el mar, las risas de tus acompañantes? Repasa todos los matices que vengan a tu mente. Escucha con atención.
- Puede que también la comida formara parte de ese día. ¿Recuerdas algún alimento? Si lo probaste, ¿a qué sabía? Quizá fue un trago de agua, ¿estaba en tu mochila?, ¿bebiste de una fuente?, ¿qué temperatura tenía?, ¿qué sentiste?

Cuando tengas completamente recreado ese momento con todos tus sentidos, y con el mayor número de matices, deja que tu mente te lleve de nuevo a vivir esa experiencia. Ahora, cuando sientas en su máxima plenitud el mismo estado emocional que te hizo disfrutar de ese instante, presiona ligeramente con dos dedos la muñeca de tu otra mano, pon un título a ese momento y rodea la imagen de un marco de color. Repite tres veces en alto el título que has puesto y luego disuelve mentalmente el marco que rodea la imagen y retira los dedos de tu muñeca. A partir de ahora, podrás regresar con más facilidad a sentir esa emoción, solo tienes que volver a poner tus dedos sobre la muñeca y repetir el título que pusiste a ese instante para volver a ese momento de plenitud. Prueba a hacer este ejercicio, te sorprenderá el resultado.

LLEVA LA ESENCIA DEL BOSQUE A TU LUGAR DE TRABAJO

Piensa en el número de horas que pasas en tu lugar de trabajo. Seguro que te sale una cifra nada despreciable. Además, en el tiempo que pasas allí debes tener la mente despierta y una capacidad de concentración alta para realizar diferentes actividades y sacarlas adelante de manera óptima. **Las situaciones de estrés y cansancio se suceden**, a veces piensas que no puedes más y tu salud se debilita.

Hay muchos tipos de oficinas y cada una de ellas tiene distinto espacio, cantidad de luz, ventilación, mobiliario, etc. Puede que la naturaleza no asome ni de lejos por cualquiera de sus esquinas, aunque tú puedes añadir una pincelada verde, hacer que poco a poco tu lugar de trabajo se convierta también en un aliado y no cargue sobre tus espaldas más peso del necesario. **Aprende a combatir los efectos negativos** de una vida de oficina, aprovecha los beneficios que te puede aportar estar en contacto con el espíritu del bosque, no descuides los detalles, pues cada pequeño gesto contribuye a tu bienestar.

LA NATURALEZA AL ALCANCE DE TUS SENTIDOS

En la práctica del *shinrin–yoku* es fundamental sumergirse en la naturaleza y empaparse de ella con todos los sentidos, así que vamos a trasladar al ambiente laboral algunos detalles para que la esencia del bosque esté siempre presente.

- **Las plantas te acercan al poder del verde**. Busca un espacio en tu escritorio, en la ventana o en una estantería cercana para poner alguna planta. Tienen varios efectos positivos: eliminan toxinas procedentes del mobiliario, como moquetas, tejidos de las sillas o impresoras; liberan iones negativos que se asocian a partículas de polvo, bacterias y alérgenos del aire atenuando sus efectos; mantienen la humedad del ambiente y alivian así la sequedad cutánea; reducen los dolores de cabeza, la somnolencia y la falta de concentración; aportan energía y potencian el lado creativo; y algo muy importante, mejoran el estado de ánimo y reducen el estrés.

Algunos ejemplos de las plantas que puedes colocar en tu oficina:

- **Potos**. Es una especie muy resistente que requiere que le dé la luz y que puedes situar en cualquier estantería.
- **Troncos de Brasil**. Lo puedes colocar en cualquier rincón al que llegue la luz natural, aunque sin que le dé directamente el sol.
- **Violetas africanas**. Perfecta para poner en el escritorio. Aportará un toque de color.
- **Helechos**. Procura que no sean especies muy grandes –salvo que dispongas de mucho espacio–. Requieren un poco de atención y riego, que no les dé el sol directo y un ambiente que no sea excesivamente seco.
- **Sansevierias**. Son plantas resistentes y fuertes. Resisten bien incluso en ambientes un poco hostiles.
- **Espatifilos**. Son perfectas para purificar el aire y además florecen durante todo el año y muestran unas flores blancas delicadas.
- **Cactus**. Hay tantos y variados que seguro encuentras alguno para tu escritorio.
- **Tallos de bambú**. Son fáciles de mantener y aportan belleza y tranquilidad. Se asocian con la buena fortuna y prosperidad. Los japoneses las utilizan como una metáfora del espíritu del trabajo: «no te conformes con la facilidad y busca siempre mejorar». Son un símbolo de sabiduría y mente abierta.

- **Escucha sonidos de la naturaleza**. Busca en Internet alguna grabación con sonidos del bosque. Su efecto es muy relajante y, aunque te lo pongas como música de fondo en el ordenador, no te impedirá seguir adelante con tus tareas. Sentirás más calma mientras las realizas.

- **Recuerda los olores del bosque**. Ponte un difusor de aceites esenciales en el escritorio. Escoge esencias que te ayuden a mantener la energía y que tengan efectos vigorizantes, como eucalipto, menta o cítricos. Respirar esos aromas te ayudará a superar momentos de somnolencia como el de después de la comida. Puedes también llevar un espray con unas gotas de aceite esencial mezcladas con agua y pulverizar una pequeña cantidad sobre tu ropa o algún tejido que te rodee, como el de sillas o cortinas.

- **El poder de una infusión a tiempo**. Si necesitas relajar un poco tu mente y sentir algo de tranquilidad en medio de toda la vorágine laboral, prepárate una infusión «de bosque». Aspira su olor y saborea tranquilamente su sabor. Siente cómo el espíritu de la naturaleza te infunde su serenidad y te brinda su equilibrio y bienestar.

- **Encuentra un espacio para relajarte**. Si estás cerca de una ventana con vistas a un parque, levanta de vez en cuando la vista para mirar a través de ella y relajar tu vista mirando lo verde. Si no tienes esta opción, busca un espacio tranquilo en tu oficina que esté en silencio, alejado del ruido, donde puedas refugiarte unos minutos cada día y recuperar tu equilibrio y serenidad interior. Recuerda que regalarte un poco de tiempo para tu bienestar es importante para no acumular estrés.

- **Libera tus pies**. Si pasas muchas horas en la oficina, aprovecha alguno de esos momentos de descanso para liberar tus pies y quitarte el calzado. Que entren en contacto directo con el suelo, toma conciencia de su posición firme sobre el mismo, siente la libertad.

- **Sal de la oficina**. Si tus jornadas son largas, procura hacer algún descanso fuera de las paredes del edificio. Prueba a cambiar tu lugar habitual para comer y hazlo en un parque cercano en vez de «aprovechar el tiempo» comiendo al lado de la pantalla de tu ordenador. Si te apetece, experimenta el placer de descalzarte, pisar y sentir el césped, incluso tumbarte y mirar tranquilamente las nubes. No es necesario esperar momentos «especiales» para disfrutar de lo que te rodea. Cada momento que te regalas lo hace ya especial y único.

239

POTENCIA EL VÍNCULO DE LOS NIÑOS CON LA NATURALEZA

Durante la infancia, el cerebro recibe con los brazos abiertos todos los estímulos que llegan de su entorno para transformarlo en aprendizajes. Un estudio científico ha comprobado que desde la niñez nuestro cerebro evoluciona positivamente cuando estamos rodeados de verde y de naturaleza y que las capacidades cognitivas también aumentan. Los espacios naturales tienen la capacidad de tranquilizar, de aliviar el estrés y la ansiedad y su contacto nos hace más felices. ¿Qué está sucediendo con los niños del siglo XXI?, ¿están creciendo conectados con la naturaleza?

EL TRASTORNO POR DÉFICIT DE NATURALEZA

Poco a poco se va extendiendo este concepto en el vocabulario común de las últimas décadas, el «trastorno por déficit de naturaleza» o TDN. Aunque no se trata de una condición médica reconocida, cada vez se habla más de sus efectos sobre el bienestar. Fue Richard Louv, periodista y autor estadounidense, quien acuñó por primera vez este término en su libro *Last Child in the Woods* (*El último niño en el bosque*), publicado en 2005. Investigó sobre las experiencias de los niños en el pasado y presente y llegó a la conclusión de que **hace daño estar separado de la naturaleza**, y que la exposición directa a ella es esencial para el desarrollo infantil saludable y para la salud física y emocional de niños y adultos.

Cuanto más tiempo se pasa en el interior de edificios, mayor es nuestra desconexión con la naturaleza y tenemos más tendencia a desarrollar estados de ánimo negativos y a que se reduzca nuestra capacidad de concentración. Algunos **síntomas** asociados con este déficit son ansiedad, estrés y problemas de concentración. También se ha asociado con **patologías** como falta de vitamina D, obesidad, enfermedades respiratorias, trastorno por déficit de atención (TDA) y depresión.

En el siglo XXI muchos niños están creciendo enganchados a la tecnología y muy desconectados del mundo natural, lo que no es bueno para su salud física y emocional. Incorporarla en sus rutinas desde que son pequeños beneficiará muchos aspectos de su desarrollo y les proporcionará bienestar a corto y largo plazo. «Enchufarlos» también a la naturaleza es mucho más sencillo de lo que parece y, después de ver la cantidad de oportunidades que esta nos brinda para disfrutar, se convierte en un reto muy atractivo.

NIÑOS CONECTADOS CON LA NATURALEZA

Los niños se mueven con gran naturalidad entre árboles. Se acercan, los tocan, juegan con ellos y enseguida encuentran cobijo bajo la copa del que sienten que les ofrece mayor protección y que, de algún modo, «hacen suyo». Que se acostumbren a moverse en espacios naturales desde sus primeros años de vida les ayuda en varios aspectos de las distintas etapas de su desarrollo:

- **Fomenta su curiosidad**. El bosque es como un parque de atracciones lleno de sorpresas. Si aprenden a moverse desde pequeños en él encuentran muchos alicientes a la altura de su alto grado de observación. No hay detalle pequeño ni piedra que no sea interesante explorar.
- **Potencia su desarrollo físico y motriz**. Es un espacio donde pueden moverse en diferentes terrenos, que les permite correr, saltar, trepar, etc. Además, todos sus sentidos reciben interesantes estímulos con los que podrán ir acumulando experiencias inolvidables durante toda su vida.
- **Trabajan la socialización**. Tanto si acuden con los padres, con amigos o en grupos escolares, es un momento de apertura, de compartir abrazos, risas, anécdotas. Los árboles y todo su entorno se convierten de manera natural en algo más de esa experiencia, lo que favorece la integración y la sensación de pertenencia y de formar parte de un todo.
- **Aumentan su confianza y autonomía**. Es el campo perfecto para invitar a los pequeños a realizar diferentes actividades que potencien sus sentidos y que les vayan dando seguridad en sí mismos y proporcionando cada vez más autonomía para moverse con la confianza que necesitan.

- **Desarrollan una mayor sensibilidad**. Están más conectados con ellos mismos, con lo que sienten. Comparten con otros seres vivos sus emociones y aumenta su capacidad de reflexión.
- **Adquieren una mayor conciencia medioambiental**. A medida que se relacionan con el entorno y lo van descubriendo, lo hacen algo suyo y comprenden mejor cómo se comporta. Aprenderán a respetarlo y cuidarlo como una parte más de su vida.

Procura que los niños tengan frecuentemente contacto con la naturaleza. Los parques cercanos son también buenos cuando no hay posibilidad de ir a un espacio mayor. **Ponles ropa adecuada** para que puedan moverse sin dificultad y con la que puedan arrastrarse y mancharse sin que suponga ningún problema. Si eliges una ruta, busca que tenga **recorridos cortos** y espacios para pararse con frecuencia. Aprovecha el paseo para fomentar la comunicación con ellos y animarlos a que **expresen en todo momento lo que descubren y lo que sienten** para fomentar su curiosidad y capacidad de reflexión.

Cuéntales historias y leyendas que despierten su imaginación y **propón actividades que entrenen el desarrollo de sus sentidos** y observación:

- Que se fijen en las hojas, cómo son, qué colores tienen, que observen sus diferencias. Se pueden detener también en la corteza de los árboles o en la forma de las piedras. Contemplar el cielo y jugar a adivinar las formas de las nubes les resultará muy entretenido.
- Para desarrollar el sentido del olfato enséñales a respirar profundamente al llegar al bosque y que sean conscientes de su olor. Que huelan la tierra húmeda, el musgo, las flores, etc. Luego pídeles que cierren los ojos y ponles bajo la nariz diferentes aromas que han olido antes para ver si los reconocen.
- Juega a descubrir sonidos, a guardar silencio y preguntar por lo que se oye. Distinguir el sonido de las cigarras en verano, el canto de algunos pájaros, el sonido del agua, del viento, etc. Despierta su curiosidad y atención mediante el juego.

- Déjales que se descalcen en días que la temperatura lo permita y que se manchen sin recibir una reprimenda. Que noten la hierba bajo sus pies, la tierra, que pisen las hojas, que metan los pies en un arroyo, que toquen la textura de una corteza, que la acaricien. Pregúntales qué sienten en esos momentos, qué emociones se despiertan en ellos.
- Si encuentras algún fruto en un árbol que tengas la seguridad de que es comestible y que no entrañe ningún peligro su consumo, invítales a que lo prueben (nunca tomes frutos de ramas cercanas a un camino de paso concurrido o que estén a la altura de las rodillas, porque han podido estar en contacto con algún animal). También pueden probar agua de un manantial.
- Fomenta su parte creativa recogiendo elementos que hayan caído al suelo del bosque y que hayan llamado su atención e invítales a que creen su propio mandala. Que se expresen con los colores y texturas y hablen de sus emociones.
- Al regresar a casa, secad las hojas o plantas que hayáis recogido. Las ponéis en papel secante para quitarles la humedad y, una vez secas, podéis empezar a preparar un herbario que iréis completando en cada salida.
- La naturaleza también puede estar presente sin salir de casa. Deja una de las plantas de interior al cuidado del niño, que se responsabilice de su mantenimiento: humedad, riego, exposición al sol, retirada de hojas muertas, etc.

La naturaleza está llena de entretenimiento y es fácil disfrutar de ella con todos nuestros sentidos. Cuanto más cerca se siente, más necesidad se tiene de volver al aire libre y disfrutar de los bosques. Nacemos con un sentimiento innato de conexión con lo natural que a veces vamos perdiendo con nuestro estilo y forma de vida. Potenciar este vínculo desde niños para no perderlo es casi una obligación, recuperarlo de adultos cuando se ha perdido, un reto al alcance de todos.

PRÁCTICA 10
No esforzarse. Aprender a ser

QUÉ SIGNIFICA EL NO ESFUERZO

Consiste en no forzar, en dejar que la vida fluya sin intervenir constantemente en cada situación para que el recorrido sea otro. Se trata de «aprender a ser» y no de «hacer» en todo momento. Es **mantener una actitud distendida** que permita estar presente en la experiencia tal como aparece, sin emitir juicios y sin actuar precipitadamente. Invita a poner el foco en vivir desde la facilidad y no luchando permanentemente contra la realidad. De este modo, la acción que surja no irá acompañada de esfuerzos desproporcionados que lleven al estrés, a estar de mal humor o a dejar de encontrar el sentido a las cosas.

Podemos ver un ejemplo muy claro en la naturaleza. Cuando estamos nadando en el mar y entramos en una zona de remolino que nos lleva mar adentro, la primera respuesta suele ser esforzarse en nadar más rápido empleando más potencia para tratar de salir de ahí lo antes posible. Los que mantienen la calma y entienden que el proceso natural del mar es terminar llevando todo a la orilla, dejan de malgastar la energía en nadar contracorriente, permanecen haciendo el esfuerzo único de flotar en su superficie y esperan que la propia marea les acabe sacando de allí. Esta actuación de «no esfuerzo» les salva la vida.

Como puedes ver, el no esfuerzo **no significa ni falta de interés ni pereza**, sino estar en el tiempo presente, moviéndose a su ritmo y tomando las mejores decisiones en cada momento sin tratar de forzar resultados. Supone poner el foco en los procesos, decidiendo sin precipitación y siendo conscientes de ellos y no estar tan pendiente de obtener rápidamente resultados.

En una sociedad en la que estamos muy acostumbrados a que se dé un desproporcionado valor al sobreesfuerzo en sí mismo, resulta una aparente paradoja defender esta actitud. Sin embargo, aprender a desarrollarla supone una conducta más natural ante la vida que facilita la toma de decisiones y ayuda a emplear la energía allí donde es necesaria sin malgastarla en acciones poco productivas como tratar de controlarlo todo o que las cosas sigan únicamente el camino que nosotros queramos.

QUÉ BENEFICIOS NOS APORTA

Practicar el no esfuerzo supone conocer nuestros talentos y virtudes y utilizarlos para que faciliten nuestras acciones del momento presente, en equilibro con nuestro «ser» y dejando que las cosas se desarrollen de manera natural, sin forzar resultados. Los **beneficios** de esta práctica son:

- Ayuda a conocernos mejor.
- Fortalece y da protagonismo a nuestras virtudes y dones.
- Libera tensiones de nuestro cuerpo.
- Favorece la calidad del sueño.
- Disminuye el cansancio mental.
- Reduce el estrés.
- Invita a actuar de manera menos rígida.
- Enseña a fluir con los acontecimientos de cada día y a no poner una carga excesiva de energía en querer cambiarlos.
- Permite disfrutar de los procesos y de cada decisión tomada.
- Elimina estados de bloqueo.
- Proporciona armonía a nuestra vida y aumenta la paz interior.

CÓMO PRACTICAR ESTA ACTITUD

Ante todo, es necesario que te centres en el día a día y prestes atención a tus tareas cotidianas:

- **Elige cada día una de las tareas** rutinarias que desarrolles.
- **Observa** si a la hora de realizarla estás actuando desde la facilidad, la rigidez, la necesidad de control o desde la aceptación.

245

- Si consideras que no la estás haciendo aproximándote a ella desde la facilidad, pregúntate ¿de qué otro modo podría actuar para no malgastar energía?, ¿estoy teniendo en cuenta la situación actual o mi mente está peleando por que sea otra distinta?
- Cuando vayas a empezar un nuevo proyecto, observa **cómo es tu relación con el proceso y con el resultado** que tienes que llevar a la práctica. ¿Estás centrándote en abordar cada situación sin rigidez, prestando atención al momento para tomar decisiones que la faciliten, con las que incluso disfrutes o solo te estás centrando en cómo llegar cuanto antes al resultado?
- **Tomar conciencia de cómo afrontas tus tareas** te ayudará a modificar tu forma de actuar cuando sea necesario.

Solo los humanos nos empeñamos en abrir un paraguas durante un vendaval, con el esfuerzo que eso supone y con el nulo resultado que obtenemos, para que no caigan algunas gotas en nuestra cabeza cuando nos está llegando agua por todos los lados. Ser conscientes en el día a día de los momentos en los que estamos esforzándonos por luchar contra la situación que se nos presenta, tomando decisiones rígidas o de control que requieren de un gran esfuerzo por nuestra parte, nos ayudará a vivir con más tranquilidad.

CÓMO PRACTICAR EL NO ESFUERZO EN LOS BAÑOS DE BOSQUE

La naturaleza es, como siempre, un ejemplo para todo. Observa durante tu paseo cómo se comporta, por ejemplo, ante los cambios de estación:

- Cuando hay agua disponible y luz, los árboles aprovechan para crecer, florecer y dar fruto. Cuando llega el otoño, el crecimiento queda suspendido, las hojas cambian de color, algunas especies las pierden para no malgastar recursos, etc.
- Los animales recogen frutos en otoño para pasar el invierno y algunos incluso hibernan reduciendo su metabolismo al máximo a la vez que lo hacen también su temperatura corporal y su frecuencia respiratoria.

- Los árboles crecen manteniendo una estructura que les proporciona un soporte estable y de equilibrio ante las condiciones ambientales adversas. El anclaje de sus raíces y la forma en la que crecen rectos y con copas equilibradas a su altura les permiten soportar el azote del viento o el peso de la nieve cuando se acumula en invierno.

Seguro que en más de una ocasión estás en verano quejándote del calor y gastando energía por seguir con costumbres propias de otras épocas del año, o en invierno hablando del frío y queriendo que la temperatura exterior suba mientras subes la calefacción para estar en tu casa en manga corta. Una vez más empeñándote en que la realidad sea otra. En la actitud de no esfuerzo, aceptar que la estación es la que es sin gastar energía en pensar cuándo va a cambiar, te lleva a **tomar decisiones, flexibles y adecuadas con el momento**, como ponerte la ropa apropiada según el clima, ingerir alimentos que te ayuden a mantener la temperatura corporal saludable, disfrutar de lo bueno que trae cada estación, etc.

PRÁCTICA 11
Aceptar el cambio

QUÉ ES EL CAMBIO

El cambio es algo cotidiano de la vida. Está presente en la naturaleza, en nuestro entorno, en nuestras vidas. **Nada permanece** exactamente del mismo modo y, aún así, nos resistimos a aceptarlo cuando no forma parte de una elección personal. Y es que los cambios suponen desprenderse de alguna cosa para tomar algo diferente en su lugar, obligan a salir de nuestra zona de confort, implican saber vivir con la incertidumbre de lo desconocido.

Habitualmente pasamos por **fases** a lo largo de un proceso de cambio:

- Lo cotidiano forma parte de nuestro **estado de confort**. Nos sentimos seguros porque creemos tener el control, conocemos la situación. No significa que esta sea idónea, pero mantenernos ahí no requiere invertir mucha energía porque estamos adaptados a ella.
- Algo empieza a cambiar o nos fuerzan a un cambio. Comienza una fase de **resistencia**, de **negación al cambio**. Sentimos que perdemos el control, que el suelo sobre el que pisamos se derrumba bajo nuestros pies. Sentimos una gran tensión interior y el enfado o la ira pueden aparecer en la resistencia a este cambio.
- Aparece el cansancio a la resistencia y decidimos que hay que seguir adelante, pero no sabemos qué nos vamos a encontrar. Es la fase de la **incertidumbre** y de la aparición del miedo.
- La última fase es la clave para seguir avanzando. Se trata de **aceptar** la renovación que llega a nuestras vidas dejando a un lado las dudas, los miedos y poniendo el foco en la curiosidad de lo que nos trae lo nuevo. Se trata de permitir que la sorpresa nos regale un aprendizaje y empecemos así a vivir una nueva experiencia. Es la fase de recibir y abrazar el cambio desde nuestro interior.

QUÉ BENEFICIOS NOS APORTA ACEPTAR EL CAMBIO

Cuando nos entrenamos y practicamos para aceptar el cambio como parte de nuestra vida:

- Vivimos sin miedo y con mayor libertad.
- Ganamos seguridad y confiamos más en nosotros mismos.
- Somos más conscientes de nuestros recursos y capacidades.
- Sentimos menos ansiedad.
- Estamos abiertos a disfrutar de nuevas experiencias.
- Aprendemos a disfrutar de la magia del momento presente.
- Nos sentimos más felices.

CÓMO VENCER LA RESISTENCIA AL CAMBIO

El único modo es **practicar y practicar**. Cada vez que realizas un cambio vas haciendo que la resistencia a ellos disminuya. Ir saliendo poco a poco de los espacios de confort te irá dando seguridad. Empieza por **incluir algunos cambios en tus actividades cotidianas**. Comienza por modificar pequeñas cosas y luego ve atreviéndote a dar un paso más y probar nuevas experiencias:

- Saborea una nueva infusión.
- Utiliza una taza distinta a la habitual en tu desayuno.
- Escoge una ruta diferente para ir al trabajo.
- Pasea por una zona en la que nunca hayas estado.
- Come algún alimento que no hayas probado nunca.
- Añade un ingrediente nuevo a una de tus recetas.
- Haz algo diferente al salir del trabajo.
- Practica una nueva actividad.
- Haz algo distinto el fin de semana.
- Atrévete a vestir con algún nuevo color.
- Modifica algo de tu estética, por ejemplo, un nuevo peinado, corte de pelo o cambio de color.
- Diviértete introduciendo cambios en tu vida que te hagan salir de la rutina y te aporten momentos de disfrute.

Según vayas practicando, observa cómo te sientes: ¿qué cosas nuevas has descubierto en cada uno de tus cambios?, ¿a qué te estás aferrando?, ¿a qué te estás resistiendo? Vence tus miedos y te sorprenderás de todo de lo que eres capaz.

CÓMO ACEPTAR EL RETO DEL CAMBIO EN LOS BAÑOS DE BOSQUE

En la naturaleza todo es cambio. Puede variar el ritmo al que este se produzca, pero nada permanece inalterable, forma parte del ciclo de la vida. Ya has visto que el ritmo de las estaciones marca los cambios más evidentes, las estéticas más dispares aunque todas de una gran belleza digna de contemplar y admirar.

En tu baño de bosque tienes la oportunidad de realizar **dos actividades** fundamentales para aprender de la esencia del cambio. Que no caigan en tu olvido y ponte con ellas cuanto antes:

- **Observar**. Aprende de la naturaleza. Mira cómo cambia, cómo se adapta a las diferentes circunstancias. El cambio está en la forma de crecer, en el momento de florecer, en la modificación del color de sus hojas, en liberarse de ellas, en emitir sustancias para protegerse de invasores, etc. Estar preparado para el cambio es tener la flexibilidad de adaptarse cuando sea necesario, sabiendo que se tienen los recursos para hacerlo. Es moverse sin miedo a lo que pueda venir y disfrutando de lo que el momento actual nos ofrece, siendo consciente de que no va a ser eterno, que más tarde o más temprano cambiará.
- **Practicar**. Prueba a hacer cambios en cada uno de tus baños de bosque. Atrévete a ir por una ruta que nunca antes hayas transitado, déjate guiar por las invitaciones del bosque y practica alguna de las múltiples actividades propuestas en este libro para conectar con la naturaleza y que nunca hayas llevado a cabo con anterioridad. Déjate sorprender, abraza el cambio y permite que el bosque te abrace también: es una fuente de aprendizaje que se abre para ti. Disfruta y empápate del bienestar y de todas las posibilidades que te ofrece la práctica del *shinrin-yoku*.

Cada experiencia es única

La naturaleza y el bosque te invitan. Ha llegado el momento de que descubras la riqueza que albergan en su interior. Si te animas a darte un baño de bosque, lo más importante es que te sumerjas sin ningún tipo de presión exterior. Pasea con tranquilidad y deja que tus sentidos te hagan disfrutar al máximo de lo que te rodea. Siéntete libre para hacer lo que te apetezca en cada momento y lograrás así la calma, la relajación y un sentimiento de paz interior con los que tu cuerpo y mente saldrán reforzados y con mejor estado de salud.

La naturaleza nunca se queda quieta, está constantemente modificándose, adaptándose, algo que es muy evidente con cada cambio de estación. El bosque pasa por fases de renovación, esplendor, cambio y calma. Acércate en cada ocasión con la mente abierta de un principiante para aprender y descubrir nuevos matices y aprovechar más cada inmersión. Haz de cada encuentro una experiencia única.

Naturaleza y bienestar van de la mano. Rodéate de naturaleza en tu vida. Puede estar presente, por ejemplo, en las plantas que pones en tu entorno, en la utilización de los aceites esenciales, en los alimentos o en tu botiquín. Es posible que la sientas en el parque, en casa o en el trabajo.

Empápate de naturaleza, es sencillo y saludable. Solo debes seguir estos pasos:

251

- Elige un lugar para pasear en silencio.
- Desconéctate del exterior.
- Activa tus sentidos.
- Observa todo como si fuera la primera vez.
- Haz de cada día algo único.
- Déjate llevar por tu intuición y elige hacer lo que más te guste.
- Aprende de la naturaleza.
- Vive el momento y disfruta.

Todo lo que has podido leer en este libro está para que te dejes llevar y selecciones las propuestas que sientas más apropiadas según tu momento vital. **Haz de tu práctica una experiencia a tu medida, única, personal e irrepetible**. Y, si te apetece, abraza al árbol que te inspire más cercanía, con el que mejor hayas conectado, pero sabiendo por qué quieres hacerlo, no por seguir ninguna moda.

¿Te gustaría volver a conectar con la naturaleza?, ¿te animas a practicar el *shinrin–yoku*?, ¿quieres mejorar tu salud con los baños de bosque? Ten presente el concepto japonés de la ceremonia del té, *ichi–go ichi–e*: «un encuentro, una oportunidad». Atesora cada encuentro con la naturaleza, pues será único y nunca podrá volver a repetirse del mismo modo.

Bibliografía

- Abella, Ignacio (1996), *La magia de los árboles*. Barcelona, RBA Libros.

- Arvay, Clemens (2016), *El efecto biofilia. El poder curativo de los árboles y las plantas*. Barcelona, Ediciones Urano.

- Araújo, Joaquín (2020), *Los árboles te enseñarán a ver el bosque*. Barcelona, Editorial Crítica.

- Bernjus, Annette/Cavelius, Anna (2020), *Baños de bosque. Salud y felicidad con shinrin–yoku*. Barcelona, Ediciones Obelisco S.L.

- Brisbare, Éric (2018), *Un baño de bosque. Una guía para descubrir el poder de los árboles*. Madrid, Alianza Editorial S.A.

- Castel, Elisa (1999), *Egipto, signo y símbolos de lo sagrado*. Madrid, Editorial Aderabán.

- Defossez, Jean–Marie (2018), *Silviterapia. El poder energético de los árboles*. Madrid, Ediciones Urano S.A.U.

- Drori, Jonathan (2019), *La vuelta al mundo en 80 árboles*. Barcelona, Editorial Blume.

- García, Héctor/Miralles, Francesc (2018), *Shinrin-yoku. El arte japonés de los baños del bosque*. Barcelona, Editorial Planeta, S.A.

- Gesse, Álex/Altuna, Gorka. *Baños de bosque. 50 rutas para sentir la naturaleza. Barcelona, Alhena Media.*

- Gesse, Álex (2018), *Sentir el bosque. La experiencia del shinrin–yoku o baño de bosque*. Barcelona, Grijalbo.

- Gladwell, Malcolm (2019), *Inteligencia intuitiva: ¿Por qué sabemos la verdad en dos segundos?* Barcelona, Ediciones Debolsillo.

- Hogarth, Robin M. (2002), *Educar la intuición: el desarrollo del sexto sentido*. Barcelona, Ediciones Paidós.

- Ivens Sarah (2018), *Terapia del bosque*. Madrid, Ediciones Urano.

- Kabat–Zinn, Jon (2007), *La práctica de la atención plena*. Barcelona, Editorial Kairós.

- Kabat–Zinn, Jon (2009), *Mindfulness en la vida cotidiana: cómo descubrir las claves de la atención plena/Donde quiera que vayas ahí estás*. Barcelona, Ediciones Paidós.

- Kingsbury, Noel (2015), *Homenaje a los árboles*. Barcelona, Editorial Blume.

- Kingsbury, Noel (2018), *Historias secretas de los árboles*. Barcelona, Editorial Blume.

- Koren, Leonard (2015), *Wabi–sabi para artistas, diseñadores, poetas y filósofos*. Barcelona, SD. Edicions.

- Lavrijsen, Annette (2018), *Shinrin–yoku. Sumergirse en el bosque*. Barcelona, Los libros del Lince.

- Lavrijsen, Annette (2021), *Niksen. El arte neerlandés de no hacer nada*. Barcelona, Libros Cúpula.

- Lemke, Bettina (2019), *El pequeño libro de los baños de bosque*. Madrid, Maeva ediciones.

- Li, Qing (2018), *El poder del bosque. Shinrin–yoku*. Barcelona, Roca Editorial de Libros.

- Louv, Richard (2012), *Volver a la naturaleza*. Barcelona, RBA Libros.

- Louv, Richard (2018), *Los últimos niños en el bosque*. Madrid, Capitán Swing.

- Martín Asuero, Andrés (2010), *Con rumbo propio. Disfruta de la vida sin estrés*. Barcelona, Editorial Plataforma.

- Misuzu, Kaneko (2019), *El alma de las flores*. Gijón, Satori Ediciones.

- Miyazaki, Yoshifumi (2018), *Shinrin–yoku. Baños curativos de bosque*. Barcelona, Editorial Blume.

- Okakura, Kakuzo (2021), *El libro del té*. Madrid, Editorial Quaterni.

- Ota, Seiko (2020), *Seis claves para leer y escribir haiku*. Madrid, Libros Hiperión.

- Pollan, Michael (2009), *In Defense of Food: An Eater's Manifesto*. Nueva York, Penguin Books.

- Simard, Suzanne (2021), *En busca del árbol madre. Descubre la sabiduría del bosque*. Barcelona, Ediciones Paidós.

- Stuart–Smith, Sue (2021), *La mente bien ajardinada*. Madrid, Editorial Debate.

- Tassin, Jacques (2019), *Pensar como un árbol*. Barcelona, Plataforma editorial.

- Tanizaki, Junichiro (2014), *El elogio de la sombra*. Madrid, Editorial Siruela.

- Verschuren, S.L. (2015), *Manual para el diseño y creación de un jardín zen*. Createspace.

- VV. AA. (2019), *Baños de bosque: impacto en la salud de las personas con enfermedad mental*. Bizkaia, Basoan.

- VV. AA. (2020), *En tiempos de estrés, haz lo que te importa: una guía ilustrada (Doing What Matters in Times of Stress: An Illustrated Guide)*. Ginebra, Organización Mundial de la Salud.

- Walpole, Horace (2005), *El arte de los jardines modernos*. Madrid, Editorial Siruela.

- Wohlleben, Peter (2015), *Vida secreta de los árboles*. Barcelona, Ediciones Obelisco S.L.

- Wohlleben, Peter (2019), *La red secreta de la naturaleza*. Barcelona, Ediciones Obelisco S.L.

- Wolverton, B.C. et al. (1989). *Interior Landscape Plants For Indoor Air Pollution Abatement*. NASA.